U0661310

要做CEO 先做培训师

手把手教你成为魅力培训师

周子淳　史芳岳◎著

上海交通大学出版社
SHANGHAI JIAO TONG UNIVERSITY PRESS

内容提要

　　本书不仅有作为培训师需要掌握的结构化培训、互动式授课技巧、职态素养训练等内容，难能可贵的是还有同类书籍或课程少有的丹田发声、控场实战技巧、能量综合训练等内容，让你道术合一，心法内化，技法娴熟。原创元素遍布整书、各种小技巧小锦囊，助你披挂上阵，为课堂增辉添彩。

　　无论你是新手培训师还是资深培训师，无论你是在备课、奔赴授课现场、课间休憩还是做课后的整理，当你翻开这本书，你总能够找到知识和技能的供给、灵感的触发和坚定的支持。若你是对培训感兴趣的其他行业、岗位的热爱学习和分享的社会贤达人士，你会发现，此书会为你打开一扇精彩的跨界之门！

图书在版编目（CIP）数据

要做CEO　先做培训师：手把手教你成为魅力培训师/
周子淳,史芳岳著. —上海：上海交通大学出版社，
2016（2022重印）
ISBN 978-7-313-14743-1

Ⅰ.①要… Ⅱ.①周… ②史… Ⅲ.①企业管理－职
工培训 Ⅳ.①F272.92

中国版本图书馆CIP数据核字（2016）第099378号

要做CEO　先做培训师——手把手教你成为魅力培训师

著　　者：周子淳　史芳岳

出版发行：上海交通大学出版社　　　　地　　址：上海市番禺路951号
邮政编码：200030　　　　　　　　　电　　话：021-64071208
印　　制：当纳利（上海）信息技术有限公司　经　　销：全国新华书店
开　　本：710mm×1000mm　1/16　　印　　张：16.75
字　　数：250千字
版　　次：2016年5月第1版　　　　　印　　次：2022年6月第3次印刷
书　　号：ISBN 978-7-313-14743-1
定　　价：49.8元

版权所有　侵权必究
告读者：如发现本书有印装质量问题请与印刷厂质量科联系
联系电话：021-31011198

编　委　会

周子淳　史芳岳　周锦弘

倪　可　李　云　刘亚杰

陈　昕　钱晓康　刘　芹

王　莉　祝冬英　张　博

周康秀　李丞皓　夏珑瑞

刘大伟　李雪梅　严　芳

赵　勇　秦　楠　陈　勇

魅力培训师培训TTT

● 结构训练

淳鱼结构
- 开场
  - 问2个问题
    - 作用：了解需求，激发兴趣
    - 操作：事先设计，问封闭式问题
  - 感谢2个人
    - 作用：拉近距离，烘托气氛
    - 操作：感谢故事三原则
  - 举2个背景
    - 作用：赢得资信，承上启下
    - 操作：和主题相关，最有说服力
- 内容
  - 提3个重点
  - 举3个例子
  - 说3个故事
- 结尾
  - 感恩听众
  - 回顾要点
  - 呼吁行动

工具
- 平衡轮
- 三点法
- 九宫格
  - T字形结构
  - 即兴授课练习

补充知识点
- 培训师精神：真诚用心地表达，生命的感动和学习的分享
- 场中心位置
- 讲师进化三阶段
  - 内容阶段
  - 技巧阶段
  - 思想阶段
- 破冰八招
- 时间分配　60-90-48原则

运用淳鱼结构
- 四步快速构思微课
- 心法内化，手法外显

真相
我来了

云端学习模型
- 潜源：讲师的一桶水是如何获得的？
- 意愿：为何讲课无法强灌
- 理念：授课要满灌
- 方法：如何授课效益最大化
- 操作
  - 有效训练
    - 淳鱼结构
    - SCQA法
    - ZCZ分享法
    - 工具：风火轮
  - 高效分享
  - 快速内化

棋子
巧遇

● 职态训练

语言和非语言魅力
- 55-38-7原则
- 肢体语言
  - 四原则
    - 简单
    - 对称
    - 重复
    - 夸大
  - 手势训练
    - 哑剧表演
    - 培训师常用手势
      - 数字类
      - 阶段类
      - 欢迎类
- 语音语气语调
  - 语气语调练习
  - 音量控制
  - 声音情感
  - 避免语言考碎
- 语言魅力
  - 词组表达
    - 三五成群，断词不断句
  - 效果
    - 平常话，身边事，听得懂，做得到

培训师风范
- ZCZ分享法
  - 固定句式
  - 听-接-说-传
  - 思想凝变
- 讲师礼仪
  - 着装
    - 黄金法则
  - 站姿
    - 三规范
  - 移动
    - 三步一停，步步为营
  - 使用工具
    - 麦克风
    - 激光笔
  - 注意细节
    - 呵欠
    - 喷嚏
    - 短信

豪和力打造
- 间频同率
  - 七把小飞刀
  - 把握课程节奏
  - 关注学员状态
  - 互动技巧
- AB角练习
  - 先跟后带
  - 练习：欢迎来我家
  - 练习：欢迎来我公司

成为故事高手
- 常用的三类故事
- 技巧：开门建山
- 故事策划
  - 利用成语和流行语
  - 借用英文单词
  - 拿大事件说事

发问及说服技巧
- 提问技巧
  - 提问形式
    - 自问自答
    - 自问他答
    - 他问自答
    - 他问他答
  - 三类问题
    - 开放式问题
    - 封闭性问题
    - 借用定义问题
  - 遭遇高手三原则
    - 应对课堂上的高手
- 答问技巧
  - 宁断不乱
  - 答非所问
  - 投其所好
  - 丝丝入扣
- 说服技巧
  - 事先框式反对问题
  - 二选一　问比说有力
  - 问简单的问题
  - 问yes问题
  - 借用肢体语言

培训师授课八法
- 演讲法
- 问答法
- 示范教学法
- 游戏体验法
- 角色扮演法
- 视听教学法
- 头脑风暴讨论法
- 团体讨论法
- 头脑风暴结尾法

● 魅力训练

丹田发声训练
- 丹田发声常识
- 发声1+3+1训练
  - 瘟纽练习：狗喘气
  - 惊讶张嘴
  - 班字音
  - 小红
  - 声音饱满练习
- 气息训练
  - 丹田换气练习
    - 节奏式呼吸
  - 三个辅助练习
    - 噻
    - 敛葫芦

能量训练
- 了解潜意识特性
  - 能量巨大
  - 把"不"当做"是"
  - 想象和事实不分
- 气场训练
  - 气场提升法
    - 观想法
    - 正念禅修法
    - 天地人法
  - 能量管理
    - 敲打小鱼际
    - 挂钩式健脑操
- 提升自信
  - 自信何来？
  - 自我肯定小练习
  - 提升方法
    - 步步高法
    - 身心一致法
    - 资格确认法
- 转化紧张
  - 了解紧张的实质
    - 附加的能量
    - 潜意识送的礼物
    - 事情重要，需要额外关注
  - 如何转化
    - T3T能量转换法
      - 接受
      - 转化
      - 加速
    - 十倍准备法
    - 得道多助法

控场法则
- 角色认知
  - 三种角色
- 支持系统
  - 学习系统代言人
  - 禁忌：一个人在战斗
- 心态调整
  - 谦卑
  - 感恩
  - 鞍神控场法
- 磁极球法则
  - 轻松识别捣蛋分子
    - 位置
    - 行为
    - 眼神
  - 如何应对
    - 了解"捣蛋者"的三个出击时机
    - 三种策略
- 五点控场法

点评技巧
- 点线面
- 二八开
- 润如奖
- 企业内训师选拔举例

快速学习和内化
- 拆解法
- 工具：风火轮
  - 请益法
  - 跨界法
  - 投机法

淳式讲课禅——最简易最落地

俗话说得好："台上一分钟，台下十年功。"在我坚定了要在人力资源道路上走下去的时候，我选择了将"培训授课"及"人才培养"作为核心能力来培养。于是，我找来了很多版本的TTT研究其共通之处，也报名参加了好几位老师的TTT，半年下来成长甚微，直到遇见淳版《魅力培训师TTT》。

记得那是2010年7月，第三期TTT公开课，我被受邀全程体验，也从此见证了培训界一种非常难得的"简易方法论"的成长、成熟和发扬光大。我所说的"简易"并非"简单"之意，而是其强烈的"被带入感、体验感、快速成长带来的成就感……"，还有课后，我不自觉地开始学习、思考，并且通过某些培训主题的实践，快速转化成了行为层面的、属于我的技能。

后来我加入了现在的地产行业。新官上任，"内训师队伍建设"成为我的第一个核心任务，引进《魅力培训师TTT》也就水到渠成。果然，我们第一批内训师队伍30人的成功体验，进一步让领导和同事验证了我的推崇是正确的。作为基本无讲课基础、从未经历过专业训练的内训师们，"淳式TTT"，从授课全过程的逻辑"开场、过程、结尾"，从呈现礼仪到细节……打造了一次令大家难忘的、投入感特强的讲师成长之旅。在课程结束之后，我们趁热打铁，采取3个月成长跟踪，由我们的内训师带着各自今后要授课的课题，运用《魅力培训师TTT》传授的方法，不断地试讲，互相点评。3个月后，他们的课程被公司决策层一次性验收通过，作为培训管理者，我也因此收获了肯定和信任。

从此，我对那些无培训基础但又热爱培训的朋友，对那些希望提升自己公众呈现能力的朋友，对那些初入职场希望通过一次工作汇报能一鸣惊人的朋友，对那些希望在人力资源领域进一步提升自身核心能力的朋友，对那些希望帮助企业内训师成长的HR同行们……不止一次的推崇《魅力培训师TTT》。于是，我身边不少的朋友、同事、同事的同事、同事的朋友、朋友的同事，也因为我热心的推荐，加入了此课程的学习体验，后来，他们也成为此课程的传播者，口口相传者……

我们必须相信，《魅力培训师TTT》作为作者多年积淀研发出来的产品，能够在没有专职销售人员推介的情况下，如此赢得市场、赢得口碑，那一定是因为产品本身的品质够高过硬。此课程一次次地被验证，主讲者一次次地结合市场和受训人的反馈完善提升，最终铸就今日的这本《要做CEO 先做培训师》，我想这也是本书作者对市场、对受众群体极为负责任的表现。

很巧，就在今天中午，一个很喜欢做培训的朋友给我来电，她说获得了一个机会去做培训经理，只要她能通过1小时的培训DEMO就可以，但其实培训是她六个模板里面最没有自信的，她希望我能帮助她快速掌握一种方法，给面试官留下深刻的印象。毫无疑问，淳式《魅力培训师TTT》快速在我脑中组合——60分钟的展示如何分配时间，如何三部曲做一次令面试官印象深刻的开场，过程如何把控和突出核心授课思想，如何铿锵有力的收尾……祝她好运！淳鱼结构很强大，一定能帮到她！

在不缺少理论和研究成果的年代，在人人被要求成为复合型人才的年代，在企业希望快速看到"培训投资回报"的时代，没有比《魅力培训师TTT》更合适的——因为，它帮你开启一次轻松快乐而又收获满满的"走心"之旅。

严海琴

现任宝龙地产（HK1238，全国商业地产前五强）旗下
宝龙置地集团行政人事总监，曾任宝龙商学院副总经理
2016年3月于沪上

序二

与智者同行

2014年2月月底，我在一次学习课堂上认识了周子淳老师，这次学习连续三个月，每个月集中学习五天。有一天中午我和另一位老师坐在湖边聊合作，突然发现旁边小花园里子淳老师正在全身心投入下午的3分钟、5分钟公众演练中，我悄悄打开摄像机记录下了这一幕。一直到最后他都没发现我。那一刻，我很意外，也非常震撼，这么优秀、资深的老师，为了一堂没有任何后果、同时简单得不能再简单的3—5分钟，比班上任何一个人都努力，一招一式都反复推敲、演练，这种认真和努力太值得赞赏了！

他给我留下深刻印象的品质除了努力，还有奉献精神。在学习期间，他总是无私地奉献自己的专业、授课心得、成长益处，并和同班同学一起分享他的练声、养生心得，让大家更加轻松应对职业培训师的高强度工作压力，帮助改善老师们的生活品质。

子淳老师的课堂点评很专业，抓问题精准，班上同学纷纷点名希望得到他的点评。经过这次学习，我们建立了深厚的友谊，我时常把他作为培训师学习的榜样推荐给其他老师。

子淳老师打电话给我，请我给他的新书写序，我觉得在他的专业领域我是不够资格撰写这篇序的，因为他远比我专业，但我想如果从帮助更多的年轻的培训师们成长的角度来说，这又是我一直都在做并且想要做好的事情，因此斗胆安心向年轻的培训师们推荐子淳老师书中的心法、技法，期待更多年轻的培训师们从子淳老师的书中受益、成长。

好讲师网是一个培训讲师课程交易平台，通过在线交易商城，帮助培训机构、培训讲师和企业，实现公开课、企业培训课、企业内训课程等培训课程与培训需求的智能匹配采购。因为工作的关系，办公室书柜里收集了很多培训师们撰写的书。其实收集更多培训师们专业的书籍，并惠及更多的人，这也一直是我的理想。

接到子淳老师的书稿，抱着学习的态度我仔细阅读了全文，书中尽显子淳老师专业、奉献两大人格魅力。

本书采用了特别创新的写作方式，即把三天课程依照上课的完整流程、发生的事件顺序写出来，把培训师训练分解成 999 个动作细节（此处 9 代表多，哈！），把课堂的人物和场景同时模刻下来，让读者仿佛跟随书本上了一堂完整的课，学到了知识，照着书练习了手法、技法，跟人物们同时发生着故事。读者可以一气呵成，还可以反复照书临摹，讲课中遇到问题可以反复回看子淳老师的提示和解读，很赞！

本书流程设计精巧，在看似好玩的外表下，读者或学习者可以学会正确标准的动作（是什么）；按书提示一招一式出手做到（标准和流程，过程管理解决怎么做到）；搞懂这么做的原理（为什么）。

书中每一个细节，子淳老师都解析得体贴入微，每一个字里行间都能感受到他的换位思考，多年教学经验使他能够洞见年轻培训师的内在心理，细微的变化，足见子淳老师博大的爱、自信和胸怀，我真心喜欢作者骨子里的善。

好讲师网采用"互联网十企业培训"新型商业模式，有效地提高企业培训市场的信息透明度、交易便捷度、客户满意度。感谢子淳老师的信任，让我有机会第一时间拜读大作，并有机会向年轻的培训师们推荐，帮助更多的培训师健康快乐地成长。

我知道子淳老师有很高的人生追求，祝福他幸福、快乐、圆满。

魏　丹
好讲师网 CEO
2016 年 3 月 2 日于深圳

前 言

缘起

这本《要做CEO 先做培训师》就好像是哪吒三太子,孕育多年,终于问世。

2010年5月15—16日,第一期《魅力培训师TTT》训练营在上海开办……2014年12月27—28日,第三十七期收官。横跨五年,37期,学员一千多人,来自除澳门、西藏外全国所有省、直辖市、自治区……

大家可能想不到的是:《魅力培训师TTT训练营》公开课居然无专职销售,之所以得以绵延举办37期,是因为课程的优秀品质和纯粹干货特质深入人心,让热心学员愿意口碑传播,于是一期又一期地办起来了,成就了一门经典课程,真是"五年确久远,一课永流传"!

它让很多人从中受益,不少学员开始喜欢并从事培训师这个职业,一部分已成为业界精英培训师;一些职业培训师参加课程后,也发现受益匪浅,授课更加精湛! 这已成为了一段业界佳话。

同时,随着这门课的不断开办和发展,其内容也越来越丰富,《魅力培训师TTT》已经超越了简单的TTT的范畴,内容超越了形式,因而《魅力培训师TTT训练营》公开课已完成它的历史使命,2014年12月光荣收官。

然而,其内容已被整合至《讲课禅》系列课程中。您手中这本《要做CEO 先做培训师》,则是其中关键内容的呈现。

如何阅读和使用本书

本书结构清晰,内容简单,风格轻松,有3个关键:

(1)内功——通篇指导思想:云端学习模型。

(2)心法——核心方法:三点法,然后延伸出拆解法,进而发展出快速学习风火轮。读者在阅读本书时,可以先读此篇。

（3）技法——结构应用：淳鱼结构。

TTT强调有限时间内的有效训练，得益于学习系统的组建和强化。本书有大量的练习，请读者朋友不仅仅把其当做"情节"，而是跟随主人公一起训练，这样才能达到掌握相关技巧的效果。培训师是练出来的。当然，更欢迎大家有机缘加入现实中的课堂，和小伙伴们一起演绎属于你们自己的魅力培训师课程、从而真正成为魅力培训师。本书介绍很多有利于轻松教与学的技巧和小锦囊，亲爱的朋友，你就打开自己的乾坤袋，照单全收吧！

补充说明

本书借用了大量人物、地名、事件等，其目的是为了让读者阅读起来生动、轻松一些，请细心的朋友们不必过于"对号入座"，学习到实在的培训师技能、技巧、心法才是关键。

祝愿

祝您讲台上魅力四射！

史芳岳
2016 年 3 月于沪上

目 录

楔 子

魅力培训师培训TTT

- ❶ 结构训练 ⊕
- ❷ 职态训练 ⊕
- ❸ 魅力训练 ⊕

楔子
- 真相
- 巧遇
- 我来了

真相
- 溯源：讲师的一桶水是如何获得的？
  - 意愿：为何讲课无法强灌
  - 理念：授课要滴灌
  - 方法：如何授课效益最大化

巧遇
- 云端学习模型
  - 有效训练
    - 淳鱼结构
    - SCQA法 ⊕
  - 高效分享
    - ZCZ分享法
  - 操作
  - 快速内化
    - 工具：风火轮 ⊕

真　相

"真理常常在马桶上被发现!"

在胡小云上初中时,他就听到一个喜欢瞎忽悠的光头男生大熊说:"很多哲学家、科学家甚至音乐家的伟大的发现、发明和创作的灵感都是在马桶上获得的。"不知为什么,当时周围女生对那光头男生的嫌恶神情现在早已模糊,但光头大熊的话和他笃定的眼神,胡小云总是记得。而此刻,他却在马桶上获得了自己隐约知道却不敢面对的真相。

"……你还待到现在?我小侄子照着念PPT都比他强……"一个男生在洗手池那边说着。

"要算学分的,这次申主任最后点了名的。"另一个男生略微得意地回答着,也走到洗手池边冲手。

"申主任点名?不要呀!这么烂的培训还要点名,还是结束时点名,我的学分呀!申阿姨也太认真了吧!嗷……"

"越是烂的培训越要点名,好的培训你挤都挤不进,这是常识。下回补上吧。嘻嘻嘻嘻……"

两人推门而出。

隔间马桶上的胡小云又羞又愤,又急,胸中有一股灼热的气流狠狠撞击他的心口,他想踢门而出,无奈他"里急后重",后端肿痛灼热,该出来的不出来,他只好坐在马桶上,气鼓鼓地完成"私事"。他知道他气的不是那两个人,而是自己。

胡小云正是这场"烂培训"的培训师。

夜幕下的淮海中路,人潮涌动的地铁口,闪耀的灯光,晶莹剔透的橱窗……美丽的魔都夜晚,繁华灿烂,却如梦如幻。胡小云心事重重地赶到瑞金路,他和女友在路口商厦前的广场汇合。他们已经两个礼拜没见面了，小星是实习医生，最近在急诊轮岗。

胡小云看见小星的黑眼圈，心疼地说："病人多吗？"

"哪天不多，仅仅多也算了，一些病人特别闹……"小星疲惫地回答。

两人默默无语，呆呆地站在广场上看着不远处促销的年轻人，他们穿着鲜艳的服装，满脸笑容地向路人免费发放印着广告的气球。

"你要气球吗？我去拿一个。"胡小云堆着笑讨好地问小星。

"我不要气球，我要一瓶香水！"小星很突然地说。胡小云有些惊讶，说："你还是学生，并且在医院实习，不能喷香水的。"小星挤出一个笑容："逗你玩呢！"

"我们去吃饭吧。"

"不了，我有事告诉你。我要出国了，学习几年再回来……"

"你马上要毕业了，要当医生了，你出国做什么？"胡小云脑袋嗡嗡作响。

"现实的医生生涯不是入学时候的我所向往的，正好有出国学习的机会，我先出去一段时间。"

"你在逗我玩吗？"胡小云大声地说着。路人们只是看了一眼，匆匆忙忙又走开了。胡小云伸手去拉小星的手，她却缩回去了："是真的，你好好保重，早点娶一房嫂子。"

"娶一房嫂子？"胡小云脑袋还在拐弯，小星却拦下一辆计程车钻了进去，眼中似乎闪着泪光。胡小云想喊，喊不出来，想跑过去，身体却无法动弹。

良久，胡小云才觉得心口作痛，肺似乎要炸开，那感受就如下午坐在马桶上听学员批评他的课程一样难受，不，更难受。尽管之前有预感，真的来临时，仍然痛苦万分。他想吼，但发不出任何声音。淮海路的精致浪漫如烟一样从胡小云眼前飘过。

"小星把我甩了？！……但总要，总要给我一个理由吧！"胡小云慨然掏出手机，意料之中地没有接通。

理由？理由，似乎并不需要询问，胡小云隐约知道，但他还是不敢直面，不敢深究。他沮丧地垂下头。

巧 遇

　　胡小云茫然地走着，不知不觉走到了复兴公园门口。香格纳画廊里曾梵志的怪人头，咧着嘴冲着胡小云傻笑。旁边的兰桂坊热闹、性感又冷艳。胡小云向里走，走到公园深处，在一片黑黑的树林里，想哭却哭不出来，喉咙里只是发出类似"嗷嗷"的声音。

　　突然，一个声音对他说："小伙子，你没事吧？"

　　上海真是拥挤。想安静上厕所，却不得不听学员对课程的"点评"；被人甩了想痛哭一场，却跳出来一个路人甲。胡小云想要吼，现在终于吼出声音了："我没事！"似乎胸中那股恶气终于出来了，周围的树也在抖动。

　　"没事就好。抱歉，打扰到你了。"路人甲和气地说，"我过来练声，看见你有些难过，就忍不住问了你。"

　　胡小云之前一直沉浸在他的情绪里，晕晕乎乎，眼前的路人甲跟他说话，他才切换出这种情绪，平静下来，为刚才对路人甲的粗声喊话而感到不好意思。

　　"我今天很不顺……你说你在练声，你是演员吗？"黑暗中，胡小云感觉到脸红。

　　"演员？呵呵，也对，我是特殊的演员。"路人甲很平和，"我是培训师。"

　　"培训师？"胡小云有点哭笑不得，心想，上海果然太拥挤了，想跟人好好说话，发现又遇见了培训师"同行"。

　　"你是哪家公司的？你们公司培训师还需要练声吗？"胡小云同时有点好奇，于是这样问着。

　　远处的灯光照来，路人甲的眼睛反射着光芒，他的额头饱满又亮晶晶的，他说："我是职业培训师，到全国各地不同公司授课，有时候会连续讲课好几天，甚至上十天。练声是很有必要的。现在我控制了课量，不接那么多案子了，但练声的习惯还保持。"

　　胡小云心中一震，同样是培训师，但两者很不同。

　　公司想培养内训师，申主任"抓"了胡小云做内训师。正好新员工进来，胡小云给这些小屁孩做入职培训，之前也零星给公司内部讲了一些课程，胡小云觉得自己很帅，很有才，讲课也没讲错，但是每每下午培训看见睡倒一片时，也会偷偷给自己的"帅"、"有才"、"正确"这些自贴标签打上了问号。

　　眼前这位培训师好像和自己这种内训师很不一样，胡小云接上话："您很认真呀。"

　　路人甲呵呵一笑："必须认真。从事这项职业，必须对学员负责、对采购自己课程的企业负责，也对自己的职业品牌负责。"

　　胡小云之前根本没想过这些，什么"负责"呀、"职业品牌"呀，每次接到任务，只是"正确"地完成而已。

　　路人甲接着说："企业花了钱、学员花了时间、相关工作人员付出劳动，就应当让培训效应最大化。对于培训师而言，精心准备尤其重要，除了内容的准备，更重要的是修为上的精进。"

　　"修为上的精进？"

　　"对呀。个人内涵的修炼、体魄气质的修炼、包括声音训练等……"

　　路人甲仿佛推开了一扇胡小云从来没有注意到的封闭已久的窗户。

　　胡小云觉得有些惭愧，修为上的精进——自己到底做到了什么程度，自己心知肚明。自认为聪明有才华、在好的公司、蒙领导提携、有无数好的机会，但自己真正有多少珍惜和努力呢？

　　胡小云连忙问："老师，我叫胡小云，怎么称呼您，你主要讲什么课？"

　　"我叫淳子周，讲很多门课，近年被采购得比较多的课程是TTT。"

　　"淳子周？ TTT？"胡小云好像在哪里看到过这些字眼。

　　TTT？培训培训师的课程吗？申主任曾经想安排胡小云去上TTT课程，但胡小云觉得没必要，也没起劲去促成成行。看来，培训技巧里大有文章呀。

淳子周回应说："我的TTT称《魅力培训师TTT训练营》，多交流。"

胡小云来了兴趣，问："淳老师，我可以请教您一个问题吗？"

"好啊，别客气，请问吧！"

胡小云详尽地叙述了今天"糟糕"的经历，内训授课被"恶评"，下班后又突然莫名其妙地被女友"甩了"。

淳子周安静地听着，然后打开随身带的电脑，翻到一幅图（见图0-1），是"云端学习模型"。

淳子周解释着："简单讲，就是培训师要有"一桶水"，端出适合学员的"一碗水"，通过"滴灌"的方式让学员吸收，帮助学员获得他们的"一桶水"。

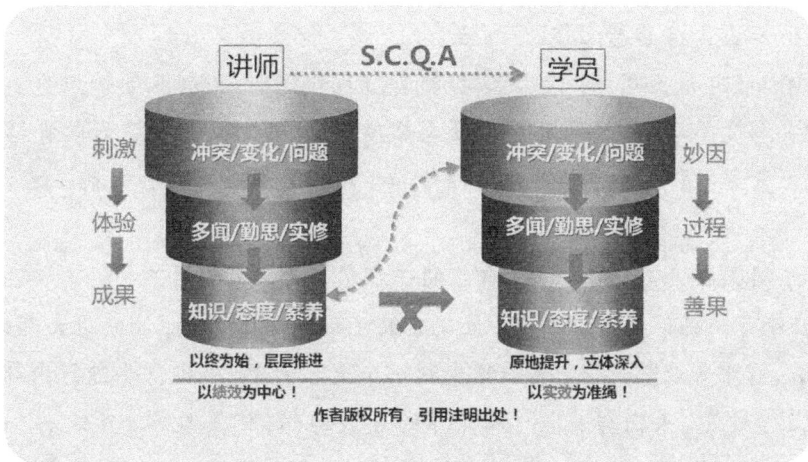

图0-1 云端学习模型

一、培训师的"一桶水"是如何获得的

淳子周说："小云，你是学理工科的，工作3年了，你的领导看你有相当工作经验和知识水平，才让你做内部培训师。'师者，传道授业解惑。'很多人当了培训师，上了讲台，却没有想过自己为何可以上讲台，自己的知识和经验从哪里来？"

"经常听人说：你有一桶水，才能教别人一碗水！朴素的话里说明，培训师要有知识容量，而且容量要大，越大越好！"

"小云，你的一桶水哪里来？还不是经历了人生的风雨，例如很多的欢笑，难忘的磨难，彷徨的人生选择，努力过的考试，咬着牙的坚持，独处时的反思……外部的'冲突、变化、问题'促使你不得不去反省、重新学习，不断演练，我们概括为'闻、思、修'。可以说，一个人从在娘胎起，就在不断地学习成长蜕变，经受不断地外部刺激，主动或被动地内在体验，经过这么二十多年，你才这么鲜活地站在我的面前，你的公司也因为你的胜任能力（知识、态度、素养）才录用你，重用你，培养你……对吧？"

"比如你此次讲授的《360°客户投诉响应流程》课程，贵司申主任为何选择你，你说说看。"

胡小云认真想了想，总结了3点：
（1）知识：进公司第一年就掌握整套流程和规范，内部业务知识竞赛亚军。
（2）态度：领导认为自己对企业忠诚度高，同事都认为自己好学肯钻研。
（3）素养：客户的综合满意度评估和年度续费率一直是公司前三名。

淳子周微微一笑："小云，你自己的一桶水怎么来的？"

"国外有一种环保屋，他们在屋顶安装了环保集雨器，把外部绝大部分的雨水、雪水、露水等收集起来，统一集中到一个大容器中，根据需要进行内部净化，例如沉淀、过滤、杀菌等，进行水资源的分级运用，例如纯水、直饮水、生活用水……收集—净化—应用，三个步骤都很重要，形如漏斗，由上而下。"

"我们自身的学习过程也是如此，我们自己就是环保集雨器，不断寻求外部的学习资源；然后整理、消化、吸收、内化，最后得到我们自己认可的、企业需要的知识、态度、技能，我们才成为有用之材。"

因此培训师的'一桶水'必经历如下过程：
刺激：冲突/变化/问题——读万卷书，行万里路，名师指路。
体验：多闻/勤思/实修——学而不思则罔，思而不学则殆！学而时习之。
成果：知识/态度/素养——为学日增，为道日损。

多经历，多体验，多总结，方能大器早成！

"讲师自身的进化不是一朝一夕造就，看看'我'字是怎么写的，一撇加上'找'字才就是'我'"（见图0-2）。

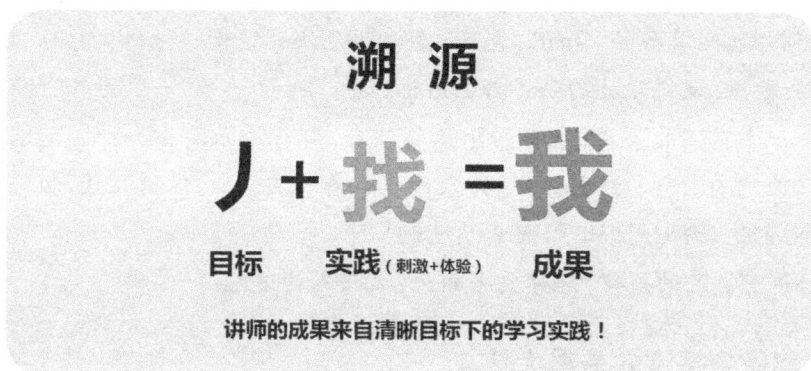

溯 源

丿 + 找 = 我

目标　　实践（刺激+体验）　　成果

讲师的成果来自清晰目标下的学习实践！

图 0-2　溯源

二、为何你的成果可以复制，却无法粘贴

淳子周接着说："一些刚做培训师的人以为讲课很简单，只要做好PPT，课堂上念稿就行！"

"也就是对学员说：我有一桶水，倒给你了啊，收获多少是你的造化……"（见图0-3）

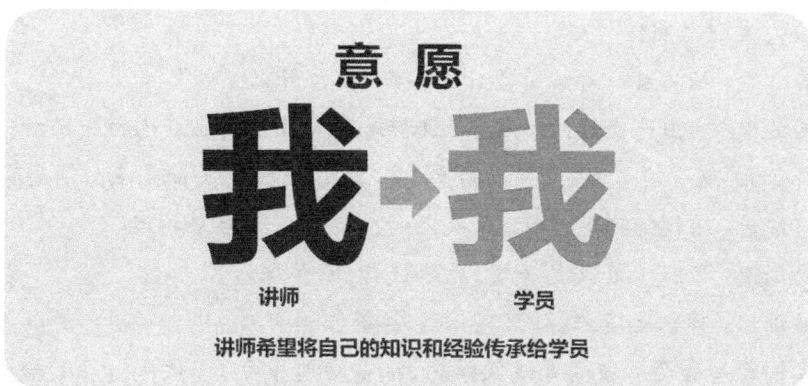

意 愿

我 → 我

讲师　　　　　学员

讲师希望将自己的知识和经验传承给学员

图 0-3　意愿

"培训师已有一桶水，如果用漫灌的方式，如同洪水冲过沃野，养料和水分都没留下，反而把禾苗冲得东倒西歪。这种方式简单直接粗暴，对学员极大的不负责，对自己极大的不尊重，更是对公司培训资源的极大浪费。"

"一个培训师历经几十年的修炼才得到一桶水，营养丰富，可是学员难以消化。培训师已经具备的'知识、态度、素养'，无法如U盘一样拷贝粘贴，也无法直接输液输血，还得学员的肠胃自己消化。"

"讲一个真实的事情，我有一个律师朋友，到青海旅游，当地的少数民族很热情，请他们喝新鲜的纯天然牛奶，表面还飘着一层奶油，味道极佳，极纯，可是不久后他们这一行人拉肚子，无福消受啊！"

"培训有自己的规律，规律要去顺应，无法人为逾越。"

三、如何做到授课效益最大化

淳子周看了看胡小云的眼睛，说了下去："培训就是浓缩的人生，教室就是修炼的道场！"

"培训师怎么办？推己及人，反思常识回归本源，想一想自己的'一桶水'是如何得来，经历了什么样的八千里路云和月。"

"接下来的第一步，是放下自己的水桶。端着自己的水桶不放，这是经验思维，故步自封！有一些培训师，自己讲课主题内的一些困惑和疑难点已经解决，这种凤凰涅槃的经验非常值得分享。然而遗憾的是，他们对后来者（学员）缺乏平等心和温柔支持，用高人一等的姿态，吹嘘自己的辉煌历史，大下指导棋，看似很炫，实则很囧！"

"第二步：抬头看一看学员要什么，领导要求什么……"

"第三步：舀出选择后的一碗水，目标是让学员收获他自己的一桶水！"

"课堂上，这一碗水不能泼，而是要小心翼翼地浇灌，关键要点必须是滴灌！"

"培训前：培训师巧妙设计，春风化雨，以终为始，层层推进。"

"培训中：帮助学员激发兴趣，原地提升，立体深入。"

"培训后：听取反馈，追踪落实！"（见图0-4）

"我们都知道两点之间直线段最短，很多培训师为了'效率'，经常给答案。"

"但我们如果在课程中，要给学员什么观点，就直接生硬把观点赤裸裸地呈

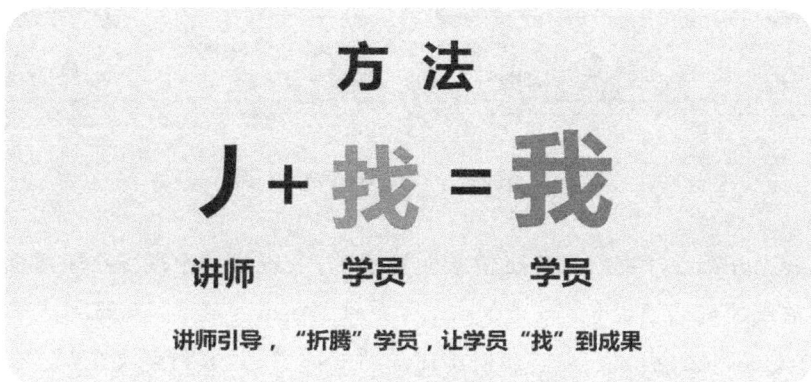

图0-4 方法

现在学员面前,缺少充分性的引导与铺垫,让人不易理解,不好消化。"

"学员没有感悟,没有受尊重的感觉,睡倒一大片就不奇怪了!"

"要记得,学习效果是设计出来的,课堂气氛是烘托出来的,胜任能力是要求出来的,教学相长,老师要敢于变换形式,提炼内容,'折腾'学员。"

"态度类课程:通过场景,制造认知不和谐,激发学员讨论,透过学员自己谈感受。"

"技能类课程:反复练习,确保学员课后有强烈的练习冲动才可能达到良好的培训效果。"

"知识类课程:归纳分类,替学员精加工,不断重复,测试是检验学员是否掌握知识的好办法。"

四、S-C-Q-A法(见图0-5)

淳子周接着说:

"实际授课中,相比于平铺直叙的'白开水'授课法,我推荐S-C-Q-A教学法:

"S=Scene,情景或场景。先由培训师描述或引导一个大家较为熟悉的情景或场景,这个情景或场景一定是与你即将给学员的观点是密切相关的,简单、容易理解、便于发问的;对情景或场景的描述一般不宜太长,控制在两长句之内为恰当。

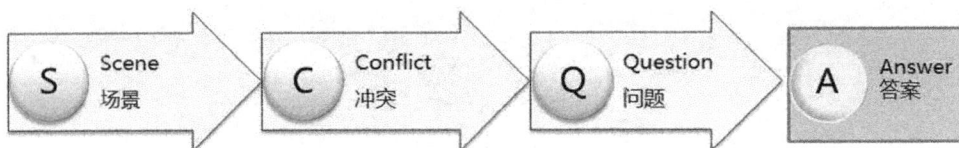

图0-5　S-C-Q-A法

"C=Conflict，冲突。在上述情景或场景中，表现出一个或多个矛盾或冲突，这些矛盾或冲突必须由（最好是仅由）后面的'Answer答案'来解决。"

"Q=Question，引出问题。面对上述矛盾和冲突，该如何解决呢？"

"A=Answer，答案（也是培训师最终要给到学员的观点）。要想解决上述矛盾和冲突，最好按照培训师设计的方案（观点）来解决。如果时间足够，完全可以由学员通过团体讨论、游戏、视频、角色扮演等培训形式，自己找到答案。"

"小云，此次讲授的《360°客户投诉响应流程》课程，S-C-Q-A法会怎么讲呢？"

淳子周现场示范起来，带着胡小云进入一个身临其境的培训现场。

"不知大家有没有过这样的经历，刚拿起电话就听到一阵质问或者咆哮（描绘一个大家熟知Scene场景或情景，作为切入点），这时会出现额头冒汗，耳朵刺痛，大脑一片空白，原来熟悉的服务流程一时间全乱了（引发一个或一系列具有代表性的Conflict冲突，为最后答案的引出做铺垫）。下次碰到这样的情况，该怎么办呢（Question疑问，停顿三秒）？来，现在开始小组讨论，每个组至少给出3种以上应对方法……好，给发言的小组一个热烈的掌声，现在我们一起来归纳一下（给出Answer答案）。"

"日常的授课中也可以有意识地制造冲突和心理反差，比如去年我参加PTT导师班学习，周平老师希望我与同学们分享一些经验，其中的一个主题就是《今生最精彩的一堂课》。"

"说到最精彩的课程，那一定是自己讲得完全投入，学员听得如痴如醉，大家说对吗？（同学们答：对。）球王贝利曾经说过，他最精彩的进球，永远永远是？（同学们答：下一个。）说到我自己今生最精彩的一堂课，我的答案和贝利一样，那就是？（同学们答：下一次！）不！就是'此时此课'！（掌声，欢呼声。）任何课程，你在当下授课，就是最精彩的，若大家认同，掌声通过！！（掌声。）"

"这种讲课方式，张力十足，精彩纷呈，如庖丁解牛，如春雨润物。"

"当然了，云端学习模型除了'SCQA'法，还有很多落地方法，如ZCZ分享法、快速学习风火轮等，以后有机会一起探讨"。

胡小云听后觉得受益匪浅："淳老师，我第一次听到培训还有三种流派之分？"

淳子周好奇地问："哪三种流派？"

胡小云狡猾地说："霸道的漫灌派，务实的浇灌派，入心的滴灌派！"

两人哈哈大笑！这时，天上开始下起小雨。

胡小云说："云端学习模型让我很有启发。你看小雨滴，发起于云端，滋养着大地，润物细无声！"

淳子周伸手接了几滴小雨点，也有些触动："是呀，云层往往在几千米的高空，雨滴再小，也有分量。下坠时不断汇聚，再轻的雨滴，掉落几千米，力度也很可观。上天有好生之德，大地有载物之厚，我们只是感觉到雨滴滑过脸庞，看到它亲近树木，浸润大地。培训师要能滋养学员的心灵，觅规律，悟方法，帮助学员开心开眼开窍！"

胡小云说："那云端学习模型以后就叫云端滴灌模型吧？"

"哈哈，好主意，以后就这么叫。时间不早了，我要回去了，明天还有培训。小伙子，好好振作，你会非常棒的。"淳子周说完，飘然走远。

夜已深，兰桂坊越来越热闹。胡小云心里虽然还在隐隐作痛，但同时，有一扇明亮的窗户在他心中打开了。他掏出手机，看见几个未接来电，是申主任。

正犹豫这么晚是不是要回电话，申主任又打过来了："小胡，你怎么现在才接电话？我跟你说，明天你去参加一个培训去，TTT培训。我们今年没有TTT的采购计划，我之前要你自己联系参加外部TTT的课程，费用报销，你一直没动静。今天下午你讲的课程内容很充实，但课堂氛围确实很沉闷。"

"正好 CG 银行——我们的战略合作单位，他们明天开始要上 3 天的 TTT 课程，叫《魅力培训师 TTT 训练营》，里面负责培训的也是我朋友，魏老师，我动用公家关系、私人交情，好不容易找她要到一个学员名额，你明天直接过去学习。讲课的是一位很有名的培训师，叫淳子周。CG 银行之前已经采购过几轮淳子周老师的《魅力培训师 TTT 训练营》了，效果很好，每次内部报名的学员很多，所以这次我只要到了一个名额，如果我能多要几个名额就带着其他同事和你一起去了。你先去听，明年我们可能会采购，培养我们的内训师……"

世界可真小啊，不，不是世界小，是我要开始新的阶段了，前面是更加博大宽广的世界——胡小云深深吸一口气，离开了复兴公园。

我来了

　　早上的陆家嘴别有一番风情，朝阳把高楼大厦镀上一层金衣，黄浦江上飘着淡淡的薄雾。隔江望去，浦西则如同一幅精美的油画，整个城市慢慢苏醒。

　　胡小云很早就过来了，和魏老师接上头，签到、取胸牌领教材，进入教室。魏老师和申主任一般大，看上去很细致谨慎。这门课他们已经办了好几期了，每次都很成功，但每次魏老师都会至少在第一天亲自跟课。事实上，开课前几天他们就忙碌起来了：大会议室紧张——要提前预订、胸牌教材制作、茶点准备、小奖品采购、教室布置、横幅……培训往往由人力资源（HR）部门安排，HR部门往往是一个公司里相对弱势的部门，HR们相当谨小慎微，只要有一个培训出了差错，后续再向公司要资源就相当困难了。

　　胡小云之前没有留意过这些，头天晚上偶遇淳子周老师，现在开始关注培训的组织者和场地了，仔细想来，一场培训能办起来，确实很多人都为之付出了的。

　　"上海真是好地方！"一个略带川音的普通话说。胡小云正看着巨大玻璃窗

外的风景，听到声音转过头，看见另外两个学员也在窗边看风景。他们俩也注意到了胡小云，走过来打招呼。

"我是吴崇明，他叫高谊，我们来自四川。你好！"其中一位微胖的学员介绍着，旁边微瘦的叫高谊的人也友好地点点头。

"我叫胡小云。"

CG银行这几年在国内发展势头很猛，扩张很快，对员工培训的需求量增大，于是就开始建立内部培训师队伍。内训师的来源是业务能手，他们本职业务做得很好，个人综合素质不错，只需授课技巧培养一下，内部一些培训就可以开展起来了。吴崇明和高谊他们就是从全国各地分公司挑选出来的精英员工，被派遣到上海接受培训。

"上海有各种优质的教育资源，在内地想学习就没那么方便了。只有实力强、效益特别好、比较有眼光的公司才会拿钱出来培训，当地好老师很少，一般也是请北京上海广州深圳的老师过去上课。能出来参加培训的都是百里挑一的优秀员工。一般我们自己想学什么都是在网上看资料学习的，现场参加课程机会很难得。"吴崇明说。

"是呀，我们还好一点，在CG银行还有很多学习机会，我在其他公司的同学、朋友只是在自己熟悉的小圈子里生活，偶尔有主动学习的，想自己参加一些课程什么的，确实没有在上海这么方便，只能看看书或者买一些网络课程。"高谊也说。

胡小云从来没想过这些事情。每天他接触到大量的信息，各种培训、讲座、沙龙，他都习以为常了，但看见眼前这两个兴奋的同龄人，真切地觉得自己生活在上海很幸运。

果然是各地的业务精英，都早早地来了，并且互相熟悉起来了，还没开课，教室里就很热络了，大家叽叽喳喳地说话，说来沪路上的见闻，说着各地分公司的特色。胡小云因失恋而略微灰色的心情此时变得明亮起来，是呀，年轻的朋友在一起，总是容易欢乐起来。

突然一刹那，教室瞬间安静了，大伙儿不约而同不说话了。胡小云不知发生了什么事，只看见进来一位气宇轩昂的男子。

胡小云头天晚上在黑暗中只看到淳子周模糊的样子，现在在这明亮的教室可以看得清楚了：淳子周浓眉大眼，目光如电，额头又宽又亮，宽大的肩膀和手掌。看不出具体年纪，看他庄重的举止估摸在三十七八岁，但灵动的目光又让人觉得他可能实际年龄更小一些。他后面跟着一位高瘦的年轻男子，助手模样，后来知道是淳子周老师的入室学生史芳岳。

"淳老师来了！"一开始有人小声说。

马上有人热情地打招呼："淳老师，您好！我看过你的视频，帮助很大，这次有机会现场学习，好激动！我从青海过来的！"

"我从海南岛来的！"又有人围了过来。

……

"大家好，大家好！"淳子周放下物品，笑呵呵地在教室里和学员们打着招呼。助手史芳岳则和魏老师的手下开始调试笔记本电脑、音响麦克风、投影仪等。

胡小云没想到淳子周这么有气场。淳子周也注意到他了，竟然没有惊讶。胡小云走过去说："淳老师，这么快就有机会向您学习了，很幸运，很有缘！"淳子周微笑着点点头说："是的，我也很荣幸。"

学员都到齐了，到了开课的时间。

魏老师走到台前，开场了："各位伙伴，欢迎参加我们CG银行第六期《魅力培训师TTT训练营》，开课之前先请邹总说两句，大家鼓掌！"

邹总乐呵呵地上台发表了5分钟的课前动员演讲。"真难得！一般领导发言不会这么简短的。"胡小云暗想着。

"掌声再次感谢邹总！"魏老师接过话筒，"我们这个系列的轮训请到的是著名TTT训练专家淳子周老师，让我们以热烈的掌声有请淳老师上台！"

"谢谢！谢谢魏老师！"淳子周老师微笑接过话筒，从容地站在台前。

第一章 结构训练

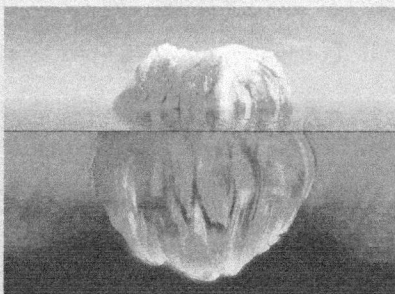

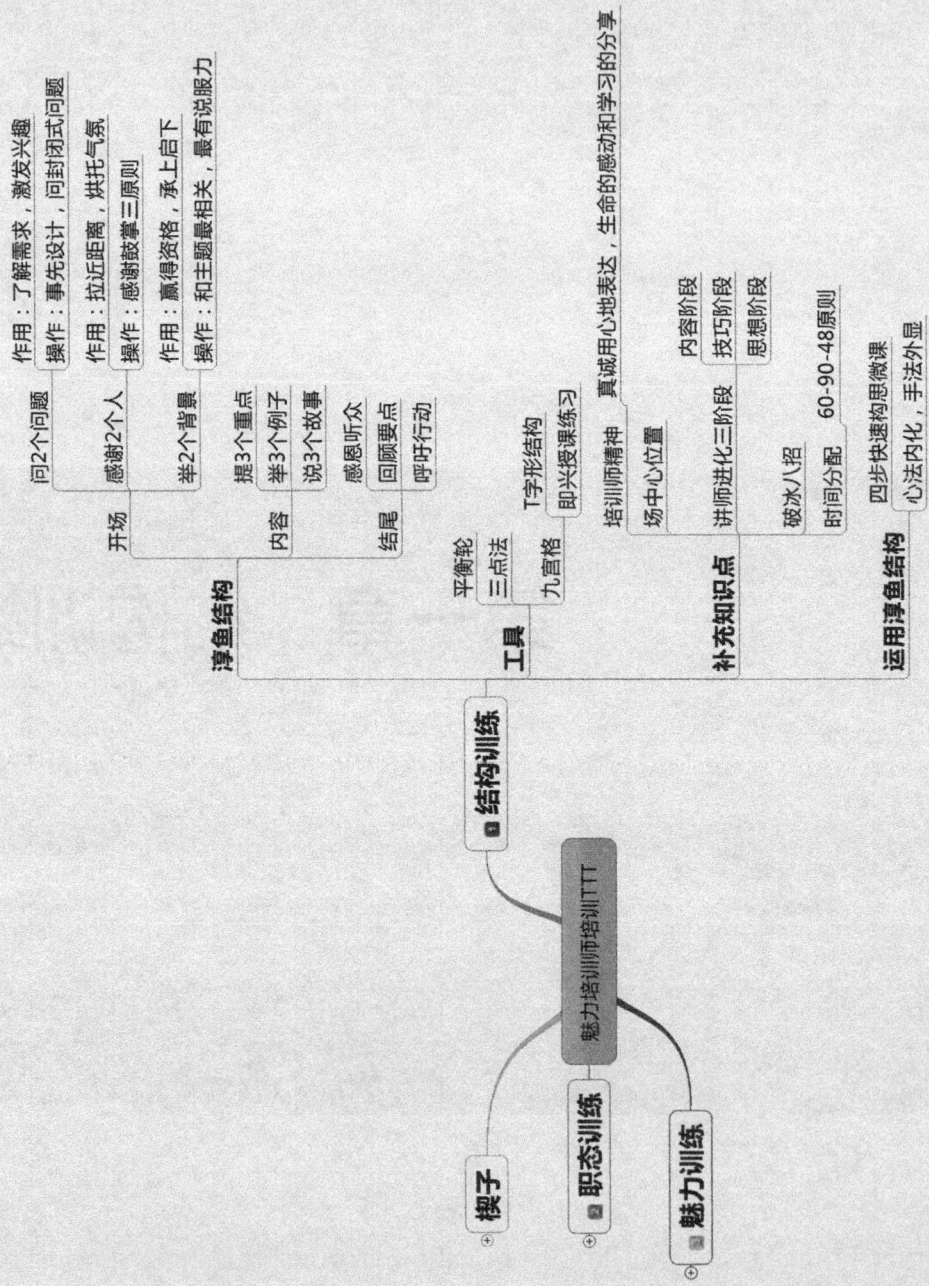

魅力培训师培训TTT

- 模子
- 职态训练
- 魅力训练
- 结构训练
  - 淳鱼结构
    - 开场
      - 问2个问题 — 作用：了解需求，激发兴趣；操作：事先设计，问封闭式问题
      - 感谢2个人 — 作用：拉近距离，烘托气氛；操作：感谢致掌三原则
      - 举2个背景 — 作用：赢得资格，承上启下；操作：和主题最最相关，最有说服力
    - 内容
      - 提3个重点
      - 举3个例子
      - 说3个故事
    - 结尾
      - 感恩听众
      - 回顾要点
      - 呼吁行动
  - 工具
    - 平衡轮
    - 三点法
    - 九宫格
    - T字形结构
    - 即兴授课练习
  - 补充知识点
    - 培训师精神
    - 场中心位置
    - 讲师进化三阶段 — 真诚用心地表达，生命的感动和学习的分享
      - 内容阶段
      - 技巧阶段
      - 思想阶段
    - 破冰八招
    - 时间分配 — 60-90-48原则
  - 运用淳鱼结构
    - 四步快速构思微课
    - 心法内化，手法外显

课程开始

大家好，我是来自 WY 管理顾问公司的淳子周，在这 3 天课程里，我将全程陪伴大家。我上课有个特点，那就是轻松愉快——要求严格、气氛轻松，我相信在这三天时间里，大家一定会学到真本领、真功夫，而且笔记会记得比较少，我会在课程结束后把上课的完整讲义以 PDF 格式拷给在座各位，给大家的电子大礼包中还有作为培训师需要的一些软件、PPT 模板、电子书等，大概将近 500 兆，让大家可以后续持久的学习。

（场上有一阵小小的惊喜的骚动声。淳子周微微一笑继续往下讲。）

各位伙伴，在这里我想请教大家两个问题：第一个问题，在座各位已经进入我们 CG 银行 3 年以上的请举手让我了解一下，喔，绝大部分都是；第二个问题，参加过 TTT 或公众演讲课程的请举手让我了解一下，好的。

非常感谢邹总刚才为我们加油鼓劲，而且提出殷切的希望，他讲到随着我们在全国各地分行的不断开办，在座的各位逐步会成为各个方面的顶梁柱，所以今天的培训正当其时。因为有句话是这么说的：培训是最好的领导方式。每一个领导者都要有一种能力，那就是能够教导自己的下属，而培训是一种重要的方式和方法。所以借大家的掌声感谢刚才为我们传达积极信息的邹总。来，掌声！

（胡小云看见邹总也笑呵呵地拍着手。）

在这里也非常感谢魏老师和王老师，他们为我们做了大量的准备工作，从前期的调研到昨天会场的布置包括这几天全程的服务，所以把掌声给到他们两位，来！

（坐在边上的魏老师和王老师也笑着拍手。）

我大学是学中医学临床的，为什么后来走上讲台成为一个培训师呢？说起来非常偶然。

（胡小云想起小星，心中又有一阵痛，同时想：小星可能目前对未来充满迷茫，我确实很少关注她的内心。他接着竖着耳朵听下去。）

我大学毕业之后不想做医生，也不想做医药代表，于是就去做实验室仪器的销售，我的客户都是大学里的教授、医院里的主任医师和研究所里的研究员或生物工程师，所以我觉得很有必要去提升自己的气质和形象，以便和这类人群更好对接上。

怎么提升呢？一个朋友建议我说："子周呀，提升气质有一个很好的方法，那就是去学习跳舞。"于是我就去学。教室很大，一共有 40 位同学，我问大家，40 位同学中，跳舞的男士有多少？

（"十分之一吧！""一半吧。""大概有四分之一。"大家开始猜测。）

告诉大家，男士只有一个，那就是我。教跳舞的老师是男士还是女士？

（"男士！""女士！"）

告诉大家，也是女士。

所以在一个偌大的教室里，我就代表了男人半边天。当音乐响起来的时候，我们可以看到 40 个身材曼妙的美丽女子随着音乐的节奏轻盈地翩翩起舞，你们也可以看到一个北极熊随着音乐的节奏在里面，嘣嚓嚓、嘣嚓嚓，动作很笨拙，居然坚持了十几次下来。

十几次下来，老师就对我感兴趣了，她问："你是做什么的？"我说："我是做销售的。"她说："正好，我们单位里要讲一个销售的课程，你能不能帮我们讲一讲？"我说："好啊！"于是就在我的母校——上海中医药大学找了一个教室，我还记得，晚上，3 个小时，课程名字叫《单骑闯三关》，给他们 20 多位销售人员讲了一下。讲完之后，效果不错，又请我去讲了第二次。

所以第一次讲课就收获了我的什么感？

（"成就感。"）

对，成就感。掌声鼓励一下。

第一次讲课的时候还有一个小花絮，我跟我当时的女朋友（其实关系还没定，正在微妙的时候）发生了点小矛盾，她在心里暗暗发誓再也不见那个姓淳的家伙了。那时，她还在大学里读书，因为心情不好，改变以往的路线，抱着书本走进一个不常去的教室上晚自习，刚走进，傻眼了，为啥？台上讲课的人正是在下我。哎哟，她当时准备扭头就走，但不知道一股什么力量把她拽住，让她坐在教室的一个角落里，安安静静听了 3 个小时。

我也不知道在这 3 个小时的时间里发生了什么化学反应，总而言之，3 个小时之后我们的关系就越来越好，到现在我们的女儿已经八周岁了。所以第一次讲课，收获成就感的同时，顺便收获了我的什么？

（"幸福！""爱情！"大家嚷着。胡小云又想起小星。）

对，幸福和爱情。所以各位伙伴，作为培训师，你们可以走很多地方，见很多人，吃很多美食，很多好玩的事情，会发生奇迹的。来，所有伙伴们，请伸出双手——只要带过来的，伸出双手，拍拍你两边伙伴的肩膀对他说："在这3天里，我要和你发生化学反应！"三、二、一，开始！

（大伙儿嘻嘻地笑着，互相拍着肩膀。）

对于TTT，本人参加过各种不同类型的TTT，大家请看屏幕。这是我2002年的时候第一次参加TTT的课程，老师是台湾的，叫江SIR，讲得非常非常好。大家看一下2002年的时候我在哪里？在这个位置，和现在很有差别的。岁月还是会让人发生变化——越来越年轻。

这是我在2006年接受SEADO讲师团魔鬼训练，我们当时第一期开始时，有180多个人，层层淘汰，经过5个阶段之后，最后只剩下我们20多个人。各位伙伴们，我们当时受过了系统的、严格的，甚至是残酷的训练，导师是林SIR。这就是2006年我们师兄弟的合影，中间的这位是龚SIR，现在在行业里也是非常有名。

（胡小云看着PPT里各种学习的合影，心中感慨：原来一位好的培训师会接受这么多训练。）

我把学到的各种TTT融会贯通成一门《魅力培训师TTT》，并且培养了一批授权导师，我助手史芳岳老师也是《魅力培训师TTT》授权导师，这就是我去年在上海举办的第二期《魅力培训师TTT》授权班合影，让授权导师们也可以来讲《魅力培训师TTT》的课程。

（胡小云灵机一动："申主任说要建立内训师队伍，那我去学习授权导师班，这样不就可以替公司做内训师的培养了吗？回头像申主任汇报请示一下。"）

之前我在上海及华东、华南地区已经举办了37期《魅力培训师TTT》的训练营，我们公开课的学员有1 200位左右，加上内训课学员，总共有一万多名了。我相信《魅力培训师TTT》在整个TTT领域里面占有一席之地。

各位伙伴，那就让我们在这3天的时间里学到一门真功夫、真方法，让我们未来真正能在讲台进行互动式授课、让你讲话更加精彩、讲课更轻松、备课更简单,大家说好不好?

("好!"群情激动。)

课堂规则

各位伙伴们,我们将进行我们今天第一个训练。在训练之前我们有三条游戏规则跟大家一起沟通一下。哪三条呢?游戏规则很简单,为保证我们这几天学习顺利进行,第一条游戏规则:请大家手机静音或振动状态,如果谁的手机在教室里响起来或者在上课期间接听手机的话,我们就请他上台表演一个节目。大家说好不好?

("好!")

来,掌声通过一下。如果大家确实有事情,没关系,不需要向我请假,直接到门外快速接听后快速返回就好。这是只针对特别特别紧急的。我们在上午和下午都有十多分钟的休息时间,这个时候可以处理你的电话。接下来十秒钟之后谁的手机响起来,那么恭喜你,你要准备表演节目了。

淳老师的课程要求是严格的、气氛是轻松的,气氛轻松的同时,要求是严格的,说到做到。这是第一个游戏规则,有没有问题?

("没问题!")

第二条游戏规则:我会跟大家说四个字:CG银行,大家用4个字回应我:越来越好!说完左手食指转两圈放在我们嘴前保持静默。我们人有点多,用这种方式大家会很快安静下来。好,我们大家来演练一下。CG银行!

(一声整齐的"越来越好"以后,大伙儿左手转两圈放在嘴前噤声。胡小云看见对面爱说话的吴崇明憋住唇、闭上嘴,觉得这胖子真是萌得可爱。)

第三条游戏规则:我们这两天是过来做学员还是老师的?

("学员!")

我们这两天过来是做老师的,TTT——Training the trainer,培训培训师的培训,所以各位伙伴,我们这几天过来不是过来做学员而是做老师的,而且是台上非常有风采有魅力的老师,所以各位老师既然来了,请遵守老师的仪容风范。

第一个是回应,老师问问题的时候请回应。沟通的关键不在于别的,而在于回应。如果你在课堂上善于回应的话,那么你回到你自己的课堂上学员也会善于回应,所以你今天在课堂上的状态决定你未来的授课状态,大家说对不对?

("对!")

第二个,我们的坐姿有讲究。大家和桌子平行,面向讲台坐着(见图1-1)。因为在整个过程中,你都是要参与练习的。这种做法便于大家立即上台。我问大家:成为一个培训师,你是坐着听出来的还是练出来的?

("练出来的!")

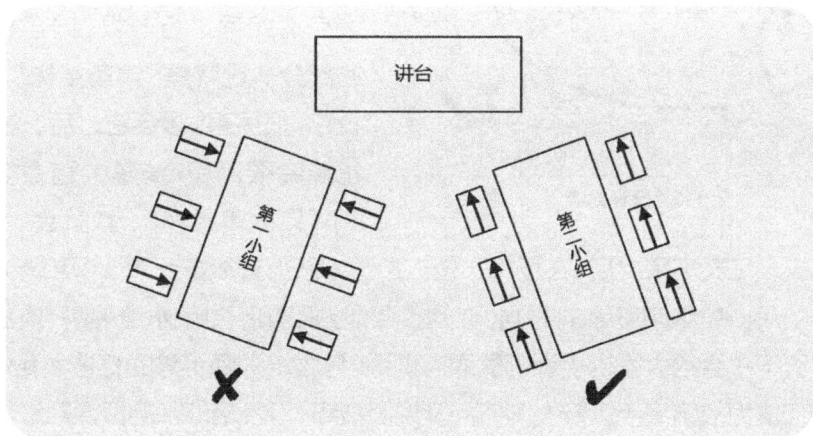

图1-1 课堂设置

如果练习时请我们高谊老师上台,大家会发现,高谊老师上台有几个步骤?四个步骤:① 站起来;② 把椅子往后一挪;③ 转身;④ 上台。是不是?这时候如果让我们马磊老师上台,他要几个步骤呢?他只要两步。第一个步骤站起来,第二步直接上台就可以了。为什么?他们的椅子摆放有差别。大家都清楚,企业管理中,绩效要做加法而流程要做减法。那么请各位伙伴,请把你的椅子和桌子保持平行,距离桌子两个拳头的距离。包包可以放在后面,让我们整个会场看上去清爽整洁。

(大家迅速调整椅子和坐姿。看似很繁琐的要求,其实是有讲究的,胡小云留意着这些细节,知道在自己的课上可以直接借鉴。)

第三点,只要谁提问、回答问题、上台分享,就给他小礼品,大家说好不好?

("好!")

全部授课内容提示

我们这三天学什么呢？很简单，就是一条鱼。鱼头——学会开头组织，鱼身——内容，鱼鳍——授课技巧，鱼尾——收结技巧，鱼脊——核心的技巧。最后来一个登台展示，如鱼得水，把所有技巧综合运用起来。

图1-2　授课内容

大家请看这张思维导图（见图1-3）。今天上午的时候，我们会重点讲如何进行开场、内容和结尾的部分。这就是"淳鱼结构"。别小看它，很厉害，学会它之后，你讲课、备课会很简单、清楚。魅力培训师TTT以简单著称，一教就会，当场就可用出来。三天下来之后，在场每一位在授课方面都有很多新的认识和能力的迅速提升。每一轮练习下来的时候，你的授课能力不知不觉就水涨船高、螺旋式上升。今天下午会给大家讲培训师的职态训练，包含培训师手势的打造。我们也会讲到如何成为故事高手以及发问答问及说服技巧，以及培训师的授课八法。

我会与大家分享丹田发声的内容。有些伙伴讲课2个小时之后喉咙就开始有点不适反应了，对不对？学会这种方法之后，连续五六天讲课你都会很轻松。我还会讲到能量训练和控场的法则、如何做点评等。

第三天下午每个小组抽种子选手上台，实战演练，我会给他们做点评，让大家实实在在收获一些真东西回去。三天内容安排非常的紧凑，同时大家会过得很开心很快乐。

昨天我就跟魏老师说，您放心，三天里面，每个伙伴都会过得很充实，很开心，开心还不算，学到真功夫才是真的。未来我们成为各地分行的行长的时候，说到贺行长的时候，都说贺行长不但人长得帅，课也讲得好，而且带下属特别会带。说到我们黄行长的时候，黄行长，讲课台上神采飞扬。

（被点到名的小贺小黄，脸蛋红扑扑的，眼睛充满憧憬。）

各位这三天学到的东西（见图1-3），都是我们未来可以实际运用的，每一招每一式，没有虚的，全部是非常简单实用的技巧和方法。

27

培训师：真诚用心地表达，生命的感动和学习的分享！

魅力培训师TTT

① 结构训练

- **淳鱼结构**
  - 开场
    - 问2个问题
    - 感谢2个人
    - 举2个背景
  - 内容
    - 提3个重点
    - 举3个例子
    - 说3个故事
  - 结尾
    - 感恩听众
    - 回顾要点
    - 呼吁行动
- **工具**
  - 平衡轮
  - 三点法
  - 九宫格
    - T字形结构
    - 即兴授课练习
- **补充知识点**
  - 场中心位置
  - 进化三阶段
    - 内容阶段
    - 技巧阶段
    - 思想阶段
  - 破冰八招
  - 时间分配 — 60-90-48原则
- **运用淳鱼结构** — 四步快速构思微课

② 职态训练

- **培训师风范**
  - 语言和非语言魅力
    - 四原则 — 55-38-7原则
      - 简单
      - 对称
      - 重复
      - 夸大
    - 肢体语言 — 手势训练 — 哑剧表演
    - 常用手势
      - 数字类
      - 阶段类
      - 欢迎类
  - 语言魅力
    - 语音语气语调
      - 语气语调练习
      - 音量控制
      - 声音情感
    - 词组表达 — 避免语言零碎 — 三五成群，断词不断句
    - 效果 — 平常话，身边事，听得懂，做得到
  - ZCZ分享法
    - 固定句式
    - 听-接-说-传
    - 思想核聚变
  - 讲师礼仪
    - 黄金法则
    - 三规范
      - 着装
      - 站姿
      - 移动
    - 三步一停，步步为营
    - 使用工具
    - 注意小细节
  - 亲和力打造
    - 同频同率 — 七把小飞刀
    - 先跟后带
      - 把握课程节奏
      - 关注学员状态
- **成为故事高手**
  - 技巧：开门建山 — 常用的三类故事
  - 故事策划
    - 利用成语和流行语
    - 擅用英文单词
    - 拿大事件说事
- **发问及说服技巧**
  - 提问技巧
    - 四种提问形式
    - 三类问题
    - 遭遇高手三原则
  - 答问技巧
    - 宁断不乱
    - 答非所问
    - 投其所好
    - 丝丝入扣
  - 说服技巧
    - 事先框式反对问题
    - 问简单的问题
    - 二选一 — 问对比说有力
    - 问yes问题
    - 擅用肢体语言
- **培训师授课八法**
  - 演讲法
  - 问答法
  - 示范教学法
  - 游戏体验法
  - 角色扮演法
  - 视听教学法
  - 头脑风暴法 — 头脑风暴结尾法
  - 团体讨论法

③ 魅力训练

- **丹田发声训练**
  - 丹田发声常识
  - 发声1+3+1训练
    - 枢纽练习：狗喘气
    - 惊讶张嘴
    - 咝字音
    - 小红
    - 声音饱满练习
  - 气息训练
    - 丹田换气练习
    - 三个辅助练习
- **能量训练**
  - 了解潜意识特性
    - 能量巨大
    - 把"不"当做"是"
    - 想象和事实不分
  - 气场训练
    - 气场提升法
      - 观想法
      - 正念禅修法
      - 天地人法
    - 精力管理
      - 敲打小鱼际
      - 挂钩式健脑操
  - 提升自信
    - 自信何来？
    - 自我肯定小练习
    - 提升方法
      - 步步高法
      - 身心一致法
      - 资格确认法
  - 转化紧张
    - 了解紧张的实质
    - 如何转化
      - T3T能量转换法
      - 十倍准备法
      - 得道多助法
- **控场法则**
  - 角色认知 — 三种角色
  - 支持系统
    - 学习系统代言人
    - 禁忌：一个人在战斗
  - 心态调整
  - 眼神控场法
  - 橄榄球法则
    - 轻松识别捣蛋分子
    - 如何应对
  - 五点控场法
- **点评技巧**
  - 点线面
  - 二八开
  - 润切塑

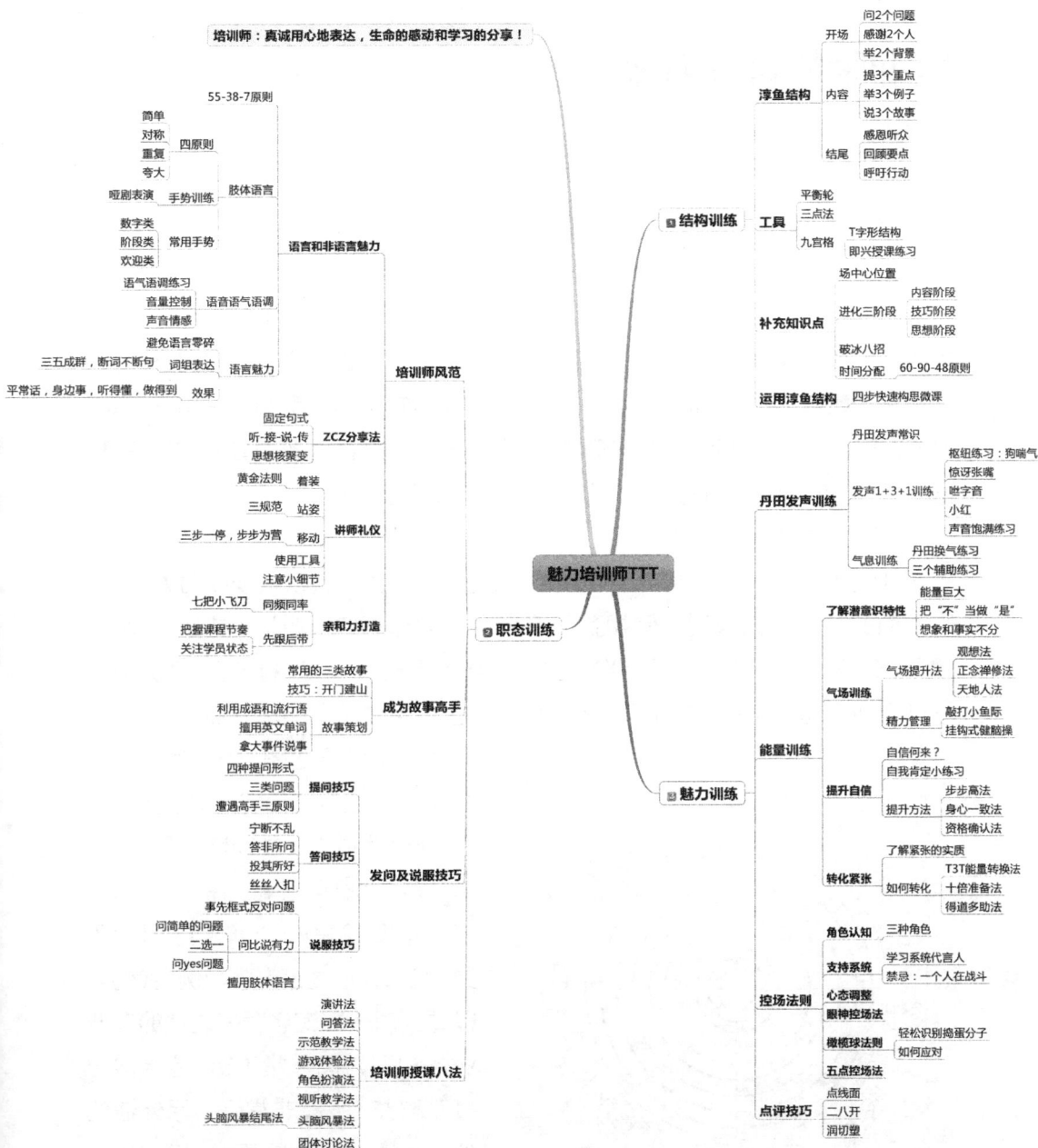

图1-3 三天课程内容

第一节

培训师技能平衡轮

　　做今天第一个练习：拿到我们这张培训师的平衡轮（见图1-4），把我们自己觉得作为CG银行一个企业内训师来说需要的重要的八项关键能力，以关键词的方式填在这8个长方形的格子里面。根据自己的理解来进行填写，没有标准答案。如果你不知道的话也没关系，参照我们教材第一页的那张思维导图。比如，作为一个内训师需要仪表风范、需要研发、需要控场、需要专业知识等，根据我们自己的理解来进行填写。填好之后，向我举手示意。

　　（学员们陆续写好举手了。）

　　各位伙伴们，时间到。注意力都到我这里来。我们就以一项能力为例，就以我们的表达能力来说。假如我们的表达能力还不错，圆心上是0分，圆周上是10分，0到10分之间给自己打分。比如自己还不错，打8分，于是在8分这个地方画一个点。8个评分点画出来之后，用线段把相邻两点连接起来，形成一个像雷达图一样的图形（见图1-5），画好之后向我举手示意。

　　（学员们又陆续写好举手了。）

　　各位伙伴，注意力都到我这里来。平衡轮是一个非常好用的工具，就拿我们高谊老师为例，我们可以看到对于高谊老师来说他的专业业务知识方面非常不错，他给自己打了整整9分，非常好。另外他的仪容仪表方面也是不错，确实是一表人才，所以给他自己打了8.5分，显然这两项能力是他比较强项的能

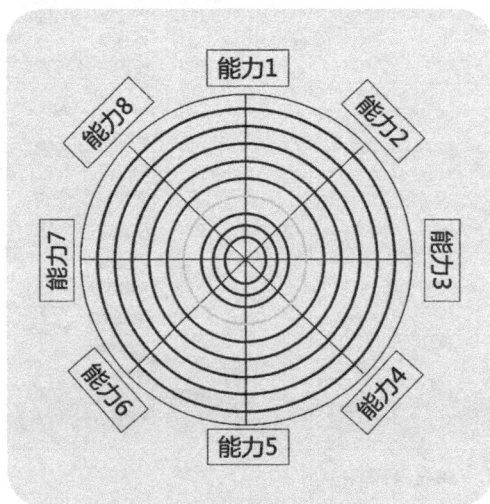

图1-4　培训师技能平衡轮（一）

力。场景打造能力,他比较谦虚,给自己打了 4 分。研发能力,他给自己打了 4 分,显然这两项能力他重点要去提升。

我们拿到这平衡轮之后,就知道目前你本人有哪些强项,哪些是要进一步去提升的,对自己有一个清楚的认识和了解。

(胡小云看看自己的平衡轮,好几项分值不高,轮子瘪了进去。)

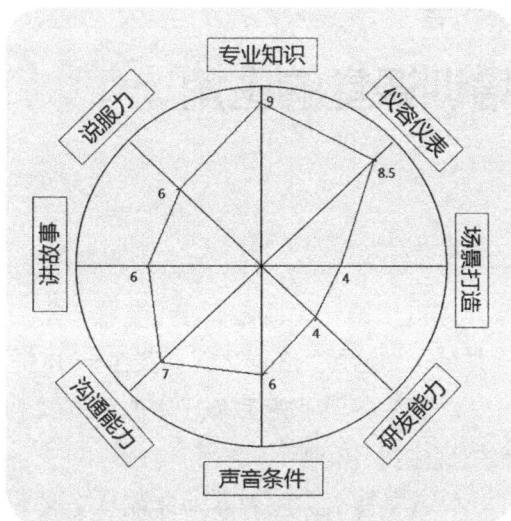

图 1-5　培训师技能平衡轮(二)

接下来拿着我们这张平衡轮,分别走到我们场内 5 个人的面前,一对一,对他说三句话:

第一句话,我叫某某某,来自某某部门,或者某某分公司。

第二句话,我的两项优势能力是……例如,我的专业知识和我的仪表,不需要解释,直接把得分最高的关键词读出来就行了。

第三句话,我亟待提升能力,不是说我的缺点,而是说我亟待提升能力。读出你得分最低的两个关键词。等对方说完之后迅速换下一位。

好,各位伙伴们,请大家离开自己的小组,迅速找到一位伙伴,进行今天的互动练习。3、2、1,立刻行动,每个人要求 5 个以上,开始。

(满场学员迅速动起来,胡小云觉得自己好像回到了刚参加工作的那一年,活泼又热情。他就近找吴崇明开始练习。)

时间到,请回到位子上。伙伴们,拿到这个平衡轮之后,我们就很清楚了这几天里面学什么,补什么,重点加强什么。三天课程结束的时候再拿出平衡轮出来,我们就知道在这三天里面自己得到哪些长足的进步。这是一个非常好用的工具,以后在自己的课程上也可以去运用。

第二节

培训课堂的主角

先提出第一个问题，请问谁是一堂培训课的主角？台上风度翩翩的老师，还是台下专心练习的学员？有谁第一位提出你的看法和建议？

（"我觉得学员是主角。"一位女学员回答道。）

理由是什么呢？

（"我觉得大家全程参与才能接受这个课程里讲授的内容。"）

学员全程参与，才能接受这个内容，所以说学员接受和吸收是非常重要的。因此老师在课堂设计课程的时候一定要按照学员能够接受的方式来设计这个课。而且在课堂上根据学员的反应来随时调整他的授课方式。给我们曹华老师掌声鼓励一下。刚才我说过，只要有人站起来回答问题或提问，都会……

（"小礼品！"大家异口同声。）

曹老师，现在给你还是待会儿给你？

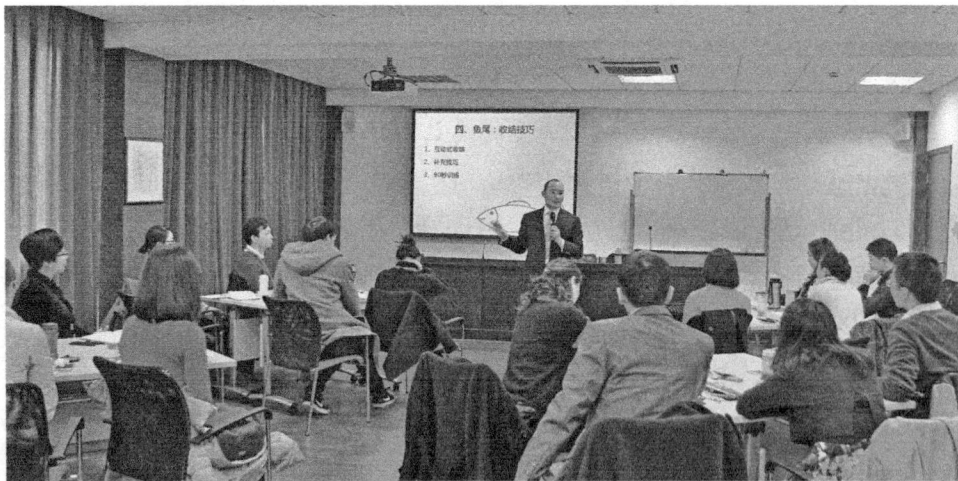

（"先记着。"曹老师脸红红地说。）

管理学说过奖励要及时，当场奖励是最最有效的。来，给我们曹老师掌声鼓励一下，恭喜你，获得我们今天的第一份小礼品。

有谁要补充，或者有不同的意见和看法？郭宏老师。

（"我也是赞同这个学生是主体这个看法。因为我们这个培训的目的就是要提升学员的能力，就是说一切要以他们为中心，帮他们设计，以他们能接受的方式来教育。"）

以他们能接受的方式，并且让他们学到更多为你的教学目的和目标，从而保证这样的课程，对不对？好，非常好，姜正老师。

（"我觉得应该是老师，他是这个主角。理由是这样的，如果一个课堂上没有老师的话，这个课就没法讲下去，但是如果少了一两个学生的话是没有太大关系。另外还有一个原因，很少有课程专门去培训一个学生怎么做学生，但是像我们这样，有课程在教我们怎么样去做一个老师，说明老师一定是课堂上的主角。"）

OK，她从物以稀为贵的角度讲，老师只有一个，学生可以有多个，而且从老师不可以缺少。从这个角度谈到了培训师是非常重要的。

确实，培训师是一堂课里的主导，他的水平跟课程的效果是有直接的关系，他调动、组织、设计，所以一堂课里面老师是非常重要、关键的。

在小学、初中、高中和大学里面，我们会发现所有的课程基本上都是以老师为中心。然而当我们参加工作后再学习时，开始发现课堂慢慢演化到以学员为中心，这个过程中我们会发现老师和学员之间是教学相长的关系。

请拿笔记录：**老师是站着的学员，学员是坐着的老师。**所以说老师是主导、学员是主体，他们两者都是非常重要的。同时我更倾向于认为在座各位才是真正的主角，原因很简单，整整三天，我们所有教学班底——包括我本人、包括助教老师们，所有的目的都是让大家学习到更多、更好的知识和技能。

伙伴们，伸出左手，请拍我们前边和旁边伙伴的肩膀对他说，你才是真正的主角。

（大家笑嘻嘻互相拍拍。）

我淳子周又是一个什么样的角色呢？我只是陪伴者，众多奇迹的见证者，全程陪伴大家三天的时间，并且见证大家的奇迹。

什么奇迹？至少有三大奇迹，第一大奇迹，以后人家问你任何问题，你百问百答，百问不倒。第二，任何主题，你可以娓娓道来，如行云流水。第三大奇迹，以前我们看郭德纲、看周立波、看赵本山节目的时候，好羡慕他能够秀幽默、秀表演，而这三天学下来之后，我们也可以像他们一样秀幽默、讲故事。所以各位伙伴们，三大奇迹会自自然然的发生在在座各位的身上。伸出右手，握握你旁边的伙伴温暖绵软的小手，告诉他一个事实和真相：淳子周一点都不重要，他只是一个陪伴者。

（刚才的笑容还没消散，大家又笑嘻嘻地互相握握手。）

学习誓言

在座的各位，请全体起立，伸出右手放在我们的左胸上，我说一句大家说一句。当我说淳子周的名字的时候，在座各位说自己的名字。

我，淳子周。

（"我，……"）

我为三天的学习效果负责。

（"我为三天的学习效果负责。"）

我会全心投入、专心练习。

（"我会全心投入、专心练习。"）

在这三天里，学到更多更好。

（"在这三天里，学到更多更好。"）

为CG银行，在全国各地开疆辟壤，立下汗马功劳。

（"为CG银行，在全国各地开疆辟壤，立下汗马功劳。"）

为我们CG银行的千秋功业，奠定一砖一瓦、一草一木。

（"为我们CG银行的千秋功业，奠定一砖一瓦、一草一木。"）

九层之台、起于垒土。

（"九层之台、起于垒土。"）

人才建设、授课技巧的提升非常重要。

（"人才建设、授课技巧的提升非常重要。"）

培训，是最好的领导方式。

（"培训，是最好的领导方式。"）

我本人，淳子周。

（"我本人……"）

是优秀的台上领袖。

（"是优秀的台上领袖。"）

我是魅力培训师！

（"我是魅力培训师！"大家群情激昂。）

第三节

大虾登场

既然在座各位是我们CG银行的最优秀的人才，所以接下来进入第二个练习，就叫大虾登场。也就是自我介绍，有明确的要求：

第一点，一定要有问好。为什么要有问好呢？很多的内部培训师直接上台，开口就讲：大家好，我叫王小毛，今天我给大家讲如何做好销售。

他在这么说的时候，并没有关注到学员。学员注意力没有回来？学员这个时候可能还气喘吁吁，刚刚到教室，可能嘴里还在吃着早上的食物，可能连旁边的美女长什么样子都还不清楚。你这个时候马上给他讲课，他能接收吗？所以说当你问大家好的时候，一定要大家的回应，这是非常重要的。当你问候他们，并有回应之后，这就叫**启动注意**，注意力回来了，学员就会开始学习了。

当对方没有回应的时候怎么办？你这个时候要敢于要求大家回应。刚开始老师跟学员的相处过程中，某种意义上是一种博弈的过程，开始不是东风压到西风就是西风压倒东风，然后是慢慢地由斗争到合作的一个过程。所以说你这个时候敢于把你作为培训师的勇气用出来。比如我们梅燕老师站在这个位置问大家早上好的时候，他们没有回应，怎么办？再问一次。再问一次体现你的底气，同时把他们注意力再次拉回来，这是很重要的一个做法。

（胡小云对照着自己之前授课，脑袋里确实没有"启动注意"的概念，常常犯和"王小毛"一样的错误。）

第二点，正确站立。我们练习的时候站立的位置离桌子一尺的距离，不远不近，为什么是一尺的距离？太远，显得脱离群众。太近，有些伙伴习惯性地手就撑在桌子上，用我们培训师专业术语讲，这叫卑躬屈膝。

第三点，对我们台下的人说三句话。第一句话，我叫某某某，来自某某分行，这是第一句话。第二句话，我优势爱好是……自己不说话，做动作，等对方猜出来。第三句话，我对于学习魅力培训师TTT的期望和期待是……

每个人都是60秒的练习时间。会有很多人不到40秒就讲完了，然后落荒而逃。一定要记住培训师登台优雅，离场的时候也要优雅。

那时间没到，你已经讲完了怎么办？没关系，凡事有3个以上解决办法。第1个办法：增加一个特长或优势。第2个办法：那就是我来学习之前怎么想的，目前的感受怎么样，回去会怎么样，加上之前、之中、之后，时间自然就会延长。第3个办法，可以组内互动：对我刚才所说的还有什么要问我的地方，来一个互动，这样的话时间自然就可以延长了。

练习的时候会以小组为单位，每个小组我的左手边的第一位第一个上台，顺时针轮转。各位伙伴们，我们以热烈掌声欢迎我们小组里面第一位登台的伙伴，热烈掌声欢迎，计时开始。

（场上又开始活跃了。演讲者迅速站位、开讲。胡小云心里也怦怦跳。他发现其他伙伴很容易就进入状态，他自己也有种跃跃欲试的感觉。）

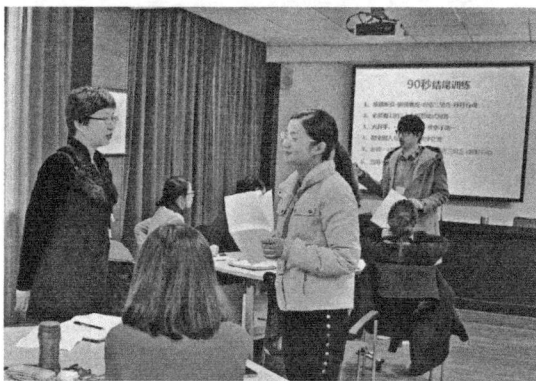

好，各位伙伴们，请大家伸出右手大拇指，看看我们小组的人，谁在刚才让你觉得自我介绍印象最深刻的一位，我喊3、2、1就指向他，来，3、2、1，就是他。好，请这位伙伴上台来领取小礼品。

（在一阵推推让让嘻嘻哈哈中，五位优胜者上台各领取小礼品。）

我们五位优秀老师，请先把你们的小礼品先收起来。（大家哄笑。）为什么？如果一个培训师在讲课的时候把手中物品晃动的话，这会分散学员的注意力。

接下来我们请我们这五位给大家做一分钟的自我介绍。后面举牌计时。从我们第一位的宫老师先开始。

场中心位置

（宫磊习惯性地站在靠近他自己小组——第一组的位置。淳子周老师示意他暂停。）

请台下的伙伴请记录5个字：场中心位置（见图1-6）。每一个场里面只有一个场中心位置。

场中心位置，每一个教室或演讲厅，只有一个场中心位置，通常在场地前部正中间的位置，培训师视野最佳，能看到全场，全场人也可以看到培训师。如正中有投影仪，要避开。

请问宫老师，我们这个教师里面场中心位置在哪里？

（宫磊想了想，走了两步，来到台中央。）

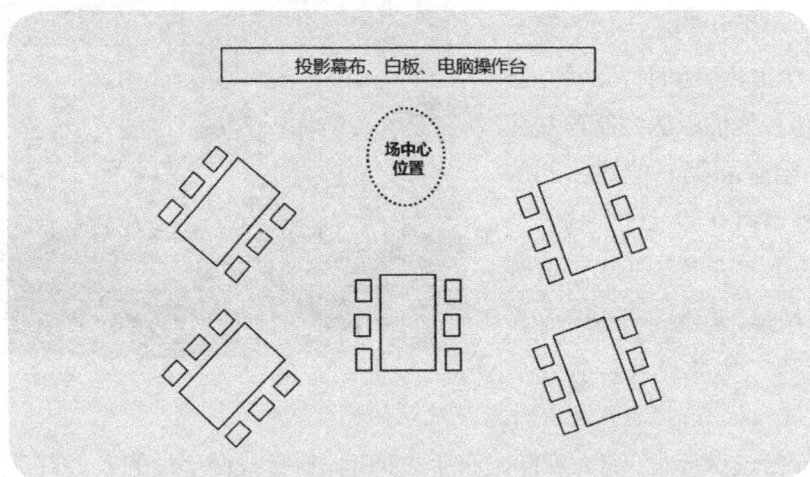

图1-6　场中心位置

对了。这个教室是一个场，场只有一个中心位置，我们每一个培训师，只要你登台的时候，你就要成为万众瞩目的中心。所以说你要站在场中心的位置而不是站在别的位置上。好，准备开始。

（"大家好！"

"好！"大伙儿回应着。

"我是来自售后管理部的宫磊。在座大部分人都知道我，可能因为以前我在这个大中心待的时间比较长，而且我在CG银行的服务时间也比较长，我在这里大概有十年的历史。CG银行的每一步发展，每一个进步，我都跟上了；一个是亲身经历，再一个是跟上了它的发展脚步。这次人力资源部组织这个培训，机会挺难得的，确实十年当中这是首次作为兼职培训培训师，第一次集中训练，对于我能够参加这次集中训练，感到非常荣幸。在这里我们已经跟大家做一个交待，就是通过这三天的学习，能够学到更多的、更好的兼职培训师的培训知识。希望我们大家共勉，好，谢谢大家。"

淳子周笑眯眯地看着大伙儿，再看看宫磊。）

场合和角色

要注意的地方是，你上台的时候更像领导讲话。大家记得一点，你在一个场合只能有一个场合的表现，符合这个场合的身份，你们此时只是做培训师的训练，就要按照我们课堂上要求的三个程序来进行。第一，你的姓名和单位。第二，把你的两个爱好表演出来。第三个是你的期望和期待。

我们每一个培训师，要记得一个场合、一个时间、一种角色，你要扮演好你的角色。

（胡小云虽然不了解CG银行内部人员，但看宫磊的神情姿态，"干部模样"，可以肯定他是职位相对比较高的人。淳子周老师直言不讳地指出宫磊的问题，这种勇气，自己真还不一定有。但宫磊是第一个登大台子的，必须要求严格，一视同仁，否则之后的训练必然大打折扣，淳老师这么做有他的道理。胡小云发现自己开始在揣摩研究了，以前只是会看热闹。）

各位伙伴们，每一次登台，都是一次学习，按照你当下这个角色，扮演好当下这个角色来进行。我们以热烈掌声欢迎我们下一位培训师闪亮登场，计时开始。

（下一位是吴崇明。

"大家好！"

"好！"这位吴崇明很是讨喜，大伙儿回应的声音格外大。

"我叫吴崇明，来自公司金融部。在座的各位上学的时候都学过，崇明岛——我国第三大岛屿，大家都很熟悉吧？就是上海的崇明岛。所以很多人每次见到我,听到我的名字或者见到我,他第一反应都是你是不是来自上海的? 其实我不是来自上海的,而是来自四川。本人现在是负责公司金融部综合处和业务处。我有两个爱好。第一个爱好是……"

"游泳。"大家猜出来了。胡小云暗想,小胖子浮力好,爱游泳,必须的。

"第二个爱好就是……"

"看书。"大家又轻易猜出来了。

"来到CG银行之后,非常荣幸今天第一次有机会和大家一起来参加培训师的培训,希望在这三天的时间里,我们共同学习、共同提高,从课程中有所收获,谢谢大家。"吴崇明脸上是明亮的笑容。胡小云想,他确实有热情、感染力,这是自己所缺乏的,要学习。

董欣、王雪月、杨小聪等人都上台展示了一下。)

好,掌声鼓励一下。

时间把握

伙伴们,时间到了才离场这是很重要的。比如我们的魏老师,要求你是上三个小时的课程,结果两个小时十分钟,课就讲完了,这个时候你说: 同学们,下课。这一下子我们魏老师怎么办? 这50分钟她自己来讲吗? 这个场面就很难收拾。所以说给你多少时间,充分地利用,同时也不占用别人的时间,这个很重要。

另外,在公众场合讲话的时候,你出场之后问主持人一下: 我讲多少分钟比较合适? 一定要问这样一下。这样,主持人会说,那你就来讲三分钟吧,你就按三分钟量来准备,千万别多,也别少。要恰如其分。一个老师讲得再好,如果他有拖堂的习惯,会发现学员刚开始对你感觉还很好,越到后来感受越糟糕。所以守时是我们每个培训师一定要去遵守的规则,时间意识也是我们一定要具备的。时间的分配和把握后续还会讲到的。

较劲

大家注意到了,刚才,我向有些培训师指出哪些地方做得好、哪些地方需要改进,可能对有一些资深的培训师来说,面子有点挂不大住,这是很正常的事情,但同时要记得一点,与其将来在课堂上学员给我们较劲,还不如我们在平时训练时自己跟自己较劲。平时在训练时打磨好,要比将来学员在课堂上跟你"顶真"要好,大家认不认同?

　　("认同。"大家回应着。胡小云看见刚才被指出缺点的登台者包括宫磊也点头认同。确实呀,与其将来在课堂上学员给我们较劲,还不如我们在练习的时候自己跟自己较劲。胡小云昨天在马桶上的羞怒,现在变成了羞愧。)

　　伙伴们,**平时育习惯,训时显风范**。在整个三天里面,我们会学到大量的培训师技巧,大家准备好了没有?

　　("准备好了!")

　　有没有一个开放的心?

　　("有!")

　　有没有一个学习的心?

　　("有!")

　　有没有一颗自己跟自己较劲的心?

　　("有!")

　　大家一定会不虚此行。

　　给自己一个热烈的掌声!

第四节

培训师精神和进化三阶段

培训师精神

（淳子周老师点开一页新的PPT（见图1-7），上面写着：真诚用心地表达，生命的感动和学习的分享。胡小云想，这句话怎么这么拗口？）

图1-7　培训师精神

这是我们魅力培训师TTT的核心内涵。大家一起读一下。

（"真诚用心地表达，生命的感动和学习的分享！"）

我解释一下：第一，真诚用心讲的是一个培训师的态度，当一个老师讲课足够真诚、用心的时候，学员是能感觉得到。

第二，表达是动词还是形容词？动词！就说明表达需要一定的方法和技巧。我们会遇到一些内训师——一些同事，30年丰厚的工作经历，学富五车，但是站在讲台上，就像茶壶里面煮饺子——倒不出来。而我们在这3天里面，会学到大量的表达技巧。

第三，生命的感动，肯定是自己的，当讲你自己很有感触的事情的时候是很有感染力的，这叫生命的感动。学习的分享，我们听课，读报纸，看视频，看电视都是在进行学习，我相信每一个老师都是爱好分享的人，而且分享是最好的学习。

分享注明出处

关于分享，有一点请注意，请注明出处。注明出处有两大好处，第一，尊重版权，尊重原作者，现在知识版权，非常被重视；第二，是对自己很好的保护。对于培训师来说，学员常是陌生人。对于陌生人，他是一个什么成长环境、怎么样一个学术背景、是什么样的价值观，我们统统不知道，所以，注明出处，可以帮助你更好地保护自己。

如王雪月老师给学员分享家庭关系处理技巧，一上台之后，王雪月老师就说："今天我给大家分享《家庭幸福小秘诀》，主要来自两本书：一是美国的心理学家萨提亚著作《新家庭如何塑造人》；二是德国心理学家海灵格的《谁在我家》。欢迎大家课程之中和我互动和分享。"如果课程中有一些学员观点和观念和王雪月老师不一样的时候，矛头不会直接指向她。因为她注明出处了。如果有问题，只是学员和王雪月老师分享的观念的冲突，而不是学员和王雪月老师本人的观念的冲突。

如果没有注明出处，学员就会说，王雪月老师，我觉得你说的不对，家庭关系应该这样这样相处。王雪月老师说，哪里呀，我讲的是国际先进课程，我这个是对的。两个人都说自己是对的时候，就会发现，掐起来了。所以，注明出处是对自己很好地保护。

大家明白了吗？

（"明白！"）

进化三阶段

伙伴们，现在我们培训师在台上的时候，最大的竞争对手是谁？有人说是自己，有的人说比较厉害的学员、潜在的高手。告诉大家，现在时代不一样了，现在我们做培训师最大的竞争对手是手机流量。如果你的讲课不精彩，学员马上拿出手机刷屏。我们每一个内训师很有必要提升授课技巧，让你的课程内容引人入胜。

伙伴们，请拿笔记录，培训师三个阶段：第一个阶段——内容阶段。很多培训师尤其是内训师，还停留在第一个阶段，以为把知道的东西嘴上讲出来就可以了，错，这只是第一个阶段——内容阶段。

对我们在座各位而言，在这几天里面至少要过渡到第二个阶段——技巧阶段。你要用一些互动授课的方法，让你的内容引人入胜，引导学员学习。在这个阶段里面，互动授课技巧你是必须掌握的一个内容。

第三阶段——思想阶段（见图1-8）。我们很多人都听说过余世维、曾仕强这样的一些大家。他们真正吸引你的是什么？是他的思想在吸引你。那思想可能要花一定的时间来沉淀。对我们在座来说，可以把你所讲的内容提炼出一

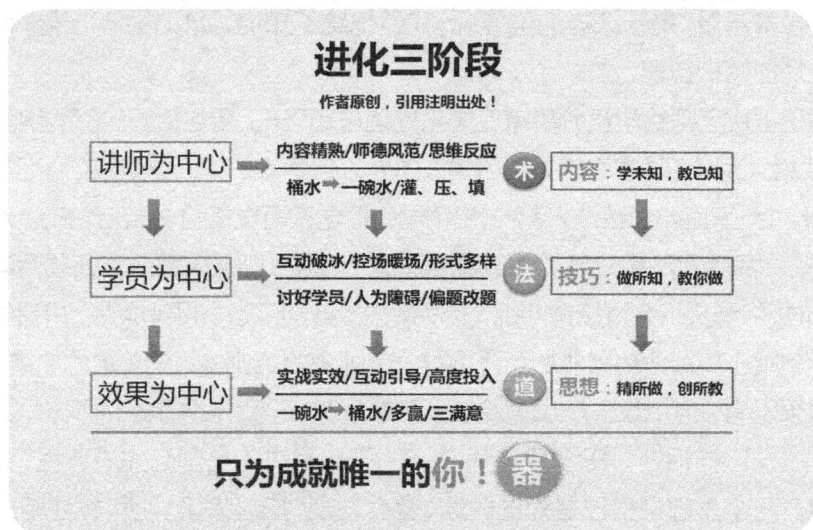

图1-8　进化三阶段

些新颖的观点,总结出一些能够让学员简单易行的方法和模型,这也叫见地,你有的别人没有的就叫见地。见地多了就变成思想了。每一次授课的时候,都能够去总结提升,把内容不断地深化,提炼出你独特的一些观点观念和方法,这样会让学员有一种醍醐灌顶的感受。

所以,各位会发现当你停留在内容阶段的时候,不一定能够真的吸引住学员。当你提升到技巧阶段的时候,学员至少能够开心。而当你到达思想阶段的时候,你能够做到让学员开眼和开窍。

当你到达技巧阶段,至少可以让学员开心。有的时候让学员开心比让学员学到内容更重要。当你到达见地阶段,让学员能够开眼开窍的时候,各位,这个时候你在讲台上就已经有魅力、有光环了,你就真正成为一个魅力培训师了。

(胡小云心里咯噔一声,他知道自己仅仅停留在内容阶段,他一直以为内容严密完整就够了,其实学员真的不一定听得进去,事后还被骂成"烂课"。)

各位,三个阶段都要去涉及。我们知道在未来路上,我们应该怎么去走。我们这堂课不仅是着眼于当下,而且是着眼于未来,因为我们在座各位都会成为我们CG银行在全国各地开疆辟壤的功勋战将对不对?

("对。")

开 场

我们都听说过一句话，万事开头难，似乎培训课程也不例外。然而通过淳鱼结构的开场法，开始一个简洁利落的"鱼头"，你也可以。

如何开头？

问两个问题，感谢两个人，提两个背景。

问两个问题。大家注意到没有，除了问好，我一开场的时候问两个问题：第一个，就是"进入我们CG银行3年以上的请举手"，第二个，"以前参加过TTT课程的请举手让我了解一下"。首先我看到在场大部分的人都是三年以上的老员工；第二，我看到参加过TTT课程的人，只有两位。于是我就知道，这堂课，我应该怎么讲，讲到什么程度大家是可以接受的。所以问两个问题，是在了解学员的层次和需求。

感谢两个人。第一个感谢一开始给大家做动员发言的邹总。因为邹总刚刚发过言，大家可能不认识我，但是认识邹总。我们中国人有一个说法，朋友的朋友是朋友，于是我和大家拉近距离了。而且我也感谢组织这场培训的魏老师和王老师，距离更加被拉近。

两个背景。接下来我举了两个背景，第一个背景，2001年开始第一次讲课，收获了成就感的同时，也顺便收获了爱情，而且后续有大量TTT的学习。第二个背景，也讲到了我本人培养了大量的内训师和一些职业培训师，其中很多人活跃在TTT一线的授课课堂上。在这么说的时候，绝非老淳卖瓜自卖自夸，而是赢得台上讲课的资格——这堂课为什么是你来讲而不是别人来讲？提出背景是为了赢得资格。

（胡小云和同学们恍然大悟，怪不得一开始大家就进入状态，除了淳子周老师的名气，更重要的是他娴熟地使用了淳鱼结构的开场法（见图1-9）。）

程　　序	作　　用	手　势　要　求
问2个问题	了解需求，激发兴趣	培训师带头举手，过头
感谢2个人	拉近距离，烘托气氛	引导鼓掌，清晰掌声
举2个背景	赢得资格，承上启下	

图1-9　淳鱼结构开场法

示范

如何维护客户关系

大家好！（"好！"）

很高兴来到我们CG大课堂，我叫淳子周，今天我跟大家分享的题目是如何维护客户关系。

在这里我想请教在座的各位两个问题，第一个问题，大家觉得，客户对我们CG银行的来说，非常重要的请举手。让我了解一下，哇，这么多有共识的伙伴，来对地方了。第二个问题是，我们会发现，我们CG和客户之间的关系变得越来越微妙，而且环节很多，需要我们更加用心和仔细，认同这一点的，请举手，让我了解一下，好。

非常感谢我们的刘老师，专门组织这场培训，让我们更好地学习做好和客户之间的沟通和交流的技巧，他为这场培训做了大量的精心的准备，我们把热烈的掌声送给刘老师。（掌声响起，被指定的虚拟培训组织者的刘钢，笑眯眯的。）在这里我也非常感谢我的老师，林SIR老师，因为当我从他那里学到一套客户维护的"三大基准八项法则"以后，发现跟客户打交道可以达到一个鱼水交融的程度，所以借大家的掌声，感谢我的老师林SIR。（掌声响起。）

我本人大学毕业之后，做了八年的销售。这八年销售中，我发现，把东西卖给客户，不算特别难，但是卖完之后，后续怎么样跟客户保持持久的关系非常重要。因为从销售的理论来说，你开发一个新客户，他带给你的业绩，没有一个老客户维系好所带给你的业绩多。维护好一个老客户之后，你会发现，他对你的销售能够有源源不绝支持。所以，我在带领我的销售团队的时候，就非常非常注意去做好客户关系的维护，而且提出了切实可行的一些方法，结果我们当时的团队比其他的团队业绩基本上要高一倍左右。于是我们公司的领导发现之后就问我，你们团队是怎么做的，业绩怎么会这么好？于是，我就把我们的"八大法则三个基准"在全公司内部推广，之后，公司整体的业绩上来了。

后来，我就把一些心得体会写成一本书：《如何维护好客户的八大关窍》，结果这本书一出版之后，一下子畅销十万册，很多的公司让我去讲这方面的内容。现在大概已经讲了一百多场的讲座了，所以同学们，借今天下午三个小时的时间，我们大家一起分享一下，如何维护好客户关系，大家说，好不好？好，谢谢！

解析

上例有没有完全用到淳鱼结构的开场法？完全是。我问了两个问题，其实是激发大家的兴趣，了解大家的需求。并且问的两个问题事先设计过，是封闭式的问题。为什么问封闭而不是开放式的问题？因为一开场马上问开放式的问题很可能放得出去，收不回来。

比如，刘老师，你觉得用什么方法可以做好客户关系的维护呢？刘老师就讲，如何通过帮助客户成长的方法维护，可以办一些讲座的方法等啊，好，他接下来就会讲到，三中全会，共享经济，讲到了《琅琊榜》怎样怎样，奥巴马如何如何，就收不回来了。所以开场的时候，问封闭式的问题，得到你想要的关键信息就好。

第二个，两个感谢，谢天谢地谢人，都是可以的，只要能够拉近你们之间的距离。有一点要注意，有些人拿着话筒，干巴巴地说："非常感谢邹总来到我们的现场，也非常感谢我们人力资源的刘经理也在我们现场……"没有掌声。我们邹总，开了几十分钟的车才来到这个地方，期待热烈的欢迎，结果没有。邹总很失望，我们刘经理也一样，坐了很久邹总的车，腰酸背痛过来的，结果也没有掌声，很失望。感谢时给掌声就要大大方方地给，培训师要自己伸出手带动大家鼓掌。假如要感谢的人不在现场怎么办？手是斜着往上鼓掌（见图1-10、图1-11）。

图1-10　被感谢人在场　　　　　　图1-11　被感谢人不在场

感谢的顺序（见图1-12）：

（1）位高权重的先感谢。邹总在现场，肯定先感谢邹总，再感谢我们刘老师。如果先感谢刘老师，然后再感谢邹总的时候，邹总脸上脸面就觉得挂不大住了，即使邹总不在现场，也必须先感谢邹总。

（2）在现场的先感谢。同级别，在现场的先感谢。例如魏老师和刘老师同级，魏老师在现场，先感谢；再感谢不在场的刘老师。

（3）专款专用，一次只感谢一个人或一个群体。

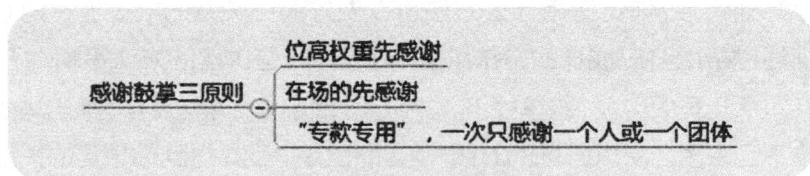

图1-12　感谢的顺序

错误：感谢公司王董和销售部郑总监莅临现场，给他们一个热烈的掌声。

改正：感谢公司王董百忙之中莅临现场，给他一个热烈的掌声（王董满意地笑）；感谢销售部郑总监给本次会议提供大量支持，给他一个热烈的掌声（郑总起身致谢）。

提两个背景的时候，其实也很简单。我们每一个人都有不同的社会角色，相当于有五十四张扑克牌一样，根据这个场合，根据你所讲的主题，打出最恰当的两张牌就可以了。

示范

如何做好红烧肉（学员梁响出题）

大家好！（"好！"）

很高兴来到我们WY大讲堂，我叫淳子周。今天我跟大家分享的是，如何做好红烧肉。

在这里我想请教大家两个问题，第一个问题是，现在有一个词很流行，叫吃货，大家听说过的请举手让我了解一下，好，谢谢。第二个问题，大家自己平时在家里的时候，喜欢做菜，或者是喜欢吃家人做的菜的举手，让我了解一下，这么多志同道合的人，太高兴了。

今天非常高兴，我们的梁响老师，主办了这次讲座，丰富大家的业余的生活，美食人人爱，通过今天的讲座会让我们提升生活的一些乐趣。来，我们用热烈的掌声感谢我们的梁响老师。这里也非常感谢我的妈妈，因为在从小的时候，从小到大，我都非常喜欢吃妈妈给我做的红烧肉，现在想起来还真的是香甜美，所以各位朋友们，借大家的掌声，感谢我们各自的父母，从小到大给我们做了这么多的好吃的、好玩的。

我本人出生在重庆，重庆的孩子很小就当家了，而且重庆是一个美食遍地的地方，所以重庆的孩子自己都有一些绝活。我就记得在我9岁的时候，当时家里大人干农活，我那时候年纪小，也帮不上什么忙，所以我就自告奋勇地说，我来做今天的饭吧，家里人还不大相信，今天回去会不会吃到生饭？我说放心，交给我吧。结果他们9个人干活回家，真的吃到我做得香喷喷的饭菜的时候说，子周你真厉害。所以从重庆、四川出来的人，基本都会做菜。在重庆和四川，红烧肉是最常见的一道菜。后来我的朋友到我们家来吃饭的时候，基本上点名让我给大家做一顿红烧肉，你别看红烧肉是一个家常菜，其实有诀窍。

我把一些诀窍，投稿到一本杂志《烹调知识》，结果很多人看了这篇文章都说，没想到，做红烧肉还有各种小的细节，配料不是那么复杂就可以做得这么鲜美可口，按你的方法做出来确实是有效。我收到很多读者给我发来的邮件和留言，网上的转帖率非常高。所以各位同事，今天我就给大家分享一下，如何做好红烧肉。并且我当场给大家示范一下，当然，大家都有机会尝到本人亲手做的回锅肉,大家说好不好?

（"好！"吴崇明叫得尤其响亮。）

解析

上例问两个问题,提到"吃货"这个词,大家兴趣就调动起来了;第二个问题,大家是不是自己会做菜,所有人都参与来了,没有人能跑得掉。

接下来感谢两个人,我第一个感谢主办方梁响,这就是为什么艺人获奖现场会有那么多"感谢CCTV、感谢某某卫视……",主办方一般要感谢的。第二个感谢,如果我仅仅是感谢我自己父母的话,大家觉得这个跟我没有太多的关系,所以说我马上把它的范围恰当上推并泛化,感谢从小到大,给我们做好吃好玩的父母们,这样谁不会跟着一起感谢?

提两个背景时,首先讲到了我从小的时候就开始自己做菜并且红烧肉受到家人朋友的好评;第二,我还发表了一篇文章,结果也是好评如潮,一下子赢得这堂课授课资格。

所以大主题可以这样讲,小主题也可以用这个方式来讲。

破冰于无形

为什么这种方法效果好呢?是因为,它破冰于无形。

什么是冰?冰就是一种状态,学员和老师之间的陌生感,学员和学员之间的陌生感,学员和场地环境的陌生感,因为有这些陌生感,所以他根本就没有做好学习的准备,这个就是"冰"。

怎样解决?逢冰必破,一动就破。所谓"一动",就是让他们动起来,动起来冰就破了。

所以很多课程里面,老师一开始的时候就有破冰游戏,或讲笑话、分组选组长等。淳鱼结构开场法破冰更简单。在上面几例示范中,每个例子有几次破冰?4次?

（淳子周神秘地笑笑。）

不!是6次!哪6次破冰?开场问好,学员有回应,第一次;问两个问题时两次举手,两次感谢时的两次鼓掌,大家动了4次;结尾用互动式结尾,是第六次。

以短短三分钟不到，已经有 6 次破冰了，并且很自然，以这就叫破冰于无形，如同泰戈尔的诗——天上没有痕迹，而我已经飞过。这种方法又简单又好用。

给大家展示"破冰八招"，供大家参考一下（见图 1-13）。

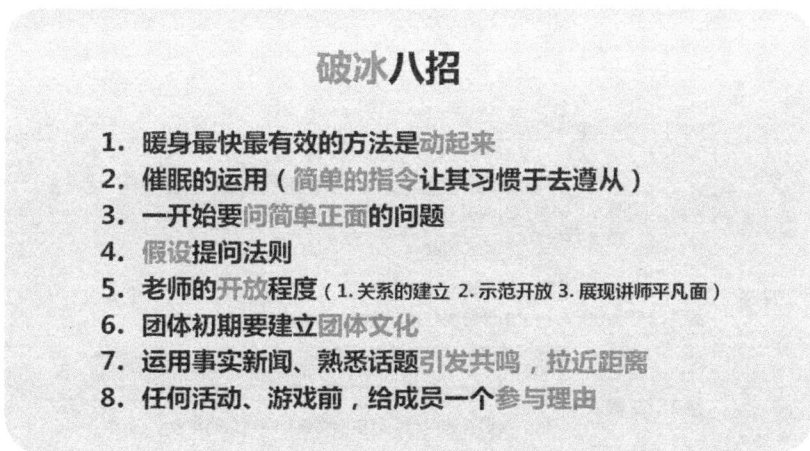

破冰八招

1. 暖身最快最有效的方法是动起来
2. 催眠的运用（简单的指令让其习惯于去遵从）
3. 一开始要问简单正面的问题
4. 假设提问法则
5. 老师的开放程度（1.关系的建立 2.示范开放 3.展现讲师平凡面）
6. 团体初期要建立团体文化
7. 运用事实新闻、熟悉话题引发共鸣，拉近距离
8. 任何活动、游戏前，给成员一个参与理由

图 1-13　破冰八招

开场法 90 秒练习

下面大家来做练习：开场法 90 秒练习（见图 1-14）。

请写下一个题目，这个题目是你本人熟悉的、擅长的，你接下来就要去讲的，或者你以前讲过的题目。比如怎样做麻婆豆腐、如何做好我们CG产品的销售、介绍如何做好客户接待、如何处理客户投诉，等等。

结合自己的题目，不用讲中间部分，不用讲结尾，只讲开场，有明确要求：

问好，必须有学员的回应；提问配合肢体，培训师带头举手并且超过头顶；感谢，

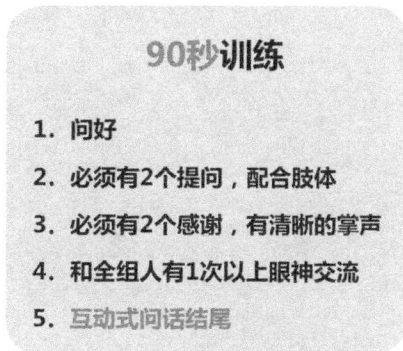

90秒训练

1. 问好
2. 必须有2个提问，配合肢体
3. 必须有2个感谢，有清晰的掌声
4. 和全组人有1次以上眼神交流
5. 互动式问话结尾

图 1-14　90 秒训练

培训师引导鼓掌，要听到有清晰的掌声；以一个互动式的问话来结束，例如大家觉得好不好、对不对、可不可以，等等此类。

练习时间90秒。

（大家迅速练习起来。）

淳鱼结构开场法总结，如图1-15所示。

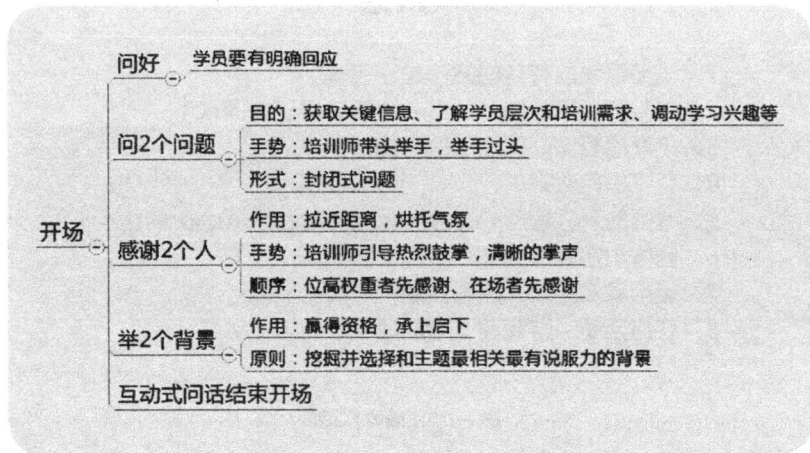

图1-15　淳鱼结构开场法总结

三点法

　　请问，作为培训师，我们在课堂上有没有被学员问得哑口无言的情况？我们有没有头脑里思绪很多却无法有效组织表达？我们有没有恨自己为何临场反应速度不够快？

　　肯定都有过，在进入"内容表述"的学习之前，先让大家掌握一个很重要的训练方法——三点法（见图1-16），即任何问题，用三点来回答。

　　我先示范，再讲解原理。现在请大家向我提问。

　　（宫磊问："淳老师，到底是先有鸡还是先有蛋？"淳子周老师微微一笑。）

　　第一，对一个美食家来说，管它是先有鸡还是先有蛋，先上鸡吃鸡，先上蛋吃蛋。

　　第二，对一个语言学家来说，这是一个伪命题，有明显的语法错误，应该是先有鸡还是有鸡蛋，结果这个"鸡蛋"的概念被"蛋"偷换了，它就变成什么蛋都可以，鸭蛋、鹅蛋、鹌鹑蛋、鸵鸟蛋……明显的语法错误。

　　第三，对一个哲学家来说，他很喜欢这个问题，他一边吃着鸡蛋一边思考的时候，大脑里产生更多的神经元连接，于是他的思维更缜密，思考更深入。

　　（宫磊惊讶地微微张了嘴。）

解析

　　三点法为什么厉害？它是把你的左脑的逻辑思维和右脑的创造思维，以及潜意识的经验和素材，三者完美地结合起来的训练方法。它帮助你跳出困境和局限，从多种位置和角色，从多个角度，看清多种资源，从而创造性地解决问题或回答问题，凡事至少有三个解决方法！

图1-16　三点法

为什么是"三"?

为什么说三点,不是两点也不是四点? 这个符合我们大脑的记忆的习惯,我们大脑最喜欢一个数字是三。

老子《道德经》说过,道生一,一生二,二生三,三生万物。三就是多。为什么不是四或五? 举一个例子,我劝高谊别去做某事,我若说两条,理由太单薄,高谊听不进,说四条五条他觉得你这个人怎么这么啰嗦。三条刚刚好。

人的记忆的习惯,喜欢 5±2,也就是 3—7 之间,那么人记忆的极限是多少呢? 是 8。过 8 点必拆分。

记住,内容超过 8 条,我们在记忆的时候一定要进行分类、重组,便于记忆。

中国工农红军《军规 11 条》,记得住吗? 难!

三项纪律,八项注意,好记多了! 现象背后有道理。

留给大家一个课后思考题:记得《八荣八耻》吗? 依照本章节内容来解读它。

举例: 我的一个大学同学,在上海市政府里面工作,他就说到,市领导们讲话就是无三不成文,就是三条。如果觉得还不够就加上一条,要么三条,要么四条。我们讲课的时候也是,就是三条到五条之间,再多再多不要超过七条,如果你还要扩充一点,就是八条已经到极限了,不能再扩充了。再扩充,必须分类,便于学员记忆。

(胡小云眼前老晃着公司高董事长的影子,于是他快速总结出领导讲话三原则。

(1) 无三不成文(通常三条)。

(2) 不三不四(同志们啊,我要讲三点……啊,再补充一点……)

(3) "总—分—总"结构,加深印象。

"嘻嘻,高董事长就是这么讲话的。也不知他是专门学过,还是完全由自己的经验总结摸索出来的。"胡小云眼前高董事长的影子冲他笑笑,消失了。他赶紧回过神听课。)

这就是我们的三点法的运用,左脑的逻辑思维,右脑的创造思维,完美地结合。我们在用的时候,从多种角度、维度作答,比如上、中、下,前、中、后,过去、现在、未来等。

例如刚才鸡和蛋的例子，从哪几个角度？第一，美食家；第二，语言学家；第三，哲学家。

平常多训练，形成习惯。你在讲课上，学员问你任何问题，你都可以从多个不同的角度，多个不同的角色，不同的资源来回答。学员问你的问题你都可以轻松化解。

三点法练习

选择练习伙伴，分A、B角。A是提问者，B是专家，A问B任何问题，B都用三点迅速进行回答，一个问题问完，赶紧问第二个问题，如此循环，总时间90秒。B回答不出的，可以被对方刮一下鼻子。

90秒后，角色互换，B问A任何问题，A都用三点迅速进行回答，同样总时间90秒。回答不出的可以被对方捏一下耳垂。

（大家又迅速练习起来，结果胡小云和搭档的鼻子、耳朵都没有被刮，大家都觉得自己的脑瓜明显快了一档。）

书面练习

请完成以下的课堂作业，速度要快。

目的：快速整理思路，多角度思考。

尽情享受一下自己文思泉涌，才华横溢的感觉吧！

三点法书面练习

一、没有标准答案的填空练习：

（1）如果我要购买电视机，我会考虑三点：＿＿＿＿＿＿，＿＿＿＿＿＿，
＿＿＿＿＿＿。

（2）孩子的教育很重要，就学习环境来说，有＿＿＿＿＿＿，＿＿＿＿＿＿，
＿＿＿＿＿＿；家长希望培养他以下的能力：＿＿＿＿＿＿，＿＿＿＿＿＿，
＿＿＿＿＿＿；以及以下的良好个性和性格：＿＿＿＿＿＿，＿＿＿＿＿＿，
＿＿＿＿＿＿。

（3）21世纪什么最贵，人才！如何招聘员工呢？途径通常有：＿＿＿＿＿＿，
＿＿＿＿＿＿，＿＿＿＿＿＿；程序：＿＿＿＿＿＿，＿＿＿＿＿＿，＿＿＿＿＿＿。

（4）就时间而言，往往分为：＿＿＿＿＿＿，＿＿＿＿＿＿；三
阶段：＿＿＿＿＿＿。

（5）在做产品宣传时，我们往往会宣传它的＿＿＿＿＿＿，＿＿＿＿＿＿，
＿＿＿＿＿＿；并考虑目标顾客的＿＿＿＿＿＿，＿＿＿＿＿＿，＿＿＿＿＿＿；制
订营销计划时考虑产品销售时的＿＿＿＿＿＿，＿＿＿＿＿＿，＿＿＿＿＿＿。

（6）家庭和睦要注意三点：＿＿＿＿＿＿，＿＿＿＿＿＿，＿＿＿＿＿＿；尤
其要处理三种关系，例如：＿＿＿＿＿＿，＿＿＿＿＿＿，＿＿＿＿＿＿。

（7）如果我要写一篇管理论文，我会这样来思考，我的案例来自
＿＿＿＿＿＿，＿＿＿＿＿＿，＿＿＿＿＿＿；我希望我的读者是＿＿＿＿＿＿，
＿＿＿＿＿＿，＿＿＿＿＿＿。

（8）很想和一个朋友见面，于是我会事先通过＿＿＿＿＿＿，＿＿＿＿＿＿，
＿＿＿＿＿＿与他联系，然后和他约在＿＿＿＿＿＿，＿＿＿＿＿＿，＿＿＿＿＿＿。

二、快速做完题目，我有以下三点收获或体会：

签名：

第七节
九宫格

我们进行下一个环节，也就是即兴表达。每个人一张 A4 纸。朋友们，请看屏幕，上面是我的九宫格（见图 1-17），写了我出生至今认为的最重要的 8 个关键词。

解释

朋友们请看，我认为责任很重要，每个教师担当一定的责任，在家庭里也是如此；爱心，我相信每一个老师都是有爱心的人；人脉，在现在的社会很重要；学习，

爱心	人脉	学习
工具	淳子周	情商
责任	财富	团队

图 1-17　九宫格

每一个人之间真正的不同是运用工具的能力不同，学习力对我们来说尤其重要；情商，卡耐基曾经讲过，一个人的成功和成就 15% 是因为他的智商，85% 是因为他的情商；团队和财富对现代社会的重要性不言而喻……这个就是我写的九宫格。

制作

好，朋友们请拿到这张 A4 纸后，把这张纸横着三等份，不求精确，好，然后再把它竖着三等份，也不求精确，打开之后就是一个九宫格了。做好九宫格的向我挥手示意。

好，请在我们九个格子最中央的格子里，写出自己的大名，名字一定要大，用正楷占满中间整个格子开始，做完之后向我举手示意。好，接下来做第二件事情，把我们这一生以来学到的最重要的关键词填在周围的 8 个格子里面。三点要求：第一，写关键词的时候，字数有讲究，两到四个字之间，要么两个字，三

个字，或者是四个字，对字数有明确的要求。第二点，必须是正楷。第三，你在写的时候，占到整个格子的三分之二，到四分之三那么大。填好之后向我举手示意。

（大家安静地思索着，书写着。）

我们就以王中泽老师的为例，王中泽老师有写乐观、坚强、奋斗、不放弃、坚持、爱心、热情，责任心。大家有没有发现，他写的"爱心"和我写的"爱心"是完全一样的，而他写的是"责任心"，而我写的是"责任"，意思是一样，但有字数不一样，他是三个字我是两个字，所以我可以在他的"爱心"底下可以签上我的名字，但不可以在他"责任心"，因为他跟我不是完全一样的，只有对方写的内容跟你写的完全一样的时候，你才可以签上你的名字。我们拿着这张纸，在短短的两分钟时间里面，看谁得到的签名最多，签名最多，奖励最多，PK已经开始。

（大家连跑带跳地四处比对、签名。胡小云也向人堆里扎。）

时间到，来数一下，签名总数有多少，10个以上的请举手！ 15个以上请举手……我们的江美羽老师获得十九个签名，冠军是她，恭喜！（小奖品递出。江美羽喜滋滋地坐下。）

接下来我们拿到冠军的这样的一张九宫格（见图1-18），来见证一个奇迹……首先，朋友们充分发挥想象力，把一个大家觉得很难很难的题目写在背后。比如说什么题目呢？ 比如如何让奥巴马到我们教室来做客，如何让李嘉诚成为你的干儿子，如何让杨贵妃在重庆吃火锅，如何让猪八戒在火星上登月，如何让我们的穿越回秦朝之类的都可以，每个人写一个就可以了，不用写太多，写好之后向我们举手示意，充分发挥我们的想象力。

为了防止我作弊，所以我把冠军写的九宫格给大家读一下：情商、责任、勇敢、优雅、自信、效率、学习，沟通。请注意，接下来我会拿冠军的九宫格当场给大家示

情商	责任	勇敢
沟通	江美羽	优雅
学习	效率	自信

图1-18　江美羽九宫格

范,如何开口来讲,有谁愿意把你的题目分享给我,你是什么题目?

(大家争先恐后递交题目:"如何让恐龙不在冰河世纪灭绝"、"如何让美人鱼上树"、"如何让中国男足夺得世界杯冠军"、"如何回到童年"、"如何让CG银行成为最知名的银行"、"如何做出时光机器"、"如何让人自由飞翔"……)

好,大家说最想听哪两个?郭潇出题的世界杯?如何让美人鱼上树?好!

示范

如何让中国男足夺得世界杯冠军

大家好,很高兴来到我们CG银行大讲坛,我叫淳子周,今天我给大家分享的题目是,如何让中国足球队获得世界杯冠军。

我们刚获知中国获得了亚洲杯冠军,今年恒大队再一次夺冠,国人士气大振。有的人说许家印给球迷们送了一份大礼。所以,朋友们,亚洲杯拿到了,给人感觉中国足球队有希望了,而且前几天,中青队也胜了,这段时间,中国足球捷报频传,运气好起来了。

朋友们,在中国什么事情最好做?就是国家支持的,领导支持的,基本上都好做。你看南水北调这么大的工程,高铁这样大的工程,包括奥运会这么大的盛会,在我们的国家机器运作之下,很容易地办成功了。我们都知道习总是哪一项体育迷?足球迷!所以在中国,有第一号人物强有力地支持中国足球,中国足球队登上世界杯的冠军其实是指日可待的。因为只要有政府的支持,其实很多的事情真的是比较好办的。中国的国力迅速地增强,现在是全球第二大经济体,我相信中国足球拿到世界杯冠军确实指日可待。

那怎么样能够拿到世界杯?这里有三点很重要,首先是提升我们足球队的情商;第二通过参加各种比赛,提升他们的自信心;第三,我们要学习世界足球的先进的技术。

第一个是情商。为什么这么讲?各位,米卢让中国国家队,第一次打进了世界杯,他的帽子上有一句话大家还记得吧?快乐足球,或者是叫心态决定一切,它在说一点,中国的足球队,真正的短板不是在于技术,也不在于身高,关键是在于什么,心态。怎么解决?提升情商这是非常重要的。所以我们会发现,以前中国足球队里面，没有心理上的训练，这些国外的教练来了之后，我们现在会发现，现在在足球队伍里面，按摩医生有了，心理咨询师开始有了，都在着手解决一个什么问题？情商的问题。

所以各位朋友，高情商会让一个队伍永远打不垮，拖不垮。情商才是一个足球队真正的灵魂。各位朋友，我们知道德国足球在世界足坛一直处于前列，有人把它形容为，德国队是一架战车，是一台机器。这个机器不会因为整个比赛的好和坏，心态有所波动。说白了，德国人他们的什么强？心态比较好，情商比较好，所以能够很好地把握比赛。所以，如何提升我们中国足球水平，提升情商是一个关键点。

第二个是自信。中国足球队，真的是屡败屡战，屡战屡败。长久以来，就变成像一个疲沓的橡皮人一样的，自信心是不够的。历届的教练都没有解决中国足球队的自信的问题，刚刚亚洲杯恒大一下子夺冠之后，我们看到了中国足球的一些自信。

我是学心理学出身的人，我很清楚，怎么加强一个人的自信心；就是要通过一次一次的比赛，一点一点地累积自信心。所以接下来，我们中国足球队可以通过以赛带练的方法，通过多打比赛，逐步积累和一些世界强队交手的经验，获得从内而外的自信心。这种自信是在球场上舍我其谁的一种霸气。这个是非常重要的。

第三个就是学习。各位朋友们，为什么像巴西队、像荷兰队、英格兰队等，都是世界的强队呢？他们肯定有他们的独门的绝技和绝招，我也相信在20世纪90年代，健力宝青年队到巴西去学习，确实取得了一些真经。所以伙伴们，外部求学是非常重要的。而我们中国也一直非常注意引进和学习外部的一些技术。我相信中国足球只有真正地走入到世界的各个领域里面去，去学习世界一些强队的精髓和精华，才能大大地提升水平，从而获得世界杯冠军。

所以朋友们，我相信中国足球队获得世界杯冠军，三点很重要，第一个是情商，第二个是自信，第三个是加强学习。大家说对不对？对我们的足球队有没有信心？有！我就分享到这里，谢谢大家，谢谢。

（大家，特别是男士们听得既心潮澎湃又目瞪口呆。）

解析

各位朋友们,我为什么可以拿着江美羽的九宫格,即兴演讲郭潇的题目?

(大家都竖着耳朵听着。)

因为我用到了一门技术。横向对接,纵向深入(见图1-19)。

横向对接,你要讲跟主题相关的、大家耳熟能详的、知道的、符合正确的、哪怕是一些废话的东西,你讲着讲着,讲到某个点位是你本身熟悉和擅长的,然后通过三点法把它深入下来,这样别人觉得你分享得很有料。并且我也用了冠军江美羽的九宫格,大家读一下:情商、责任、勇敢、优雅、自信、效率、学习、沟通。各位,这些是不是放之四海而皆准的东西,是不是全人类都认可的,我8个里面挑3个来讲,那当然是易如反掌。

横向对接,纵向深入,一个T字形。做到这一点对接是非常重要的,越是高手,对接越简单越巧妙,越能够合情合理,这是非常重要的,不能生搬硬套。比如说,我的一个学员说,如果让死人复活?你要硬搬把它活过来能不能行,所以说你要横向对接。我当时是这么来对接的:

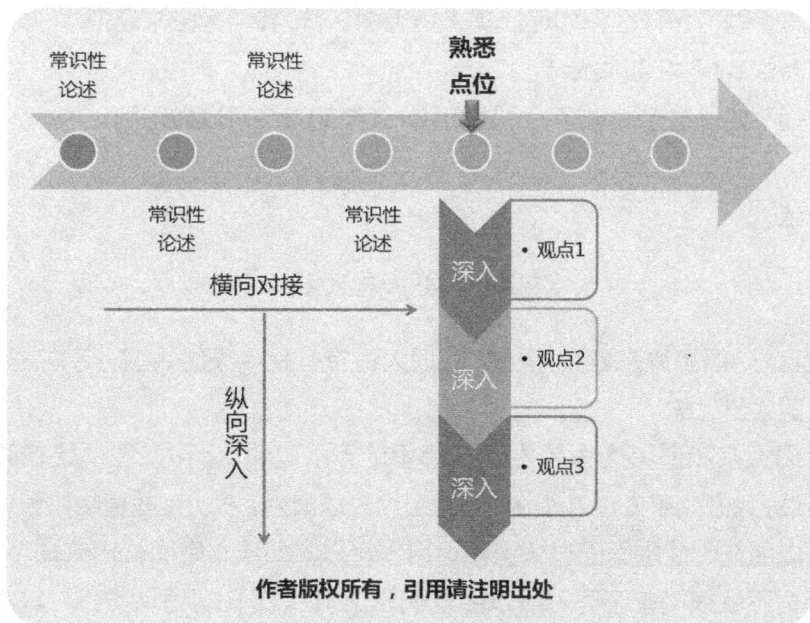

图1-19 横向对接,纵向深入

如何让死人活过来？在生物学上几乎是不可能的，在整个全球的历史上，仅仅有一个人曾经做到——基督耶稣他曾经做到，他死后三日复活，但是他死后三天之内发生什么事情，三天之后他去了哪里有没有人知道？没有人知道，这件事情从某种意义上还是不可能的。然而是经过了上千年，我们都在读一部圣经，我们都在读《论语》《易经》、佛经等，说明一个人的物质可以消亡，但是他的精神财富，尤其是他的思想可以传承下来，保存下来。

那么怎么样传承和保护精神财富呢？我有三点体会……1、2、3……

1 2 3

我就自然地把它过渡到，如何进行精神财富的传承。精神财富的传承，也就意味着这个人如同复活一样。

第二个题目是什么？如何让美人鱼上树。行，我给大家来示范。

（"太难了！"有人在嘀咕。）

你们不要说这个太难了，而是说用什么样的方法可以做得到。

示范

如何让美人鱼上树

大家好，很高兴来到我们 WY 管理大讲堂。我今天给大家分享的题目是，如何让美人鱼上树。

我们大家知道美人鱼是生活在哪里的？水里的。而树，往往是在陆地上的。当然，我们如果去过九寨沟，一些湿地公园，也会发现有些植物是长在水里的。所以朋友们让水里面长树可不可以？可以。如果水里面长出来树了，那美人鱼爬树不就很简单了吗？所以朋友们，如何让我们在水里栽培树，其实现在很多技术也做到了这点，很多园艺博物馆里面，好多植物都是用水养起来的。

那么各位朋友们，怎么让这个技术更加的成熟，让美人鱼能够上树？这里有三点很重要。第一点，我们要勇敢地尝试。第二点，我们要能够注重研发的效率。第三，要担当相应的社会责任。

为什么这么说呢？各位伙伴们，爱迪生发明灯泡的时候，他实验多少次才成功？很多次，包括找材料都花了很多的时间。所以朋友们，科学试验本身就需要具有一颗勇敢的心，我们要勇于尝试。同样，我们要让树长在水里，这个科学试验，也是要经过千百次尝试的，我们要有一颗勇敢的、敢于尝试的心。

第二点，要讲求效率。各位，一项研发、一个技术的成熟，都是有周期性的。所以让我们的美人鱼能够上树、能在水里面长出树来，我们事先要做项目的管理，设定项目进度，保证我们整个研发，尽可能在有效率的过程中进行。

第三，担当社会的责任。大家知道在水里种树，肯定要给树添加养分，给水里面要添加一些树所需的营养物质，这样的话，很可能要有一个风险。什么风险？有可能让整个水域变得被污染，或者是让其他的生物没有办法存活。所以在整个研发的过程中，我们要有社会责任感、有环境保护意识，保证这个水域里其他生物，受到的影响尽可能降到最小，周边的水域也不至于受到污染。所以说要担当一定的社会责任。

伙伴们，如何让美人鱼上树，关键是水里面能够长出树来，怎么让水里面长出树来，这里有三点：第一点是勇敢的尝试，第二点是整个项目要有效率，第三点是要担当相应的社会责任。我的分享到这里，谢谢大家，谢谢。

解析

拿到题目我自己都没有想到该怎么讲，但就是很快地对接出来了。只要让水里长出树来，因为现在确确实实我们可以看到很多水里面已经长出树来，而且确确实实有很多植物都是用水进行栽培的，我马上利用这个常识，很快进行对接上，然后一下子深入下来了。所以，横向对接，纵向深入。我们在对接的时候，你一定要讲一些跟这个主题相关的，正确的而且是大家都认可的话，如果有一点不认可，他们就会提出质疑。对接好了之后，用三点法深入下来。

大家有没有发现，在电视采访的时候，主持人抛一个题目给那些名人，那些名人侃侃而谈。以前觉得，这个名人口才多好呀，他的知识范围好渊博呀，现在我们明白了，他其实就是在运用技术，他就是讲一些跟这个主题相关的一些话，讲到一个他熟悉的点位深入下来。

（胡小云想："原来马云等牛人这么能掰，原来是有套路的。"）

练习

刚才是我的示范，现在大家练起来。找到一个拍档，两个人一组，用对方的九宫格背后的题目和自己九宫格的三个关键词，发表即兴授课。（大家忙活起来，虽然没有淳子周老师那么娴熟，大家也都能完成这个练习。）

课 堂 作 业

课堂作业如图 1-20 所示。

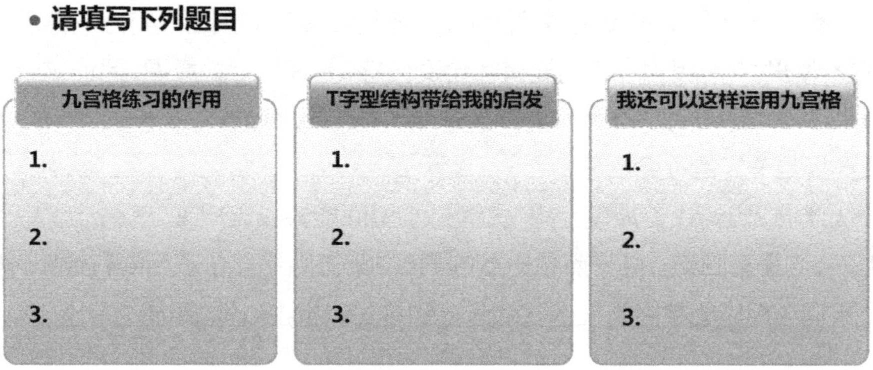

● **请填写下列题目**

九宫格练习的作用	T字型结构带给我的启发	我还可以这样运用九宫格
1.	1.	1.
2.	2.	2.
3.	3.	3.

图 1-20　课堂作业

第八节

内容表达

我们学习了三点法和九宫格，下面正式进入如何进行内容表达。

如何进行内容表达？**提三个论点，讲三个故事，举三个例子。**

为什么是三个，而不是两个或四个，前面已经说过。因为三最容易记住。三个例子，三个故事难道只是把它们堆砌在这里吗？

讲内容的时候，怎么让别人记忆深刻呢？有一个关键是坚定的立场。你的观点含含糊糊，就不会有人记住。那怎么来保证立场坚定？用结构来进行表达。结构具有稳定性。我们都会骑自行车，自行车有个三角架，就是用结构来保证稳固的。同样的道理，我们怎么样让我们说的话，能够让别人记忆深刻，而且能够很好地记住？我们可以是用结构的方法来表达。

所有的论点，一个A论点，讲一个A故事，举一个A例子；一个B论点，讲一个B故事，举一个B例子；一个C论点，讲一个C故事，举一个C例子（见图1-21）。

为什么一定要讲自己的故事并且举别人的例子？很简单，如果你一直说自己的A故事、B故事、C故事的话，人家会质疑你，你是不是有老王卖瓜的嫌疑；如果你一直在讲别人的例子，人家花旗银行怎么做，人家汇丰银行怎么做，他一定会质疑你，你们自己银行做得怎么样？参加过辩论赛的朋友都知道，如果你只有一个论据的话，他们就有可能通过否定的你的论据，进而向上否定你的观点。有一

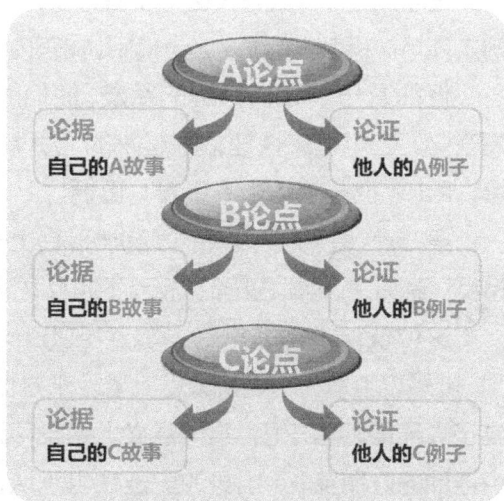

图 1-21　内容表达鱼脊

个自己的故事和一个别人的例子（2 个论据），对方不认同其中一个，还有另一个，有了双保险，论点还是安全的。理解吗？ 一个故事一个例子，其中一个很详细，另外一个一笔带过提一下就可以了。这种方法的真正的实质是一个观点一个故事，一个观点一个例子。我给大家做一下示范。

示例

成就人生的三大法宝

很高兴来到我们CG银行周末大讲堂，我叫淳子周。今天给大家分享的题目是：成就人生的三大法宝。哪三大法宝？ 第一，把握趋势；第二，善于学习；第三，有高质量的人脉。

关于第一点，把握趋势。我们的《魅力培训师TTT》从 2010 年举办以来，目前为止已经举办了 37 期公开课，我们的公开课学员超过了 1 200 位。为什么这个课程受欢迎，除了它本身一教就会，当场就用之外，更关键的是它符合目前企业培训的趋势。为什么这么讲呢？ 伙伴们，21 世纪什么最贵？ 对，人才。所以我们的CG银行要大量培养人才，这个培养要不要花钱？ 要。现在各行各业由于竞争的加剧都在想方设法都在省钱，有没有发现，培养人才花钱，竞争加剧省钱，两者是矛盾的，怎么解决这个矛盾？ 于是一些中型和大型的企业，建立一套内部的人才培训机制，要建立这个机制，要有内部培训师，首先要上我们TTT的课程。

仔细看一下我们身边的朋友，他们的财富都是怎么累积起来的？ 往往都是在 2002 年以来快速累积起来的，为什么？ 这些年中国的房市和股市非常火爆。所以，把握趋势重不重要？ 重要。

第二点，善于学习。每个培训师，台上一分钟台下十年功，学习很重要。有人持反对意见说，阿里巴巴的马云，不懂互联网不是一样地把阿里帝国建立起来吗？

这位伙伴说得非常对，马云 1995 年之前没有接触过互联网，因公出差美国，接触了互联网，便深深爱上了。于是创办了中国黄页，1999 年回到杭州创立了今天的阿里巴巴，某种意义上是学习让马云成了一个互联网的专家。这一点连他的好朋友，IT出身的史玉柱也承认，说这个马云，对于互联网的趋势能够看到 5 年，他自己呢，能看到 1 年。所以伙伴们学习重不重要？ 对，重要。

第三点，高质量的人脉。每一个职场人都很清楚，尤其是做销售的，朋友多，路好走。现在电动汽车很火，做得不错的有深圳比亚迪，它的老板王传福曾经是 2009 年中国首富。为什么？有两个人很关键。第一个是他表哥吕向阳。研发蓄电池，研发汽车大量的投资来自吕向阳。第二个，股神巴菲特，买了比亚迪 10% 的股票，才让他身价倍增。

以上三点，成就人生、把握趋势。成就人生要善于学习，成就人生高质量的人脉！我的分享就是这里，谢谢大家，谢谢。

解析

第一个观点，把握趋势，重点讲了我们魅力培训师 TTT 的故事，另外一个一笔带过；第二个观点，讲善于学习，重点讲了马云的例子，其他的一笔带过；第三个观点，高质量的人脉，讲了王传福的例子。

回想一下我们读中学时，语文老师如何要求我们写议论文

议论文：论点、论据、论证

论据：证明论点的材料，依据。

论据的类型：事实的材料，理论的材料。

（1）作为论据的事实材料，可以是：① 具体的事例；② 概括的事实；③ 统计数字；④ 亲身经历、感受等。

（2）作为论据的理论材料，可以是：① 前人的经典著作，至理名言；② 民间的谚语和俗语；③ 科学上的公理、规律等。

论证：论证就是用论据来证明论点的过程。怎样最有说服力，先了解你的学员才能知道，例证要恰当，与主题内容相关。

用结构保证逻辑

伙伴们，请看，我们按照内容表达鱼脊图，一起来读出来：A 论点，A 故事，A 例子；B 论点，B 故事，B 例子；C 论点，C 故事，C 例子。两个故事或例子，有一个详细，有一个简单，甚至是一笔带过，所以它的实质是一个论点，一个故事，合起来就是金字塔结构。

我们在表达内容的时候，一定要有坚定的立场，怎么保证坚定的立场？那就

是表达要有结构,对不对? 各位,经过这半天的接触,大家都觉得淳老师的逻辑还不错的,请举一下手,谢谢! 是大家对我捧场,同时告诉大家,我的逻辑真的很一般,而且我是学文科出身的。我的太太是理科生,她经常笑话我这个文科生。

为什么给大家感觉我是很有逻辑的呢? 原因很简单,是因为我的表达有结构,一旦你的表达有结构,别人就觉得你有逻辑,有结构就有逻辑。你可能要花一两年的时间才能去提升你的逻辑,然而你通过我们的课程,两三个小时学到了结构化表达之后,自自然然别人就会觉得你的逻辑能力有所提升。短短的几句话,我就帮你节省了一两年的时间(掌声)。

还有,我们给大家教过的什么方法,三点法? 第一点,第二点,第三点。比如,我第一点给大家分享提问,第二点分享开场,第三点分享故事。你这么一说,给人感觉这个老师很有逻辑,其实并不完全是有逻辑,关键是有结构。就是这么简单,所以伙伴们,有结构就显得有逻辑。理解吗? 所以很多时候,培训师是有套路的,有技巧的。

练习

拿着自己的题目,不用讲开头,也不用讲结尾,把中间部分提炼出三个观点来,每个观点讲一个自己的故事、举一个他人的例子,进行内容部分的讲述。训练要求如图1-22所示。

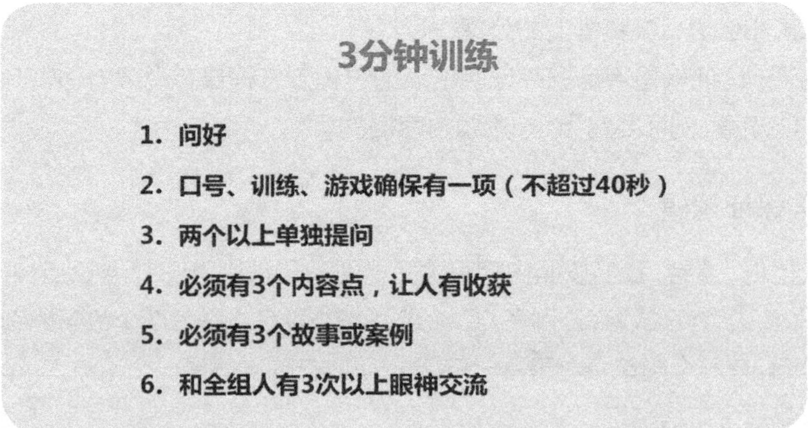

> **3分钟训练**
>
> 1. 问好
> 2. 口号、训练、游戏确保有一项（不超过40秒）
> 3. 两个以上单独提问
> 4. 必须有3个内容点，让人有收获
> 5. 必须有3个故事或案例
> 6. 和全组人有3次以上眼神交流

图1-22　3分钟训练

解析

（1）要问好。为什么要问好？启动注意，学员的注意力很快就会回来。

（2）口号、训练、游戏确保有一项，但是不要超过 40 秒。

什么叫口号？

很简单，假如说我是第一组的演讲的讲师，请全体起立，我说一句大家说一句，好好学习，天天向上。

（第一组起立，跟着喊："好好学习，天天向上！"）

这就是一个口号。你可以把你的口号事先写在 A4 纸上，邀请听众跟你一起读。这样你就有了一个道具。你也可以把你的杯子当做道具，你也可以把手机当做道具。

那么游戏是什么样呢？

（淳子周老师一边说，一边演示。）

举个例子，我和第二组来做一个小游戏。来，伙伴们，请大家伸出我们的左手，伸出右手，两个手手指交叉握在一起。请问左手拇指在上还是右手在上？据说右手在上面的人思维比较缜密，逻辑性很好，左手在上面的人，多才多艺，很有创造力。我们现在换一下上下位置试试看，习惯不习惯？别不别扭？有点别扭对不对？没关系，我们多练两遍，现在我们再来试试看，是不是比刚才自然多了？所以伙伴们，我们学习都是有一个循序渐进的过程。

我们在座的各位，以往参加过那么多的课程，我们都学过很多的一些游戏，你都可以把它很好地用出来。

什么叫训练？

很简单，假设今天来上课了，看到今天场地里没有胸牌，于是教大家做席卡。伙伴们，我们来制作自己的胸牌，现在我们把纸，在 20% 左右的位置折叠，剩下部分再对折，打开之后就成了一个席卡了，写上自己的名字。这就叫训练，即教会他们做一件事情。

待会口号，游戏，训练确保要有一项。

（3）两个以上单独提问。

（4）和全组人有三次以上眼神交流。你在讲的时候不能往天花板上看，而是看着大家，和大家有一个眼神交流。讲师和演讲家是不一样的，演讲家提倡流畅,而我们培训师要走走、停停、看看、说说。随时关照他们的反应,你就可以根据学员的状况及时调整,及时给予反馈。

(教室里嗡的一声,大家开始积极练习起来。胡小云刚开始有点担心,看同组伙伴享受的样子,自己试了一下,也轻松通关了。)

点评

伙伴们,这三分钟练习,我们增加了很多技术要求,可能在准备时心中有些忐忑,内容填充也有些生硬;刚开始练习也不熟练,一些技术生涩;但在老师示范下,同伴鼓励下,自己尝试下,发现:哇,我的潜力好大!再给你一次练习机会,你会更棒!

训练是浓缩的人生!训练保证学习效果,TTT是实践性非常强的技术课程,我们特意安排了大量的训练。刚开始有些刻意,掌握了,你就随心所欲;几次练习下来,一个专业讲师的形象(职态)就出现了,加油!

第九节

如何结尾

　　北方有一句话是这样说的，叫编筐编篓，重在收口。为什么呢？一个篓子已经编好了，如果口子没收好的话，你会发现，这个篓筐不经用，十几天甚至几天之内就散架了。而收得好的，这个筐篓用一两年都没什么问题。这就是最后收尾的功底不一样会有不同的结果。

　　很多培训师都重视开场，一开始直接入题，以为可以节省时间，反而变成了最花时间的做法，因为欲速则不达，所以鱼式结构在开场通过问两个问题，感谢两个人，提两个背景的方式，来引导学员来进入到学习中来；在内容部分要有坚定的立场，用结构方式来进行保证，那就是举三个重点（论点）、三个故事、三个例子。

　　那么结尾怎么做呢？感恩听众、回顾要点、呼吁行动。

　　说到这里，大家是不是有一种熟悉的感觉？记得我在读中学的时住校，一周五天半上课，也就是周六上午还要上学。每到周六中午 11：30 时，放学铃声响起来了，这个时候老师会说一句话，感谢同学们的聆听，说完之后，讲台下面是稀里哗啦收书包的声音，因为大家这个时候已经是归心似箭。老师赶紧说什么？我们把上午的内容回顾一下。回顾完了之后看大家又蠢蠢欲动，赶紧还加一句话说什么？

　　（"现在布置家庭作业！"大家都在呵呵笑。）

　　有没有发现布置家庭作业在干啥？呼吁行动，因为要落到实处。

回顾知识要点

　　为什么要回顾知识要点？哈佛大学研究表明，一个老师课堂上经常回顾，他的学习效果最起码能提升 40%以上。

为什么呢？人们有这样的一个学习的记忆习惯，今天的内容到明天已经忘掉得差不多了，到第三天、第四天的时候，之前教的东西能够记得百分之三四十已经不错了。1 年之后，问他老师给你们上过这门课吗？上过，上得不错。当时讲的什么内容？不记得了（见图 1-23）。是不是有这样的情况，遗忘得差不多了。

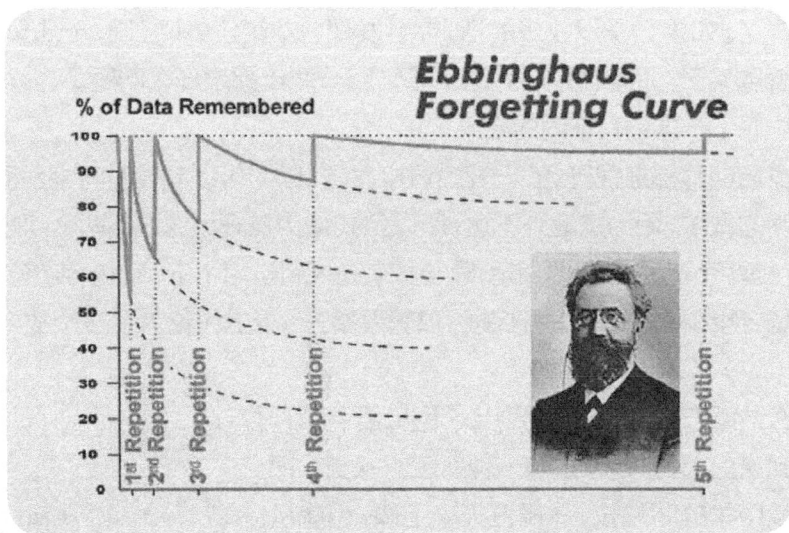

图 1-23　遗忘曲线

好，那怎样能够把你遗忘的东西尽快地能够补回来？怎样减缓遗忘的速度？有一个方法，方法就是如果我们在课堂上多次进行回顾的话，它会造成一个记忆的一个小高潮，这样能延缓遗忘的程度。而且经过心理学研究表明，同样的内容，如果一个人在一年之中能够五次到六次复训的话，他能够对这门课掌握 85%到 95%之间。

这一点，得到我的很多学员的验证。我的很多学员复训我的两天或者三天版本的课程，他们复训了五次到六次之后，有些人讲得相当不错。我的一些学员，现在在业内讲 TTT 都是赫赫有名的。各位，他们当年复训这堂课复训了多次，自自然然的，讲授效果就比较好。所以这就是为什么要复习。

一会儿我们在练习的时候，怎么回顾？把之前提到的一些故事的名称、一些主角、引用过的一些名言警句、之前用过的一些游戏提一下，等等，加深他们的印象就可以了。

呼吁行动

所有讲课目的都是让学员能够去用，所以要它最终要落实。落实的时候，有一点要注意，你前面讲什么，最后就呼吁什么，要首尾相顾。比如有一个人讲的是如何学习打乒乓球，当然他结尾的时候要说，多去打乒乓球，享受运动的快乐。理解吗？这就是合适的，如果他结尾的时候呼吁环保，有没有发现，偏题了。

示例

成就人生的三大法宝（结尾）

刚才我和大家分享了成就人生的三大法宝。感谢大家的聆听。

还记得吗，我们讲了哪三大法宝？第一个法宝，把握趋势；第二是善于学习；第三个要有高质量的人脉。

讲到第一点，把握趋势。我们讲到我们魅力培训TTT为什么受企业欢迎，因为企业培养人才要花钱，竞争加剧要省钱，两者是矛盾的，怎么解决？建立一套内部培训师的体系，要建立这个体系，就一定要上我们TTT的课程。所以说伙伴们把握趋势重不重要？重要。

第二点善于学习，每一位培训师都很清楚，台上一分钟，台下十年功，所以学习是非常重要，阿里巴巴的马云也是通过学习让自己成为一个互联网的专家，从而建立了今天的阿里帝国，风光无限。所以伙伴们，学习重不重要？重要。

第三点，我们讲到了高质量的人脉，朋友多，路才好走，才会有一方有急八方支援，对不对？我们讲到深圳比亚迪王传福成为2009年的中国首富，有两个人非常重要，一个是他的表哥吕向阳，还有一个是股神巴菲特。

各位伙伴，当我们站在整个时代的前沿，只要我们能够在快速发展的中国版图上，能够掌握我们金融行业里面的先进前沿的技术和方法，借着这个美好的时代，让我们广泛学习，广结善缘，从而让我们在未来，能够为我们的事业，为我们的整个组织体系，为我们的将来地发展打下坚实的基础，大家说好不好？

伙伴们，把握灿烂的人生，你要能够把握趋势，把握趋势你才能够高屋建瓴，高山仰止，如果你善于学习的话，当你学富五车，学习力就转化为竞争力，如果你有高质量的人脉的话，借力使力，让我们在整个竞争中处于不败之地，处于先发优势。中国的传统文化讲究"术、法、道、器"，所以我们要能够取势，存大器，并且学好术，从而让我们生活更幸福，家庭更美满，事业更昌盛，大家说好不好？好。我今天的分享就到这里，谢谢！

排比句式结尾

排比句式结尾，大家可能觉得有点难度，其实是很简单的。排比句式怎么做？其实就是这四个字——排"三"倒海。一二三的三，你只要具有三个的话，就很容易地用起来。举几个例子。

示例

如何做好风险管理（排比结尾）

伙伴们，做好风险管理对我们整个CB银行，包括我们整个金融界来说有非常重要的意义，做好风险管理，会让我们整个信贷业务更顺畅①，做好风险管理，会让我们的企业机体更健康②，做好风险管理，会让我们永远立于不败之地③，做好风险管理，会让我们整个银行业有健康的大环境④，所以伙伴们，风险管理是我们银行管理工作中重中之重，大家说对不对？让我们在未来的工作中，日常工作的每个一个细节里面，把风险管理的意识、工具和方法很好的融进去、用进去，大家说好不好？

解析

这是一个不断推进的过程，比如我们自己要怎么样？我们整个银行业要怎么样？整个金融界会怎么样？整个大环境会怎么样？一层一层往上推上去，所以叫"排三倒海"。给人的感觉是气势磅礴。

示例

如何讲解公积金贷款政策条件（排比结尾）

伙伴们，公积金政策有所调整和变化，所以我们每一位同事都要向我们的客户、我们所有的合作伙伴，做公积金贷款政策的讲解，这是非常重要的。各位伙伴们，做好政策讲解，客户更放心①，做好政策讲解，合作伙伴更安心②，做好政策讲解，我们自己更舒心③。所以各位伙伴们，做好政策讲解对我们来说是非常重要的大事，大家说对不对？

解析

其实没有什么难度，就是把你的角度放开，讲到你这个主题的时候，你发现，第一，客户肯定关心这个问题，第二，我们合作伙伴关心这个问题，还有我们自己也关心这个问题。于是，我们自己的团队、合作伙伴、客户，三方面一下子排比就出来了。其实是在找角度。

示例

如何做红烧肉（排比结尾）

刚才跟大家讲到了如何做红烧肉。我们都听说过一句话，要想留住他的心，就要先留住他的胃。所以各位伙伴们，做好家常菜，孩子更满意①，做好家常菜，夫妇感情好②，做好家常菜，家庭会更和谐③。所以各位伙伴们，做好家常菜让我们整个社会明天会更好，让我们大家一起远离地沟油，远离不放心的食品，远离我们所有的担心，让我们的家庭在健康、和谐、关爱的氛围中好好地享受我们的生活，享受我们的美食，享受我们自在的人生。大家说好不好？

解析

我们在排比句的时候一定要简洁，另外一定要把格局推上去，如果单纯地讲红烧肉怎样怎样做，这样给人感觉格局太小，所以在最后的时候适当地往上推，有一层一层地往上推的过程。所以就叫"排三倒海"。

接下来是大家的练习时间了。

练习排比句式

题目：如何做好＿＿＿＿＿＿＿＿

句式：

排比 1：做好＿＿＿＿＿＿，＿＿＿＿＿＿＿＿＿＿＿＿＿＿＿＿＿＿

排比 2：做好＿＿＿＿＿＿，＿＿＿＿＿＿＿＿＿＿＿＿＿＿＿＿＿＿

排比 3：做好＿＿＿＿＿＿，＿＿＿＿＿＿＿＿＿＿＿＿＿＿＿＿＿＿

结尾练习

拿着自己的授课题目，做一个结尾的练习（见图 1-24）。感恩听众、内容回顾、呼吁行动，一个都不能少。此外有明确的要求，第一个要有一个排比句式，第二要有一组以上全组的互动式交流，第三要有明显的手势并且和学员有一次以上的眼神交流。每人 90 秒，计时开始！

（教室里人声鼎沸，大家眉飞色舞地演练起来。）

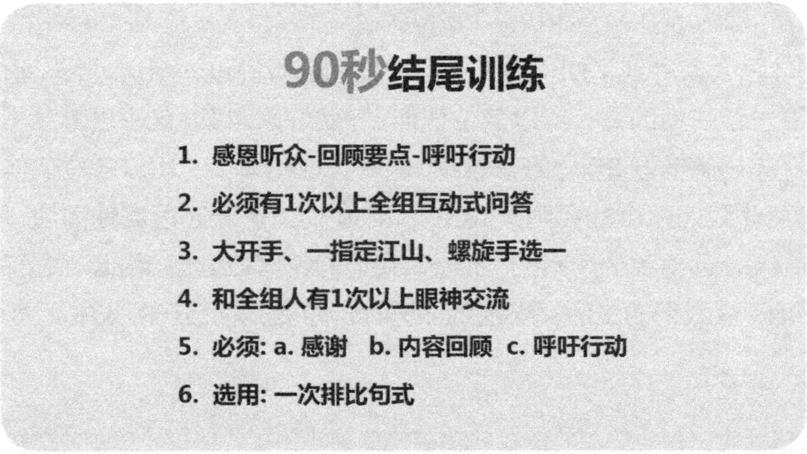

90秒结尾训练

1. 感恩听众-回顾要点-呼吁行动
2. 必须有1次以上全组互动式问答
3. 大开手、一指定江山、螺旋手选一
4. 和全组人有1次以上眼神交流
5. 必须：a. 感谢　b. 内容回顾　c. 呼吁行动
6. 选用：一次排比句式

图 1-24　结尾训练

第十节

时间分配

时间到，请回座。大家有没有注意到，我跟大家报时间的时候，大家心中觉得有点怎么样？

（"慌，紧张。"）

紧张，对不对？为什么非要报时间让大家紧张呢？原因很简单，对我们每一位培训师，时间都是一个很大的压力。我们在演练时就要适应着去把控时间。

60—90—48 法则

大家在实际讲课中有没有对时间很紧张？（"有。"）举个例子，姜正老师受人力资源部的邀请，讲三个小时的课程。他最起码要准备三个半小时的课程量，甚至要 4—5 个小时或更多，唯恐一下子全部讲完而时间没到。实际授课时，由于学员晚到，由于前面领导讲话，结果姜正老师实际上讲课的时间只有两个半小时，所以我们会发现他刚开始的一个小时讲得还蛮从容，越到后面讲得越快。他想在两个半小时里面，把三个半小时的活全部干完。

那怎么避免这种情况呢？用 60—90—48 法则：60 分钟的时间—准备 90 分钟的课程量—48 分钟必讲的内容。这样你就可以很好地安排和分配你的时间了。于是尽管有学员迟到，有领导讲话前面耽搁了一些时间，你也可以上课变得很从容。90-48=42。这 42 分钟是什么时间？是补充内容的时间，它们不是核心的。如果时间不够，讲 48 分钟，把关键和核心的内容讲完了；如果时间还够，这 42 分钟的时间，可以来进行内容补充，这样你就可以张弛有度，收放自如。

时间感知练习

（1）所有人站起来，两人一组，A 扮演讲师，B 当学员。

（2）A 讲课，B 听。

规则：A感觉到了一分钟时，停止讲课。

（3）培训师告知学员，第一位停止讲课和最后一位分别用时多少。

2—3轮下来后，所有学员会对时间有更深的感知和预判。

时间分配参考

内训师经常会讲1—3个小时的课，那么怎么分配时间呢?（见表1-1）

表1-1　教学时间分配

	1 小时	2 小时	3 小时
开　场	1/6	1/7	1/8
内　容	4/6	5/7	6/8
结　尾	1/6	1/7	1/8

课程一个小时，1/6，4/6，1/6，开场10分钟，内容40分钟，结尾10分钟，开场和结尾都是同等的重要，能理解吗? 两小时1/7，5/7，1/7，三小时1/8，6/8，1/8。如果是1—3个小时，就可以这样来进行时间分配。如果超过4个小时的，那你就可以更加宽松地结合实际情况分配时间。

第十一节
淳鱼结构

总结

之前提到过我们这三天学的就是一条鱼。这条鱼江湖人称"淳鱼"。它的骨架就是我们《魅力培训师TTT》的结构训练。大家发现没有,我们身边一些人发言头头是道、条理清楚,而一些人表达很凌乱。为什么会有这种差别呢?其实往往是前者掌握了结构化表达,而后者缺乏这种训练。

就像这幅淳鱼结构图(见图1-25)一样。开场的时候怎么做?开场问两个问题,感谢两个人,举两个背景。

内容部分是?举三个重点,举三个自己的故事,三个他人的例子。

结尾的时候感恩听众,回顾知识要点,最后呼吁行动。

所以说整个我们给大家分享了一条鱼,鱼式结构。这条鱼会让大家在备课如鱼得水、讲课时如鱼得水、公开场合表达时如鱼得水。

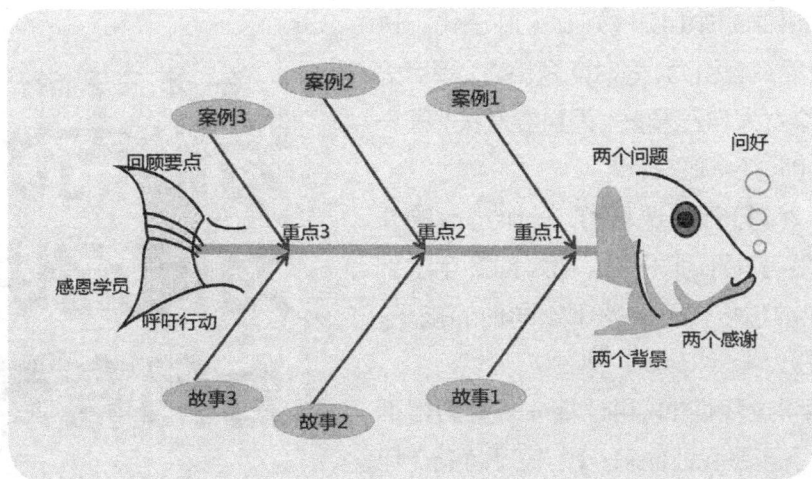

图 1-25　淳鱼结构

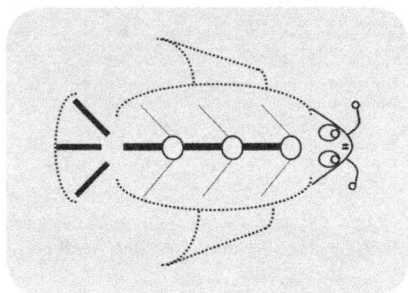

图 1-26　练习前准备

练习前准备

伙伴们,待会就在我们小组里,把这种结构化表达的方式练出来(见图 1-26)。现在把练习题目写在鱼头前;3 个论点写在鱼脊上,用到的故事或案例标注在鱼脊两边;用到的授课技巧标注在鱼鳍上,内容是需要技巧来演绎的。

快速构思微课程

刚才大家已经完成了一个很有意思的事,那就是运用淳鱼结构,快速构思微课程。

方法非常简单,四步骤:

第一步　三思而行。

案例

我有一个学员,在 xx 大学管理学院做招生宣讲老师。他来向我请教,说自己的课程设计有点难。

他讲课的题目叫《好女人旺三代》,这个题目很有吸引力,同时问题也有:题目太大,这个女人自己要好;而且要旺夫;旺一代还不够,还得旺三代。

果然,打开授课 PPT,三个小时的课程,居然有 170 张 PPT,都是他多年学到的心理学精华,每张 PPT 如同他的孩子,舍不得扔。

他学过我们的《讲课禅——魅力培训师 TTT》,于是我让他来一段"三思而行"(见图 1-27)。

第一步 三思而行
为谁而讲
为何而讲
为何有效

图 1-27　三思

（1）为谁而讲——女性企业家或者企业主太太为主。

（2）为何而讲——帮助招生。

（3）为何有效——大学的品牌，老师的知名度，课程设计科学，多期学员见证。

第二步　运用三点法，快速提炼出三个要点。

（**强有力问话：我最希望传达给学员那三个关键要点？**）

我心中有数，问：张老师，你最希望传达给学员那三个关键要点？

他学过三点法，马上回答：

第一个嘛，这个女人自己要好，能够秀外慧中，做幸福女人。——我马上帮他提炼，这不就是福至心灵吗?!

第二个要能旺夫，帮助丈夫事业进步，而且现在孩子的教育很多都是母亲在管，孩子的起跑线取决于母亲——我继续提炼，这不就是旺夫起子吗？

第三个最好能让家族绵延，传统上认为，好女人能够影响家族三代传承——我思索了一下，这不就是贵以载德吗？

于是三个观点有了：福至心灵，旺夫起子，贵以载德；

如果用一字诀，那就是：福，旺，贵，更加精炼；

张老师一拍大腿：这样更好！

第三步　内容精要，讲法保证效果！

要点有了，授课方法就可以确定了，用讲法来保证授课效果。

要点设计出来后，配上相应的故事、案例、训练、游戏等即可。

我问他，张老师，你觉得什么授课形式更好？他答道：案例教学法。

以《好女人旺三代》为课题，时间：3 小时；讲师：张老师；授课形式：案例教学法，如表 1-2 所示。

表 1-2　案例教学法

内　　容	案例教学法	见　　证	时间安排
1. 福至心灵	杨　澜	a 师资配备 b 老学员见证	1 小时

（续表）

内　　容	案例教学法	见　　证	时间安排
2. 旺夫起子	倪桂珍 （宋氏三姐妹的母亲）	a 师资配备 b 老学员见证	1 小时
3. 贵以载德	莫言的母亲	a 师资配备 b 老学员见证	1 小时

这样，三小时的课程非常饱满，结构清晰，吸引力强。

170 页 PPT 成为很好的知识库储备，依课程需要随时调用。真正授课时，有 20－40 张 PPT 即可。

第四步　每个模块运用淳鱼结构。

很多人初学淳鱼结构，以为是技法，实际上它是心法！心法内化，手法外显！

事先设计好开头（双提问＋双感谢＋双背景）和结尾（致谢＋回顾＋呼吁行动），这些都是固定程序。

内容部分，运用第二步和第三步的成果即可。

在去年夏天，我收到一则短信：尊敬的淳老师，感谢你的指点，我目前在风景秀美的井冈山，刚刚为 300 位女性企业家讲完《好女人旺三代》，好评如潮，报名踊跃，特此致谢！学生张××

（大伙儿不知不觉鼓起掌来。）

淳鱼结构完整练习

之前我们已经训练过开头、内容表达、结尾，现在大家把它们串起来，按照图 1-28 的要求，将自己的主题完整表达，每人时间六分钟，小组内练习，计时开始。

（胡小云和小伙伴们开始练习了，之后每个小组选出了最好的一位伙伴上台在全班展示，淳老师给予点评。）

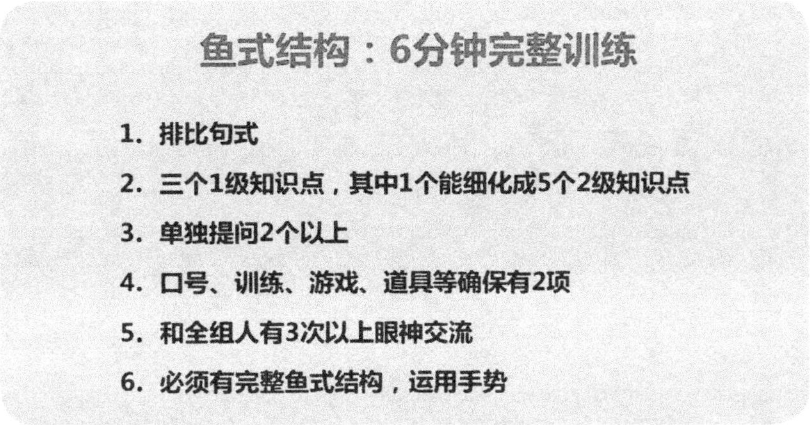

鱼式结构：6分钟完整训练

1. 排比句式
2. 三个1级知识点，其中1个能细化成5个2级知识点
3. 单独提问2个以上
4. 口号、训练、游戏、道具等确保有2项
5. 和全组人有3次以上眼神交流
6. 必须有完整鱼式结构，运用手势

图1-28　鱼式结构训练

胡小云从别的同学身上学到了不少。吴崇明又是他们这组的优胜者，上台展示。胡小云发现吴崇明的热情、活力、好奇心，他的手舞足蹈、眉飞色舞，确实可以感染周围的人。

这个练习结束后是短暂的午休，大家迅速去内部餐厅用餐。大家吃饭时，还在叽叽喳喳说个不停。胡小云好久没有这样投入到人群里了。他和小星的事虽然让他又疑惑又沮丧，但在这光天化日之下，在这火热的人群里，胡小云的心慢慢地舒展开来，愁云散去。

很快进入了下午的课程。

第二章　职态训练

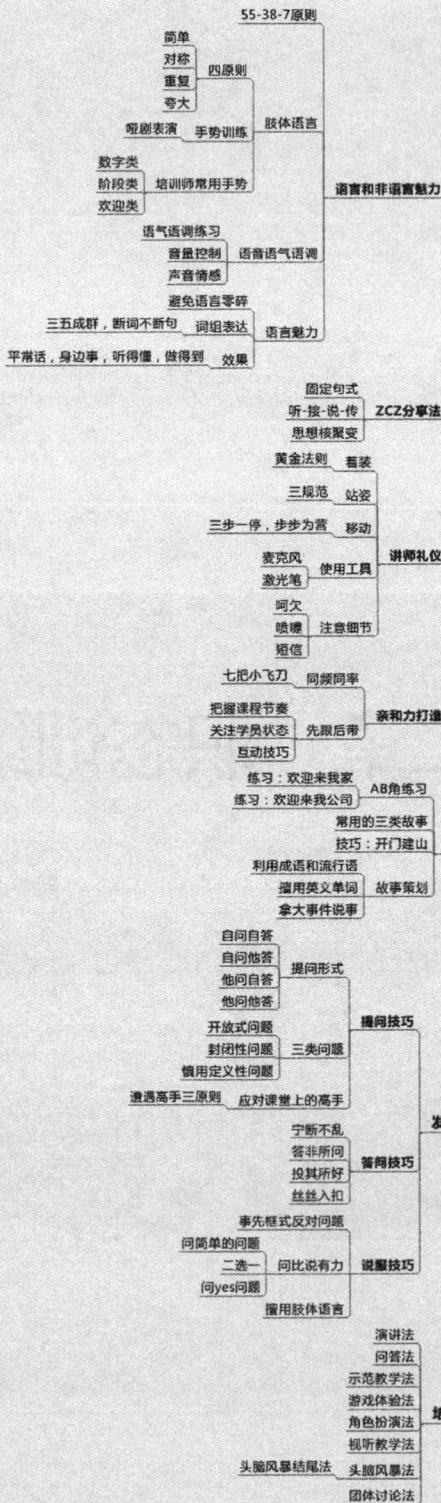

- 55-38-7原则
- 四原则
  - 简单
  - 对称
  - 重复
  - 夸大
- 手势训练
  - 哑剧表演
- 培训师常用手势
  - 数字类
  - 阶段类
  - 欢迎类
- 肢体语言
- 语音语气语调
  - 语气语调练习
  - 音量控制
  - 声音情感
- 语言魅力
  - 避免语言零碎
  - 词组表达 —— 三五成群,断词不断句
  - 效果 —— 平常话,身边事,听得懂,做得到

- **语言和非语言魅力**

- ZCZ分享法
  - 固定句式
  - 听-接-说-传
  - 思想核聚变
- 三规范
  - 黄金法则
  - 着装
  - 站姿
- 讲师礼仪
  - 移动 —— 三步一停,步步为营
  - 使用工具
    - 麦克风
    - 激光笔
  - 注意细节
    - 呵欠
    - 喷嚏
    - 短信
- 亲和力打造
  - 同频同率 —— 七把小飞刀
  - 把握课程节奏
  - 关注学员状态
  - 互动技巧
  - 先跟后带

- **培训师风范**

- AB角练习
  - 练习:欢迎来我家
  - 练习:欢迎来我公司
- 常用的三类故事
- 技巧:开门建山
- 故事策划
  - 利用成语和流行语
  - 滥用英文单词
  - 拿大事件说事

- **成为故事高手**

- 提问形式
  - 自问自答
  - 自问他答
  - 他问自答
  - 他问他答
- 三类问题
  - 开放式问题
  - 封闭性问题
  - 慎用定义性问题
- 应对课堂上的高手 —— 邂逅高手三原则
- 答问技巧
  - 宁断不乱
  - 答非所问
  - 投其所好
  - 丝丝入扣
- 说服技巧
  - 事先框式反对问题
  - 问比说有力
    - 问简单的问题
    - 二选一
    - 问yes问题
  - 擅用肢体语言

- **发问及说服技巧**

- 培训师授课八法
  - 演讲法
  - 问答法
  - 示范教学法
  - 游戏体验法
  - 角色扮演法
  - 视听教学法
  - 头脑风暴法
    - 头脑风暴结尾法
  - 团体讨论法

- **魅力培训师培训TTT**
  - 职态训练
  - 魅力训练
  - 结构训练
  - 楔子

第一节

非语言沟通魅力和语言沟通魅力

大家有没有发现为什么上午五位伙伴被大家推举为印象最深刻的人？第一，他们亲和力是不错的，每一位都是笑容满面；第二点，他们的表演是不是很传神？是的；第三个，他们非常懂得综合运用语言、肢体动作、语音语调。

通常人们认为口才好的人适合做培训师？怎样才算口才好？仅仅是能说出华美的词句就可以了吗？请看图 2-1 和图 2-2，有一个 55—38—7 的原则。

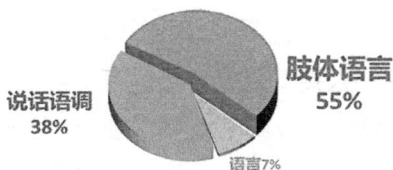

说话语调
38%

肢体语言
55%

语言7%

图 2-1　语言表现率

非语言魅力
93%

语言沟通魅力7%

图 2-2　非语言魅力表现率

55—38—7 的原则：肢体语言占沟通魅力的 55%、语音语气语调占38%、语言内容仅占 7%。即非语言魅力占 93%！我们原来以为很重要的语言方面只占到 7% 的内容。

我们做一个简单的数学题，肢体 55%，除以语言 7% 是几倍？ 8 倍的影响力。真的是这样吗？我们来做今天的一个练习。来，伙伴们，注意力集中，集中在我的手指上来。集中在我的手指上来，各位，请问这是几？

（淳子周老师伸出一根手指头。大伙儿回答："1。"）

这是几？

（淳子周老师伸出两根手指头。大伙儿回答："2。"）

1+1 等于几？

（淳子周老师伸出三根手指头。大伙儿回答："3。"继而突然明白过来，大笑起来。胡小云也上当了。）

第二节

肢体语言

　　多年以前，我休假到中山公园游玩，坐海盗船。那天是工作日，人不多，海盗船上也只有四五个人。我坐在船的一端，船的另一端对称的位置坐着一个金发外籍小伙子。海盗船开动起来，因为周围没有认识的人，那时候我又年轻，吓得哇哇大叫似鬼哭狼嚎，下船后觉得特别爽，哈哈大笑扬长而去。逛了一阵子，在另外一个地方，看见刚才那个老外小伙子正好迎面走来。

　　那位外籍小伙子认出我是刚才海盗船上对面乱叫的人，于是微微一笑伸出手，用手指比划了一下海盗船摇摆的钟摆动作，只很简单地说了一句"good thing"，两个不同国籍不同种族的陌生人会心大笑。真是一切尽在不言中。

　　我们在一些影视剧中常常看见，火车站台送别，或者监狱探监，车窗玻璃或探监玻璃墙两侧的人没有说话，隔着玻璃，手紧紧贴在一起，火车缓缓开动时，或者探监时间到了，车外的人随车跑动直到再也跟不上，或者探监结束被人拖走，手才不得不依依不舍地离开玻璃；各式各样的母亲怀着各种各样的心情，温柔地抚摸着怀里熟睡的婴儿；男主角或女主角伸出手臂搂着旁边曾经坐过人的空座位，静静地坐着；《天下无贼》里已经怀孕多月的王丽（刘若英饰）听闻王薄（刘德华饰）去世的消息，不说话忍着泪，更加大口地埋头吞着食物……画面配上音乐，或者干脆突然无声，这些都是很催泪的桥段。那种肢体动作的感染力远非言语可以企及的。

　　中国人在肢体语言方面、表情方面用得很少，这样我们就把很重要的非语言魅力的影响力丢弃了，真的非常可惜。

人与人之间沟通又是非常重要,那我们中国人怎么办呢? 没办法,于是中国人就用抽烟喝酒这样的方式来加强人与人之间的感情。感情深怎么样? 一口闷。喝到胃出血还在喝……很多时候我们抽烟和喝酒已经成为一种社交的文化和礼仪,因为这和国人在肢体语言方面、表情方面用得很少,有内在深层次的关联。

而一个没有经过授课技巧训练的培训师,也会延续这种习惯,这样导致课堂气氛冷清沉闷。肢体语言不仅仅可以辅助你的授课内容得以生动表达,而且可以调动课堂气氛、有效控场,还能传达你作为培训师希望学员学得更多更好,体现师者的恳切和热情。

(胡小云仔细地听着,对照着自己上课的情形,觉得肢体语言真的很重要。)

肢体语言中以手势练习最为重要。具体怎么练习呢?

伙伴们我们一起读一下手势四个法则:简单、对称、重复、夸张。

第一,简单。今天一早刘钢笑眯眯地来到我们的教室,眉飞色舞地说:"今天我在黄浦江边上看到一个身材好好的美女。"

(淳子周老师右手划了一个很大的S形。)

美女的形象出现了吗?

("出现了。"刘钢回答得最响亮。)

这就是简单,不要复杂,手势,简单为准。

第二,对称,左手出去,收回来。右手出去,收回来。

第三,重复,一些有特色的习惯动作,可以予以重复。

最后,夸张。夸张是我们中国的培训师普遍用得很少很少,然而偏偏是学员最喜欢看的。人们为什么喜欢郭德纲的相声、赵本山的小品? 说白了,他们就是比一般的人更幽默、更夸张。例如,在赵本山的小品里,听说对面的人不是一个平民而是范县长的时候,赵本山从炕上一下子摔下来了。平时生活中有这种情况吗? 不大会的。做得夸张,人们爱看。作为培训师,夸张的手势是非常有必要去学习的。

另外一些培训师在很大的会场讲大课的时候,手势做得再夸张,别人也觉得很小。夸张的动作是培训师平常要练、讲课时要用的一个方法。

小练习

就在你的位置上和身边的两个人说两句话,西瓜这么大,芝麻这么小(见图 2-3、图 2-4)。

图 2-3　肢体语言(西瓜大)　　　　　图 2-4　肢体语言(芝麻小)

(胡小云早已没有了"好公司高级白领"的矜持,和同伴练习着。)

接下来就来看一个余世维老师讲的《如何给领导写报告》的视频。我们带着问题来看,如果余老师仅仅是用嘴,而没有用手势的话效果会如何?另外,学习最好的方式就是去模仿,所以待会儿余老师做什么动作,我们跟着他完全的模仿,可不可以?

("可以。")

(胡小云觉得这段视频确实很经典。余老师手势多,配合着语气,把文件的繁多、办事人员的谨慎和苦哈哈的表情,夸张地刻画出来了。假如不用手势,只是用嘴来讲,这段内容会很平淡、枯燥,因为里面的数字,用上手势,就会觉得手下真有一叠纸,并且成功地代入到他的场景,觉得就在他的办公室里。另外语气语调不断递进,学员根本不课能走神。

胡小云不知不觉站起来,和其他同学一样,模仿视频里余老师的动作。)

练习:哑剧表演

伙伴们,全体起立,我们接下来把肢体语言充分的练习起来。当我喊 3、2、1 之后,离开自己的小组,走到另外一个不同小组找一个你看他特别顺眼、相信他、敢把你的钱包交给他保管的一个人，当我喊3、2、1，手没握起来的人，请上台表演节目，3、2、1。

（大家满场奔跑，一些女生着急得小声尖叫着。胡小云匆忙抓住一位女生的手，是王雪月。两人松一口气。）

伙伴们，两个人一位是A角色，一位是B角色。B举手示意一下，B角色将欣赏到面前优秀的表演艺术家A伙伴，两分钟的哑剧表演。为什么是哑剧表演？只有当你的嘴闭上的时候，你的肢体语言才会真正用出来。请注意，从此时此刻开始，所有的人，在场的除了我之外，不能发出任何人类的声音，大家明白吗？

整个过程都要静悄悄的时候，两分钟的时间都非常好玩有趣。B伙伴你别担心，他表演完了之后就由你演。你在这个过程当中要充当三种角色：

第一，你要充当他很好的拍档，他做什么动作，你跟他完全地模仿，因为你越模仿，他就越表演越有劲，我看你的手势就知道你是不是一个合格的拍档。

第二，你要充当他的模特，他需要有个人牵手，你就把你的小手给到他。现在大家觉得两分钟时间很短，然而当你在练的时候，2分钟是漫长的，因为我们之前都是说话的，今天突然不说话，觉得两分钟好长。

第三，你要充当他的啦啦队。当他进行到一分半钟，进行不下去的时候，你要鼓励他、引导他，让他继续把两分钟时间充分的用完。

既然人家这么信任你，敢把钱包交给你保管，那显然你们是黄金搭档，所以这个时候握着他的手，看着他的眼睛，点点头用眼睛说："我们是黄金搭档。"

A伙伴表演的题目是：我的初恋故事。没有初恋过的可以表演"我心目中的初恋故事"。三、二、一，进行。

（初恋正戳胡小云痛处，偏偏他是A角色，要表演这个。胡小云真正觉得这几天过得太神奇了，一些事情在发生，推着他像一个新的方向走。胡小云表演着他和小星的故事，他看见搭档王雪月一脸茫然，他急得恨不能说出来，他无可奈何把他想说的再做了一遍。他瞟了周围的同伴，发现其他的表演者也是一副"百口莫辩"的着急样子。教室里静悄悄的，一群人手舞足蹈强忍着话、强忍着笑。）

（淳子周老师一旁煽风点火。）

大胆的演习，有没有问题，全身心投入去做，你练习越多，你的肢体动作才能够真正地打开，要敢于突破。

（胡小云放大肢体动作，渐渐搭档王雪月慢慢明白了他想表达的意思。演着演着，他自己也慢慢又明白他和小星之间的一些问题了，他可能太矜持了，对于小星的生活他一直并没有真切去体会、去关心。）

时间到，可以开口说话了。

（淳子周老师幽幽地说。）

（刹那间，安静的教室轰的一声，所有人憋着的话如同大坝开闸泄洪一般喷涌而出。大家迫不及待地询问、解释、叙述着，夹杂着笑声。胡小云也向王雪月讲述着他和小星的初恋故事。王雪月终于完全明白了他想表达的。）

好了，现在轮到B伙伴，B伙伴举起你的右手，你表演的题目是"我的第一次……"，别想歪了，第一次游泳、第一次爬山、第一次拿到录取通知书等，人生的第一次，3、2、1，两分钟表演开始。

（王雪月表演的是第一次骑自行车，这个题材比较好演，胡小云看明白大半，也想起小时候和小伙伴一起骑自行车的情形。

两分钟过去了，淳子周老师开放大家开口，如同之前那样，大伙儿又热切地讲述着。）

平常练习的方法

以后我们用什么样的方式和方法来提升我们的肢体的能力？第一个，看经典大片，对男女的主角完全的模仿，他们做什么动作，我们就做什么动作，模仿是最好的学习；第二，看郭德纲、看赵本山节目的时候，跟着他们完全的模仿；第三，找一个纸盒子，把一些社会角色写成小纸条放进去，抽到哪个演哪个。比如抽到医生就表演医生，抽到工程师就表演工程师，抽到乞丐你就表演乞丐。

补充练习：西瓜舞

除了这几种方法以外，给大家分享一个独门秘技叫西瓜舞。我们一起来练习，嘴上边说，边跟我们一起来做。

一个大西瓜，中间剖一半，一半给爸爸，一半给妈妈，心中乐开花。

（一群人向幼儿园的小朋友一样，跟着老师认真地练习。）

符不符合手势的法则？简单，对称，重复，夸张。不够重复？培训师是练出来的，多练两遍不就重复了。

有一点要注意的地方，"中间剖一半"时你的手掌心是向上的。这个动作用于请学员上台或发言。不是直直地切下来。

培训师常用手势

既然大家肢体都打开了，那么下面向大家介绍培训师常用用手势。有三大类：A. 数字类、B. 阶段类、C. 欢迎类。

A. 数字类

大开手（数字0）：适用于欢迎、开启、亮相等情形（见图2-5）。使用左图的姿势向学员说：各位伙伴，大家早上好！使用右图的手势向学员说：各位伙伴，大家早上好！对比一下哪一种更好？显然是右图的大开手。更加有感染力、带动力，更加大气。

（a）　　　　　　　　　　（b）

图2-5　适用于欢迎的肢体语言

一指定江山（数字 1）（见图 2-6）：用左图的姿势说：所有的市场活动，只有一个中心，那就是以客户为中心。使用右图的手势向学员说：所有的市场活动，只有一个中心，那就是以客户为中心（说以客户为中心时，手高过自己的头）。对比一下哪一种更好？显然是右图的一指定江山，给人感觉就很有号召力。Team leader 可以多用。培训是最佳的领导方式。

（a）　　　　　　　　　　　　　　（b）

图 2-6　一指定江山

对称的手势（数字 2），如图 2-7 所示，一边说一边做动作：男士大气（伸左手），女士秀气（伸右手）。

男士大气　　　　　　　　　　　女士秀气

图 2-7　对称的手势

螺旋手（数字3、4）：参照图2-8讲：培训师三大禁忌：① 语言零碎[见图2-8（a）]；② 背对学员[见图2-8（b）]；③ 避免垂手[见图2-8（c）]。手的高度分别是肩、耳、头。给人感觉更加有气势。适用于三条或四条内容的讲述，讲第四条时手可以再高上去。

（a）　　　　　　　（b）　　　　　　　（c）

图 2-8　螺旋手（一）

我们用螺旋手（见图2-9）一起来练习：宫磊是一个好男人，他对宠物很照顾，他把孩子照顾得很好，他把岳母孝敬得很好，他把太太照顾得更好。你们会发现，我们宫磊一定是红光满面。

（a）　　　　　　（b）　　　　　　（c）　　　　　　（d）

图 2-9　螺旋手（二）

　　击打手（可以示范数字 1—10）：用于多个数字的。如图 2-10 所示练习：中医讲究五行，金（击打一下）、木（击打一下）、水（击打一下）、火（击打一下）、土（击打一下）。

图 2-10　击打手（一）

　　推出去推进来：如图 2-11 所示练习：从 1—10，其中奇数有 1、3、5、7、9，偶数有 2、4、6、8、10。

图 2-11　击打手（二）

　　10 及 10 以上的数怎么办？很简单啊，右手大拇指捏起来击打，就代表 11、12、13、14……20；右手两个手指（大拇指＋食指）捏起来推，代表 21 至 30，以此类推，最多可列到 59。作为培训师，你知道一下就可以了。

B. 阶段类

表述阶段的手势（见图2-12）——3条线：第1条，左侧线，第2条，正中线，第3条，右侧线。

（a） （b） （c）

图2-12 表示阶段的手势（一）

照图2-13所示练习：CG银行经历了四个阶段，创业期[见图2-13（a）]，快速扩张期[见图2-13（b）]，全国运作期[见图2-13（c）]，资本上市期[见图2-13（d）]。

阶段类手势，往往在1—4，不超过5阶段，手掌形如切菜，这种手势，在公司介绍和接待贵宾会用到比较多的。

（a） （b） （c） （d）

图2-13 表示阶段的手势（二）

图 2-14　做手势宜掌心向上

C. 欢迎类

做手势时，一般掌心都是向上的（见图 2-14），忌用手指指人，特别是请人上台或回答问题时，尤其要注意。

那么掌心向下的手势有没有呢？也有。比如你出场了，掌声雷动，大得不得了，你这个时候，请大家安静，如果你对大家说：不要鼓掌了！不要鼓掌了！没有效果。这时候你就充分发挥肢体语言，做如图 2-15 所示，掌心向下的手势，会场会很快安静下来。

还有一个种用到掌心向下的情况，如图 2-16 所示，配合动作练习说：让我们排除万难！

相当地有气势。但是一般的时候，掌心向下会给学员带来一定的压力，所有一般不用，特殊情况可以恰当的用。

另外有一种特殊手势叫贴近看远。当有些学员在说小话的时候，你就可以用了，比如 A 组学员在说小话，你做如图 2-17 所示的动作，掌心向下朝向 A 组学员，不动声色，脸朝向别的小组继续上课。A 组就知道了，老师已经关注他们。但是另一桌的人就不明白。既留给 A 组学员颜面，又控制了课堂纪律。这个就叫贴近看远。

图 2-15　示意安静

图 2-16　表示决心

图 2-17　贴近看远

　　还有不少手势，以上是比较常用的。大家平常多多练习、授课时恰当运用。手势统统有一个原则：以肩带肘，要大动作，忌小动作。

　　什么是大动作？由肩关节带动的。

　　什么是小动作？由肘部、腕部带动的。

　　好，休息 10 分钟回来。

　　（他们做了个课间休息的手势，喊了一声 o-xi，有点像胡小云当年大学里练跆拳道的一句口号，大家开开心心课间休息去了。

　　胡小云整理着课程，这些内容对他冲击很大。原来授课是有技术和讲究的。以前没有专门学习，难怪上课会睡倒一大片。同时，他似乎有点信心满满——现在学习还来得及，我会越来越棒的。）

第三节

语音语气语调

语音语气语调,38%除以7%(见图2-1),几倍? 5倍以上的作用。

一、语气语调练习

其微妙之处可以通过以下练习感受到。

练习1:(职场版)

请说以下句子: 有时间吗? 我想和你谈谈。

角色1: 上司对下属说;

角色2: 平级的同事说;

角色3: 下属对上司说;

体会其中的语气差别。

练习2:(家庭版)

假如你有一个8岁的儿子,回到家作业没有做,对你说: 爸爸,我去玩好不好?

用两种语气表达:

(1)(心情好,没原则地宠爱)——你去呀!

(2)(心情糟糕,严父的形象)——你去呀!

练习3:(网络Q版)

请用正确的方式读出一下句子:

(1)冬天: 能穿多少穿多少; 夏天: 能穿多少穿多少。

(2)单身的来由: 原来是喜欢一个人,现在是喜欢一个人。

(3)女友致电男友: 我到徐家汇了,你快往地铁站走。如果你到了,我还没到,你就等着吧。如果我到了,你还没到,你就等着吧!

（胡小云和吴崇明他们一会儿捏着嗓子扮女友，一会儿黑着面孔装严父，练得不亦乐乎。）

一样的文字，截然不同的意思。培训师要善于利用语音语气语调的微妙又奇妙之处，为授课增彩。

（大家频频点头。）

二、音量控制

音量控制（见表2-1）可以始终吸引学员的注意力，帮助学员加深理解，帮助记忆。

表 2-1　发声音量控制对照表

音量级	声音感觉	效　果
9—10	声嘶力竭	强求听众接受观点
7—8	洪亮	权威、生动有趣
5—6	清晰	平静，时间长乏味
3—4	弱	缺乏可信性
1—2	听不见	胆怯、混乱

声音如何高低控制，口诀：高八低三。

（1）音高：保持自然音高，使所有学员都能听清你讲话并保持注意力；避免因失控而过高或因控制过度而过低；一直高亢会让学员烦躁，自己讲课累；一直音低会起到催眠效果。

（2）在3—8之间进行抑扬变化：要强调时，需提高音量和提升音高；少数情况下，压低音量和降低音高也会起到相同作用。

（3）呼吸：深，有节奏；呼吸时，身体放松，腹部肌肉微微紧张；平时可以练习胸腹联合式呼吸，以及增大肺活量的运动。

三、声音中加入情感

这里我们强调"景、情、演、气、声"的综合运用，如表2-2所示。

景——首先，你看到一幅场景；

情——然后,你的情绪,情感被调动出来;

演——接着,你开始组织语言,要将你的所思所想表达出来;

气——于是,调动气息,为发出声音做准备;

声——最后,传出了你的声音。

表 2-2　景、情、演、气、声地综合运用

感情色彩	声音形式	发声技巧	练习例句
爱	气徐声柔	口腔宽松,气息深长	我爱你
憎	气足声硬	口腔紧窄,气息猛塞	我恨你
悲	气沉声缓	口腔如负重,气息如尽竭	我真的很心痛
喜	气满声高	口腔似千里轻舟,气息似不绝清流	真的吗? 那太好了
惧	气提声凝	口腔像冰封,气息像倒流	不要,不要过来
欲	气多声放	口腔积极敞开,气息力求畅达	哇,真是太美味了
急	气短声促	口腔似弓箭,飞剑流星: 气息如穿梭	快,快走
冷	气少声平	口腔松软,气息微弱	你还来干什么
怒	气粗声重	口腔如鼓,气息如椽	滚! 你这个混蛋
疑	气细声黏	口腔欲松还紧,气息欲连还断	他真的这样说

我们来朗诵以下的诗歌:

语言是窗户

听了你的话,我仿佛受了审判,

无比委屈,又无从分辨,

在离开前,我想问,

那真的是你的意思吗?

在自我辩护前,

在带着痛苦或恐惧质问前,

在我用言语筑起心灵之墙前，
告诉我，我听明白了吗？

语言是窗户，或者是墙，
它们审判我们，或者让我们自由。
在我说与听的时候，
请让爱的光芒照耀我。

我心里有话要说，
那些话对我如此重要，
如果言语无法传达我的心声，
请你帮我获得自由好吗？

如果你以为我想羞辱你，
如果你认定我不在乎你，
请透过我的言语，
倾听我们共有的情感。

——鲁思·贝本梅尔（Ruth Bebermeyer）

第四节

语言魅力

沟通魅力最后一项——语言沟通魅力（见图2-18），就拿这7%来说，95%以上的培训师都没有用好。

请拿笔记录，培训师第一大禁忌，语言零碎。语言零碎往往分在三个方面：

第一，很多老师会加上"嗯、啊"这样的一些碎语，会把整个课堂的气氛和感觉降下来。

第二，加了很多无关紧要的词，我们、你们、他们、这里、那个、这个。

第三，词不达意，一句话翻来覆去地说。

我给大家来反面示范一下，让大家有所感觉。

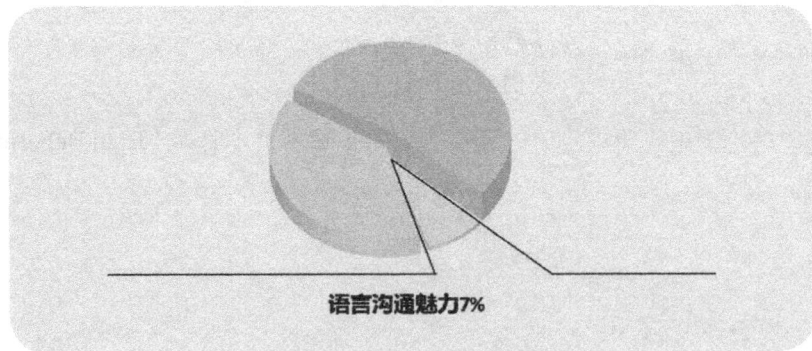

语言沟通魅力7%

图2-18　语言沟通魅力率

语言零碎示范

呃——很高兴，来上CG银行的TTT课程，哦——大家知道，大家都是有非常丰富的经验，而且有从四川来的，有天津和各个地方来的，呃——都是高手。我们这三天在一起，嗯—— 一定可以学到很多不错的一些东西。而且在座各位都是我的老师,呃——大家上完课之后我也向大家更多来学习和进一步的提升,谢谢大家。

(胡小云看见吴崇明和高谊做了个鬼脸,不觉也笑了笑。确实之前接触过的很多发言者都是这么说的。)

有没有感觉? 啰嗦不啰嗦? 零碎! 嗯、啊,绕来绕去有没有说到实质和正题,感觉上好像说了很多话,实际上全是废话。

还有很关键的一点,也是很少有培训师注意到的一点,很多的培训师都是在做句式表达,而不是词组表达。我们很多把书面上的语言,用在我们日常的说话和讲课中,这是一个最大的问题。

例如: 平时是如何说话的,给大家示范一下: 陈正刚是一个认真负责的好员工。这就是句式表达。主语、谓语、宾语,很完整的一个句子,14 个字。但这样一来就会有一个问题,你就很难抑扬顿挫。

词组表达是怎么样? ——陈正刚认真负责,好员工!

有没有发现? 10 个字,陈正刚认真负责,好员工,不是句式是词组,但是表达的意思是一样? 并且让大家印象很深刻。在实际授课时,并不需要那么多句式表达,词组表达要比句式表达更加有感染力、更简洁。适当少用句式表达,多用一些词组表达,语言就会精炼、果断,想柔情的时候柔得下来,要高亢时也高得上去。——这点专指授课时,其他很多地方,特别是一些需要书面表达的地方还是需要句式表达的。

(这种说法,胡小云之前根本没有听说过,他自认为一直都在很“准确”地授课,但确实气氛很平淡。原来有一些小技巧是可以解决这些问题的。胡小云竖着耳朵听。)

怎么做到词组表达呢? 方法是三五成群,断词不断句。三五成群指每次说话是以三个字、四个字或者五个字的词组的方式来进行表达。

断词不断句,是指在你要强调重点的地方断一断、强调一下,强调的力道用在词组而不是整个句子,所以叫断词不断句。

三五成群,断词不断句,让你语言简练果断、精炼,是很简单的一个小方法。大家要学会词组表达,这样,你表达的功力一下子就会上一个台阶。

中华文化源远流长,语言非常丰富,我的老师刘子熙认为: 中华文化精髓在

3、4、5、7。也就是语言中经常用 3 个字、4 个字、5 个字、7 个字。仔细琢磨一下也是：

3 个字——我们学过《三字经》《弟子规》；

4 个字——唐朝翻译的佛经很多都是四个字，例如《地藏菩萨本愿经》；

5 个字——例如五言绝句，因小见大，以少总多，短章中见丰富；

7 个字——例如七言绝句，意境高，文辞雅，寓意深。

词组表达三五成群，和"3，4，5，7"异曲同工，好处：

（1）简练、省时。

（2）容易强调重点，学员印象深刻。

（3）语言有韵律感，理性感性兼备。

培训师在课堂上做到：平常话，身边事，听得懂，做得到！

春秋战国时期，纵横家非常有名，他们的三寸不烂之舌，胜过百万雄师，他们的语言特点：

脑：历史典故和当今形势和资讯；

心：揣摩＋攻心，高屋建瓴；

空：纵横捭阖，借力使力。

这些在我的另一门课程《至尊语言》三天工作坊中会重点强调。

（胡小云暗想，《至尊语言》，有点意思！）

纵横家的语言艺术影响古今中外，一个民族的复兴必然伴随语言解放。

大家知道美钞 100 纸币（见图 2-19），印着谁的头像？富兰克林！他不是美国总统，为何被印在钞票上？我也疑惑。

查了百度：本杰明·富兰克林代表了美国精神，因为他参加起草了《独立宣言》和美国宪法，积极主张废除奴隶制度，深受美国人民的崇敬。他是 18 世纪美国的实业家、科学家、社会活动

图 2-19　100 元美元纸币

家、思想家、文学家和外交家。他是美国历史上第一位享有国际声誉的科学家和发明家。

我在看《富兰克林自传》时找到了自己的答案，我惊讶地发现这个"万恶的资本主义国家"（大家笑）居然有这样自律精进的圣人。

我觉得他带给美利坚民族最大的财富不是他的政绩，他的发明，也不是他说服法国的外交，而是"语言天赋"。

书中说道，他是印刷工人出身，懂得语言宣传的真谛；

书中说道，他学习写作（掌握书面语言），创办报纸（报纸要发行，必须熟悉通路，这为他成为美国第一任邮政局长打下伏笔）；

书中说道，他持续参与教会弟兄组织的沙龙，练习口才；

书中说道，他发表了很多篇的关键文章，四处演讲。

我懂了，他是美国早期的纵横家鼻祖，最懂得运用"嘴和笔"的人！

目前我国迎来了民族复兴的大好时期，语言艺术会得到极大的弘扬和丰富，我们每一位培训师顺势学习，掌握语言的魅力，好不好？

（"好！"群情激动。）

风格转换练习（见图2-20）（肢体语言＋语音语气语调＋语言三合一练习）

30秒练习

① 有一件最坏的事情

② 这件事也会有好的一面

③ 用明星或卡通人物的口吻和手势

图2-20 风格转换练习

接下来我们有一个很好玩的练习，以小组为单位，讨论出你们小组里最不能接受的一样东西是什么，比如说你们小组认为没钱，比如说业务难做，比如说食品安全问题，比如说PM2.5等，比如欺骗、违约等都可以，给你们只有30秒的时间。

（半分钟过去了，淳子周老师走到第一组，询问。）

第一组你们讨论的是什么？雾霾。我拿第一小组举例。接下来我们每个伙伴不需要上台，就在你的位置上，对你们的小组人员说就可以了，以"有一件最坏的事情"开头，只有30秒的时间。

示范

有一件最坏的事情就是雾霾，你想一想，本来早晨起床之后，最想做的一件事情是打开窗户，呼吸一下新鲜的空气。现在你要打开的时候，你家的太太就说不能开。为啥？有雾霾！果然你一打开，刺鼻的味道就进来了，而且夹着粉尘，然后你赶紧就把窗户关掉了，呼吸就没有办法畅快进行了，人在屋子里闷得不得了。一走出去的话，过了一会白衬衫脏了，皮鞋脏了。出去一天之后，出去是白领，回来就变建筑工。唉，最坏的事情就是雾霾。

（淳子周老师做出一副愁眉苦脸的样子说着。）

顺时针方向的第二个伙伴站起来之后，要和前面一个人的风格截然不一样。

示范

最坏的事情就是雾霾，现在有一个说法PM2.5，你听说过吗？PM2.5你听说过吗？就是说那个粉尘很小很小，直径2.5微米，它吸入到你的肺里面的话，你还很难把它吐出来。有人说吃猪血可以把肺里的脏东西吐出来，这个东西吃再多的猪血也没有用。所以PM2.5，会让你的受到很大的影响，而且整个天空灰蒙蒙的，这种雾霾真不好过。

（淳子周老师又做出八卦风格的科普达人模样。）

第三个人又要和前面人的风格截然不同……

各位，这个在锻炼什么，第一，三合一训练，把我们前面所教的肢体动作、语音语气语调和手势充分用起来。第二，练习风格转换，当一个培训师在讲台上只有一种风格的时候，你的学员很容易疲劳。假如像王中泽这样非常温和的老师站在台上，亲和力十足，突然之间针对一件事情来一段慷慨激昂的论述，人家对他刮目相看：这个老师，讲课的张力非常大。

（王中泽脸蛋红扑扑的。）

所以伙伴们，这种练习可以变换你们的风格。

第三，我们来学习，除了向老师学习之外，更关键的是我们彼此之间的学习。每一个学员都是坐着的老师，我们要向我们的同学来进行学习。比如我们的施海在讲一个故事的时候，说得温情脉脉，让我们整个小组人都落泪了，他是怎么做到了？其他伙伴可以向他学习一些精华和精髓。

（大家都看看施海，仿佛他真的做到了。）

每个人都有 30 秒，我给大家报时间，时间到了，不管你讲到什么程度赶紧坐下，下一个人马上站起来开始讲，就是这样"此起彼伏"，你不起他就不伏。我左手边的第一个伙伴向我举手确认，第二位确认，第三位举手确认，我们以热烈的掌声，欢迎我们的第三位伙伴第一个站起来，闪亮登场，30 秒计时开始。

（大家迅速行动。胡小云本想使用科技人似的口吻谈论食品安全，但被前面的人抢了先，只好改用自己最不擅长的无厘头风格出演，没想到论述得像模像样的。）

是不是可以很轻松地完成？是不是会发现，你有很多不同的风格可以尝试。很棒！

第二轮的练习

我示范一下。一开始第一句话说：这个事情也会有好的一面。你想一想，只有当空气免费的资源开始没法免费了，当窗户不敢开的时候，大家才会感受到以前的蓝天白云多好。出现雾霾天气的时候，我们以往抱怨说，环境污染都是开汽车的人都是干的，现在也要反思一下，我们自己有没有一定的责任。比如说我们自己吃饭的时候，有没有剩饭剩菜？我们自己有没有好好的关灯节约用电？这些小的细节，其实都跟环境污染有关系。比如说我们节水省电，煤炭消耗是不是会变少？所以说我们自己平时做的一点一滴其实都跟环境污染有关系。因此外面的大环境改不了，我们自己要开始着手改变自己，一点一点地成为环保人，当我们整个社会关注环保之后，当然空气就慢慢好了。像欧洲也有一个由乱到治的过程，他们现在的蓝天白云也不是原来就有的，而是长期演变过来的。所以伙伴们，我们意识到这一点之后，就意识到环保从谁做起？从我们自己做起！不浪费水、电、煤气，一点点地开始做起来。

大家有没有发现，这个练习在干啥？让我们看到事情坏的一面，也要看到好的一面，老外讲的辩证法，一分为二，黑、白；我们中国人，是一分为三，黑、白、整体，就是我们中国人的太极思维。

接下来，30 秒练习。欢迎我们小组里面第一位培训师，计时开始。

（从讨厌的事中说出"好的一面"难度很大，但大伙儿都轻易做到了。）

第三轮的练习

亲爱的伙伴们，给我们自己一个热烈的掌声！最后一轮最有意思了。要以明星人物，或者是卡通人物的方式来讲，并且不能重复。第一个是大师兄，第二个就不能是大师兄孙悟空，可以是二师兄，或者是樱桃小丸子，或者是奥特曼，等等。第一个登台的人有好处，他用过的角色，其他的人就不能再用了。

有三点要求。第一，一开始直接入戏，不用介绍说你是哪个角色，直接表演出来，这是第一点；第二，结合你们小组的题目，切忌为表演而表演，一定要言之有物，不能偏题，跑题。第三点，时间仍旧是 30 秒。

看看我们小组的人，谁最有表演天赋，当我喊三二一就是他，他就是我们小组第一个表演的人。顺时针方向轮转。欢迎我们小组里面最有表演天赋的人，30 秒计时开始。

（教室里灰太狼、小红帽什么的，粉墨登场。）

时间到，给我们自己掌声鼓励一下。刚才我们进行了三次练习，很自然地就把我们的语音语气语调，肢体语言，还有我们语言的组织能力都用出来了。朋友们，成功一定有方法，方法一定要比困难要多。我们发现，每一次练习下来之后，各位都会笑容满面，肢体动作更自如。请大家伸出右手大拇指，刚才哪一位让你印象最深。三、二、一，就是他，上去领小礼品。老规矩，伙伴们，CG银行杯世界华人艺术家全球巡演现在开始，热烈掌声欢迎。我们将会欣赏到全世界优秀的5位艺术家的表演。欢迎第一位表演艺术家王思。

（王思立刻变成了一只猴子："今天天气真好，今天终于没有雾霾，我这作业也做完了，经也念完了，我跟师父申请去逛街吧。师父，你看今天天气那么好，买点袈裟，买点衣服吧，你看我经也念完了，功课也做完了，让八戒继续做，我们去逛街，好嘛好嘛。"

"小丸子"、"沙僧"、"蜡笔小新"等依次表演，个个活灵活现，妙趣横生。）

强化练习

今天的课程结束之前，最后一个AB角练习，A伙伴先开始，三轮之后换B伙伴：

第一轮：用4分钟时间自由表达一件近期自己在意的事情。

（第一轮胡小云说得眉飞色舞，张牙舞爪，把之前的手势等内容都融了进去，4分钟后还意犹未尽。）

第二轮：4分钟，仍是上轮的事，只能用嘴，不能借助肢体语言。

（胡小云第二轮就苦不堪言了，由于只能用嘴，音调变得单调，头脑还经常短路，说得断断续续的，时间好漫长。他终于明白为何是4分钟，如果是2分钟，容易过关，三分钟煎熬也能挺过去，4分钟就不好过了，常忘词，难堪的沉默，不能不让同伴等待。他好怀念上一轮运用手势的畅快和文思泉涌。）

第三轮：4分钟，换形式，不能说话，由心通过身体来表达。要求：动作要慢，由心而发，不仅仅是哑剧表演。

（第三轮要求闭口，胡小云反倒是静下心来，开始用手势和肢体语言来表达，他发现动作和情绪情感有一些脱节，如同放视频，画面和声音不同步，别扭，他努力着，适应着，猛然间发现如果关注内心，肢体就容易与心同步。）

（练习结束，淳子周老师开放3分钟让两人小组分享体会，这下子教室如同煮粥，人声鼎沸！教室静下来后，淳子周老师开始点评。）

（1）脑心合一：伙伴们，三轮下来后，大家是不是已经充分感受到肢体语言的宝贵，它可以帮助我们脑心合一，整理思路，把握节奏。尤其在第二轮，没有肢体言语，我们的大脑经常卡壳，对吧？

（2）知行合一：我们今天教了很多内容，淳鱼结构，55—38—7（肢体—语音语调—词组表达）等，我们感受到它们的魅力，学得好不如用得好，要用，大胆地用，刚开始可能是模仿老师，有些生涩，继续练习，潜移默化，就内化成你自己的技能了！

（3）身心合一：所有的授课，都是由心而发，由内而外，辅佐以合适的肢体语言，配合语音语调，加上语言的组织，特定句式的运用，提高授课效果和表达魅力。每一个魅力培训师都是从菜鸟开始，由常态进化到职态，由刻意到随意（见图2-21），举手投足，风采自成！

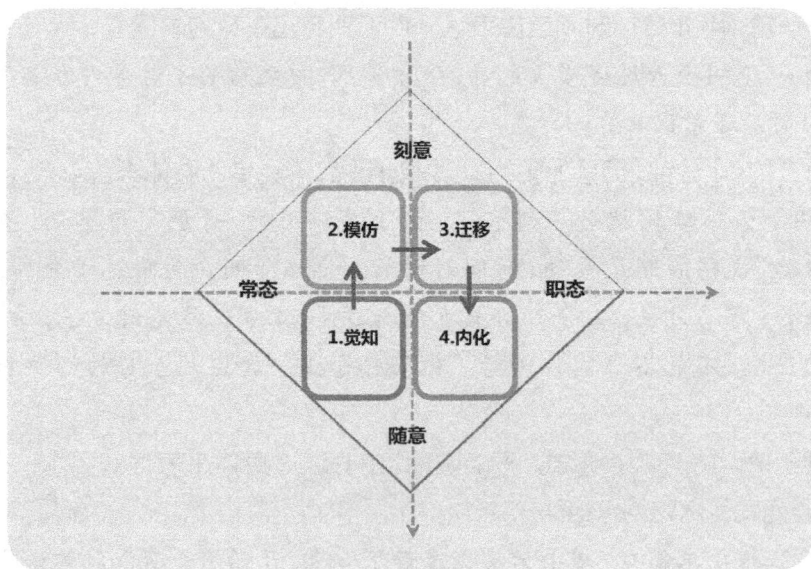

图2-21　常态→职态

今天和大家相处得非常愉快，从大家的身上我看到每个人真的是非常用心地投入这堂课程，都希望成为我们公司优秀的培训师，给自己热烈的掌声以鼓励。我们明天见。

第五节

学以致用，由心而发

　　大伙儿热热闹闹去吃饭。胡小云收拾着桌子上自己的物品，一回头看见夕阳，黄浦江对岸的外滩，建筑在夕阳里成了一片剪影，华灯初上既繁华又柔软。胡小云之前学习状态中的热情，此时沉淀下来，心中又泛起星星作痛的感受，他思念小星。

　　胡小云掏出手机想给小星发消息，突然想起淳子周老师教的"非语言魅力"，短信只是文字而已，于是想直接打电话给小星，又想起"肢体语言魅力"的比重。"我是伟岸的男子，与其满怀疑惑地思念她，不如直接去找她！出现在她面前才最有影响力！"

　　胡小云计算着时间：现在傍晚五点十分左右，交通不算特别拥堵，晚上七点开始上课，是史芳岳老师带领的练习课；晚餐休息不到两个小时，晚饭不在这里吃，还来得及……

　　胡小云收好手机，直接快步走到马路上拦了一辆出租车："去祥银医院！"

　　第一时间想发短信，那是以前的习惯。也是因为害怕被拒绝，想躲在后面。是男人就行动吧，小星是个好姑娘，她好看、善良、聪明、勤奋上进……关键是胡小云依稀觉得小星是嵌在自己生命中的女子。是的，什么样的千言万语都比不上自己真切地出现在她面前。胡小云明白为什么小星想"放弃"自己了。之前自己都在自己的"圈"里，舍不得走出一步，走到她的"圈"里，舍不得改变自己舒适的习惯，就好像以前绝不会像今天这样在课堂上"张牙舞爪"地投入练习。

　　在工作上何尝不是？觉得现有的状态不错了，该做的都做了，却没有想过怎样做得更好、能不能发展新的技能和能力……没有强烈的不断前行精进的愿望，无论是工作还是生活。直到在马桶上被人骂"烂课"、直到被女友"甩了"，才如梦方醒。"没有热血地爱过、追求过，把小星的存在、工作的现状都当做理所应当。我这是怎么啦？"胡小云坐在出租车上，探索着自己的心，发现自己很少去关注自己的内心世界，很少真正研究过自己。不管怎样有一点可以确定，胡小云的心，要求胡小云把小星寻回，不分离。

凑巧的是，这天魔都的交通异常顺畅，这种时间段居然二十多分钟就来到了祥银医院附近。付好款下车，胡小云突然停下来，他在路边花店买了一束玫瑰。以前，他总是觉得送花是上个世纪傻男生追女孩的老土方法，一直都不曾送花给小星。现在，他知道，玫瑰是他"非语言魅力"的延伸，总比没有要好。

他向实习生宿舍走去，偏偏正好遇到晚下班的黎小星。小星还是那样一脸疲惫，看见他，很惊讶，同时似乎脸上露出一丝暖色："你怎么到这里来了？不上班吗？"

"累不累？我来看你了。"胡小云微笑地看着她，递给她玫瑰花，接过她手中的杂物，他的声音低沉、柔和、温暖。其他女生路过，嘻嘻笑着走开了。小星捧着玫瑰，有一点羞涩，有一点惊讶。

"我这几天在参加一个培训，课不错，老师和同学都很好。晚上还要上课，我是晚餐休息时间跑过来的，没吃饭，马上还得回去。你不是四点半就下班吗？怎么这么晚才回宿舍？吃饭了没有？我带你到外面吃。"胡小云说。

"白天事情很多，到现在才出科室。我不能跟你出去，我的时间也很紧，晚上还要回科室，只有半个小时的时间了。算你运气好，我正好有两份盒饭，一位医生还在处理病人，晚饭吃不了，多出来一份饭给我，正好给你。"

"喔。那我吃了，那位医生怎么办呢？"

"这种情况经常出现，等处理好病人，叫外卖或者胡乱吃一点饼干就好。"小星黯然说着。胡小云在想，小星会不会也常这样呢，他有些心疼。

两个人找了个地方吃起盒饭来。吃完饭，小星也要回科室了。不到半小时的见面，马上就要别离。胡小云从来没有这么依依不舍过。"肢体语言八倍的影响力！"旁边没人，他突然抱住小星，小星温顺地被他拥在怀里，两个人没有说话，他也感觉到她的依恋。之前的一切都如雾一样散开，只有真真切切的彼此，就在眼前，就在怀抱里，温暖又温柔。十几秒过去了，小星说："我得走了。"

"这三天在培训，我想投入地学习，后天结束后再来看你。"

"嗯，好的……"

　　小星收拾好物品,从柔弱的女子变回成干练的女医生,微笑着向胡小云摆摆手,走远了。

　　胡小云有些舍不得离开,但心中明亮又炽热,他很想让自己变得越来越好,越来越强,越来越优秀。他坚定地回到教室里。

　　教室里像小学课间的状态,大家热火朝天地讨论白天的课程。胡小云心中的石头落了地,畅快了很多,和吴崇明他们欢快地说着话。

　　晚上7点,助教老师史芳岳开始组织大家练习。胡小云相当投入。九点结束,胡小云坐地铁回去,手里还在比划着培训师手势的练习,好在魔都人民见多识广,地铁上的乘客并没有将他当做神经病。

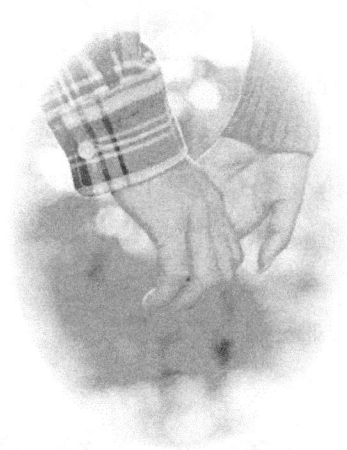

第六节

ZCZ分享法

（第二天早上大家"自来热"，没被组织就开始讨论、练习着。九点开课，淳子周老师准点登场，笑眯眯地望着大家。）

大家积极性这么高呀。那我就多教一点，给大家一个训练方法：ZCZ分享法。

大家以前有没有遇到过这种情况，那就是让你的学员在分享的时候，学员分享空洞无物，怎么也说不到点子上，或者你本人在分享的时候，也往往是说到几个知识点的名称就没有了，干巴巴的，没有血肉，没有内容？这种情况，在我们自己身上，其他学生身上，都是非常多。我们怎样使分享"有料"而且越分享让别人收获更多？

分享是最好的学习。我们以往常说，你有一桶水，教给学生一杯水或者一碗水。那么我们能不能教给别人一碗水，一杯水，让别人收获一桶水？完全可以，那你用什么方法来进行呢？各位，我们可以借用ZCZ分享法。

一、操作模式

ZCZ分享法操作模式，如图2-22所示。

操作	三人小组，听接说传（人数在3—5之间为最佳）
模式	固定句式，金塔结构
效果	举一反三，触类旁通

图2-22　ZCZ分享法操作模式

操作要点

1. 三人小组，每组有A、B、C三个人。

2. 按照固定句式。

3. 思想核聚变。

二、固定句式

分享，遵循一定的方法和句式，其实我们很多人没有办法很好地去分享得有料，是因为他不懂得通过固定句式的方法来保证分享效果。很多时候形式对内容有产生影响。ZCZ分享法（见图2-23）主要有2种分享句式。

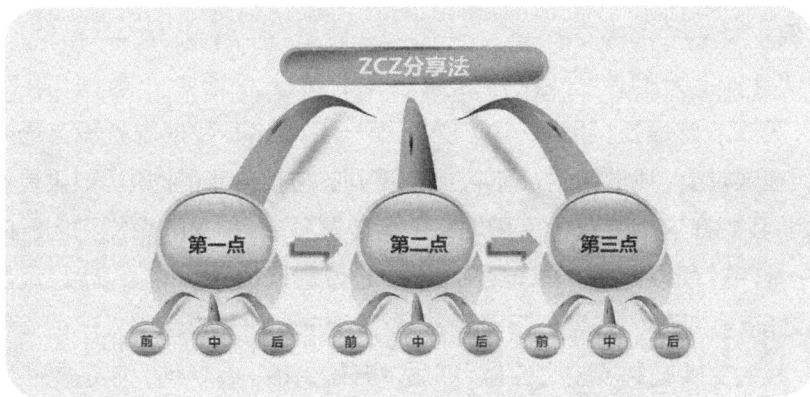

图2-23　ZCZ分享法

A. 分享句式

（1）开门见山："关于今天的课程，我有三点感悟，第一……，第二……，第三……"；

（2）"关于第一点，我之前认为……，今天我学到……，以后我会这样做……"；

（3）结尾再次总结强调："这就是我分享的三点，第一……，第二……，第三……"。

注意事项：

（1）谈感悟，非知识。分享句式中"今天的课程，我有三点感悟、感触……"请注意是"感悟、感触",而不是知识要点。

如果说知识要点的话,你就会发现,是干巴巴的东西,很容易遗忘;当他说感悟感触的话,是一个鲜活的、收获很大的内容,融合了情感和认知,并且知识要点已经得到整理和归纳。

小组内分享时,他还说之前的认识,课堂上的领悟,课后的实践,整个来龙去脉非常清晰,听众也很受感染和启发,因为:分享者真诚用心,语言精心组织,他的感悟感受,这一生都永远记着;聆听者能够感受到他"生命的感动和学习的成长"!

记住,一开始说的时候,说"我有三点感悟、感触"。每一点都必须用关键词,不是句子,便于同组伙伴记忆。

示例

A伙伴:今天的课程,我有三点感悟。第一点场中心意识,第二个互动……,第三点感悟是,手势……。关于第一点,之前,我根本就没有场中心意识,今天在课堂上,我学习到,确实,站在不同的位置分享的时候,效果是不一样的,比如,我站在这个位置分享和站在那个位置分享,给人的感觉和自己的感受都是不一样的,所以我想,确确实实,场中心位置是很重要的。以后,凡是只要我发言之前,我都要先注意一下哪里是场中心位置,于是,当别人把话筒给到我的时候,我会立即站到场中心位置,然后才开始讲话。B伙伴,你觉得呢?

解析

有没有发现,当A伙伴加上"之前,之中和之后"这样的句式时候,他的整个脉络是清晰可见的。某种意义上他是在说自己的心路历程,是在说自己的一个成长故事,他在感悟他的点点滴滴,能够看得见,听得见,感触得到,于是,就觉得他分享有血有肉。

(2)要落地防逃兵:很多伙伴在练习时,使用每一个要点的"之前,之中和之后"这样的句式时,有一个薄弱点很明显,那就是"前+中"容易表达,"之后"的实践和落地有点难,往往用一句:"以后我会好好注意,实践掌握它"来敷衍。

不要!千万不要,这才恰恰是学习的关键,出成果的时候,如同春天种下水稻,夏天看护,秋天要收割了,主人却跑路了。

　　培训师(或者同组伙伴)发现他试图蒙混过关,立即追问:xxx,关于这个要点,你具体会怎么落实呢? 迫使他深入思考(思维进步)并促成未来的行动方案(行为迁善)。

　　(3)结尾的再次总结非常重要,形成"总—分—总"结构,一气呵成,思路清晰,令人印象深刻!

B. 衔接句式: 遵守听—接—说—传

　　人与人沟通交流的时候,四个要素很重要: 听话,接话,说话,传话,如图2-24所示。

　　听——A伙伴在分享的时候,B伙伴认真聆听。

　　接——轮到B伙伴发言时,先接话:"听到A伙伴的分享之后,我有新的感悟"。因为B伙伴的分享跟A伙伴有关,A伙伴会竖着耳朵听。

　　说——"我的感悟有三点,第一点……,第二点……,第三点……"

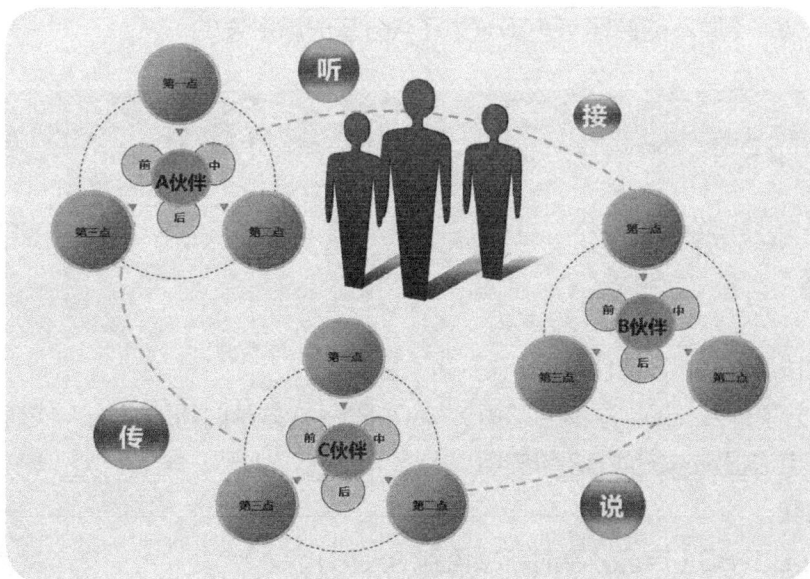

图 2-24　衔接句式

　　传——"C伙伴，你觉得呢？"一下子就把话传出去了，形成很好的分享秩序和氛围。

　　这样学习分享圈顺畅形成了。实际操作时，我们发现学员的思维完全打开，有很多精彩的即兴发挥。在准备阶段时，学员好像感觉只有两点，很难分享全三点。但是真正轮到他说的时候，很容易。当你说完第一条的时候，你的大脑里面立刻第二条就出来了，当你说第二条的时候，第三条其实已经在酝酿了。这就是思维的潜力，别小看我们自身的脑细胞。

　　脑力须激荡，智慧可传承！Oh，yes！

三、效果如何？

　　生命的感动和学习的分享，内外结合，智慧的火花一旦点燃，必成燎原之势！

　　阶段一：A伙伴首先分享。

　　收获：

　　A：A0（原本的感悟）+A1（自己分享时新感悟到的火花）；

　　B：B0（原本的感悟）+A0+B1（A分享时新触发的）；

　　C：C0（原本的感悟）+A0+C1（A分享时新触发的）。

学　员	收　　　获
A	A0+A1
B	B0+ A0+B1
C	C0+ A0+C1

　　阶段二：轮到B伙伴分享。

　　B分享什么：B0（原本的感悟）+A0+B1（A分享时新触发的），快速吸收，并用三点法提炼浓缩成B2新三点。

　　收获：

　　B：B2+B3（自己分享时新感悟到的火花）；

　　C：C0（最初的感悟）+A0+C1（A分享时新触发的）+B2+C2（B分享

时新触发的）；

A: A0+A1+B2+A2（B分享时新触发的）。

学 员	收 获
A	A1+B2（包含B0+A0+B1）+A2
B	B2（包含B0+A0+B1）+B3
C	C0+C1+B2（包含B0+A0+B1）+C2

阶段三：轮到C伙伴分享。

C分享什么：C0（最初的感悟）+A0+C1（A分享时新触发的）+B2+C2（B分享时新触发的），快速吸收，并用三点法提炼浓缩成C3新三点。

收获：

C: C3+ C4（自己分享时新感悟到的火花）；

A：A0+A1+ B2+A2（B分享时新触发的）+C3+A3（C分享时新触发的）；

B：B2+B3（自己分享时新感悟到的火花）+C3+B4（C分享时新触发的）。

学 员	收 获
A	A1+A2 + C3［包含C0+C1 +B2（B0+ A0+B1）+ C2］+A3
B	B3+ C3［包含C0+C1 +B2（B0+ A0+B1）+ C2］+B4
C	C3［包含C0+C1 +B2（B0+ A0+B1）+ C2］+ C4

阶段四：如果时间足够，继续分享，轮到A伙伴再次分享。

A分享什么：融会"A0+A1+ B2+A2（B分享时新触发的）+ C3+A3（C分享时新触发的）"，把它贯通成A4。

哈哈，他们三人的收获成几何倍数增长，核聚变！

这就是为什么高手云集的"华山论剑"，能够成为超级人才"八卦炉"！

总之，分享是最好的学习，越分享收获越多，而且形成一个相互促进，触类旁通，举一反三的螺旋式上升圈，所有人受益匪浅，这就是ZCZ分享模式，思想有多远，我们就能走多远！

ZCZ分享法的技巧用得好，对学员、对课程都是很好的促进。

现在大家用ZCZ分享法的形式分享一下昨天的收获。每组三人，我会报时，每组一共六分钟，单个人平均两分钟左右。

（胡小云、吴崇明、高谊一组，胡小云主动要求第一个说。吴崇明很是奇怪："你从昨天晚上开始就像变了个人似的，发生什么事情了？"高谊摸了摸干净的下巴上假设它存在的那束胡子，眯着修长的眼睛盯着胡小云说："嗯，确实兴奋得像个新郎官。"胡小云只是笑笑："我们认真练习吧。"大家热烈地分享着，直到老师喊停。）

好，听下来，大家对于非语言魅力和语言魅力的学习，尤其是肢体语言和手势感触颇多。其实这些都是培训师的风范训练。培训师风范还包括其他内容，这也是我们接下来要学习的。

ZCZ分享法要点总结：
（1）固定句式。
（2）听接说传。
（3）思想核聚变。

培训师礼仪

着装

作为一个培训师为什么讲究服饰穿着？几乎所有的演员在出场的时候都会讲究行头。例如郭德纲出场的时候穿长袍马褂。培训师也会注意着装。他们为什么讲究这些行头呢？第一，是职业的要求，合适的着装会增加他们的自信，增加他的作为专业人员的感觉，会给人感觉他这个人非常有身价，有内涵，有学识等，匹配相应的标签。第二体现他们尊重听众、观众或他的学员。第三点，增加他们的角色感，使他们能够进入到这种角色的状态。

从心理学角度讲，每一个学员心中有一个完美培训师的形象。一般学员来参加培训的时候，会预设老师形象——这位老师应该穿什么衣服、大概多大年纪、什么样的气质等。

如今天，淳子周：西装，领带，衬衫，符合学员价值观中完美老师形象，于是安心听课。

如果我是大红的长发、夸张的T恤、人字拖鞋，学员肯定往后面躲，给课程带来很大障碍。

怎么穿？有一个简单的法则，你的穿着比学员正式一级就可以了。学员穿休闲装你穿商务便装；学员穿商务便装，你就要穿商务正装（见图2-25）。

培训师锦囊：黄金法则

一级：商务正装 business formal；

二级：商务便装 business casual；

三级：休闲装 casual；

【结论】比学员服饰正式一级即可。

为什么银行系统的人特别讲究衣着，一般穿着都是正装，色调都是深色

一级：商务正装　　　二级：商务便装　　　三级：休闲装

图2-25　着装

的？因为别人把钱交给银行，银行的工作人员就要给人一种沉稳、可信任的感觉。这是因为职业的要求。你也会发现，马云、马化腾等IT精英在出席IT的一些论坛时，会穿西装但是不会打领带，他们这就是商业便装，是因为台底下的人很多都是IT人才，很多都是穿牛仔裤，穿T恤装，所以演讲者是可以穿商业便装的。但是如果台下听众全部都是穿西装打领带的话，那么他们也会穿西装打领带。

作为培训师，一般穿着商务正装最为适宜，因为适用场合比较广泛。特殊题材的培训师，例如国学、养生等，可以穿唐装、中山装等。职态着装法，如图2-26所示。

站姿三规范

站姿怎么站？三规范：① 脚尖并拢；② 掌心朝上；③ 面带微笑。

职态着装法

原则：不怪异、不轻佻、不拘泥

四职态：
① 穿衣和学员一体
② 穿衣和环境一体
③ 穿衣和内容一体
④ 穿衣和自己一体

图2-26　职态着装法

1. 脚尖并拢

双脚呈立正的姿势，双脚尖并拢的姿势（见图2-27），移动比较方便，而且比较舒服。为什么是脚尖并拢呢？有的TTT课堂要求没有这么严，只是说双脚与肩同宽即可。我自己的体会，有三点好处：① 移动方便；② 既警觉又放松；③ 身材挺拔，气质不凡！

图 2-27　站姿

培训师在台上的每一个动作，都是为了提升授课效果的。

为什么很多老师，个子不是很高，但是站在讲台上，给人感觉个子还蛮高的，为什么？因为他站得非常挺拔。站的时候，挺胸收腹、提臀、双腿收紧之后，给人感觉身材挺拔、气质不错。

2. 掌心朝上

那么双手怎么放呢？

双手端着，掌心向上，基本上就对了。如果一个培训师授课的时候，他的手常常在皮带以下活动，你会发现这个老师气势低下、格调不高。因此，手势在皮带以上，这是一个基本的法则。

3. 面带微笑

一些人不会微笑，说好听一点那就是道貌岸然，不苟言笑；也有人整天一幅苦瓜脸，见谁都好像欠他一样。经常板着脸的人，五千年沧桑全刻在脸上，潜意识里存在着一种社交恐惧症，自我防护特强。

微笑是课堂沟通的最好的钥匙。讲师的笑有很多种，哈哈大笑是豪放，嘿嘿轻笑是智慧，嘻嘻抿嘴而笑是自在；以下就要小心了，冷笑是敌视反对，假笑是虚伪，皮笑肉不笑是可耻，奸笑令人防范，疯笑令人恐怖。

而微笑适合所有的学员，是课堂上最美的笑容，也是最轻松的笑容。

下面，我告诉大家三个微笑的训练方法：

第一：面对着镜子，轻声说（也可以不出声），读E。

第二：面对着镜子，闭上您的眼睛，想象一幅愉悦画面，露出自然的微笑。

第三：右手大拇指和食指按住嘴角，45°往上推，让嘴角咧开微笑，连续9次。

之前提到培训师第三大禁忌是语言零碎，现在讲培训师第二条禁忌，垂手站立。培训师要尽量避免垂手，如图2-28所示。

如果一个培训师在讲课的时候，左手始终垂着的，另外一个手拿着话筒，给大家什么样的感觉？一则给人感觉像是在唱歌而不是讲课的。二则，大家会感觉到这个老师没有准备好，比较拘谨。最关键一点，当培训师的手始终是垂着的时候，你会发现，他的肢体的动作没法用起来，给自己缩小肢体伸展范围，影响力大打折扣。所以，培训师避免垂手。

图2-28　避免垂手

移动

培训师移动时避免突然之间走向一个学员，否则这个学员压力会很大的。一般培训师移动的方式是，走走、停停、看看、说说。有一个口诀，叫三步一停，步步为营，走的是之字步（见图2-29）。

这里又说到培训师第一大禁忌：背对学员。

为什么要避免背对学员？原因很简单，谁都不愿意被背对。在课堂上，哪些情况会让培训师有可能背对学员呢？常见有如下三种。

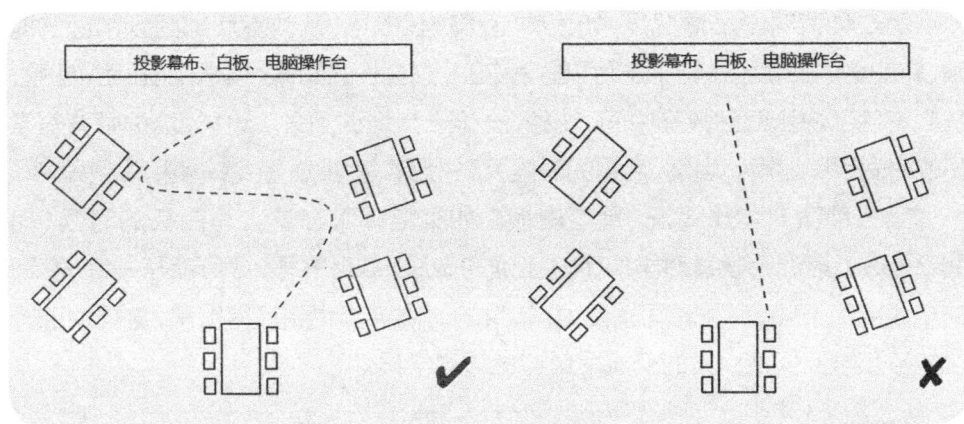

图 2-29　移动

第一种背对学员的情况如图 2-30 所示。当培训师在和姜正说话的时候，姜正这一桌人，对培训师很满意。邻近的小组，也是可以接受的。但是大家可以发现，广大的被背对的其他小组的学员会心里舒不舒服。这就叫背对学员。很多培训师不自觉地就犯这个问题。正确的做法是正面迎人，如图 2-31 所示。

图 2-30　避免背对学员

图 2-31　正面迎人

　　第二种背对学员情况是，如果教室比较长的话，从教室底部回到前面的时候，有的培训师就会这样子走（见图 2-32），这会长时间背对学员。正确做法是，从教室底部快步回到教室中间，转身，一步一步地退回去。这样，培训师背对学员的时间尽量缩短。当然，后退的时候，事先看清楚路线，避免摔倒和踩到异物。

　　第三种背对学员情况，是写白板。如果培训师在这么写白板的时候（见图 2-33），培训师就背对学员了。正确的做法，侧身书写，尽可能写关键词，写的东西精简一些，书写时间就会短，转身的时候脚步也要换得很快，这样培训师就能够和学员保持目光的交流尽量避免背对学员。

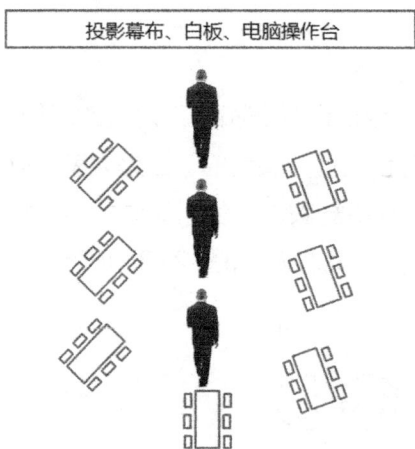

图 2-32　背对学员　　　　　　　　　　　图 2-33　写白板

工具

　　麦克风（也称话筒）是培训师重要的工具（见图 2-34）。看一个培训师拿话筒的姿势，就可以知道他有没有受过专业的培训。一般拿话筒怎么拿呢？

　　话筒的拿法从三个方面注意：话筒握持方式、话筒离嘴的距离、话筒和胸口的距离。

　　握持话筒时，拿话筒的中上部，食指、中指、无名指并拢，和大拇指一起握话筒中上部，小拇指稍稍微微地翘起来，这种方法最优雅。话筒头离嘴不远不近，话筒柄和身体约呈四十五度角，手臂和胸部略呈环抱式的弧形。

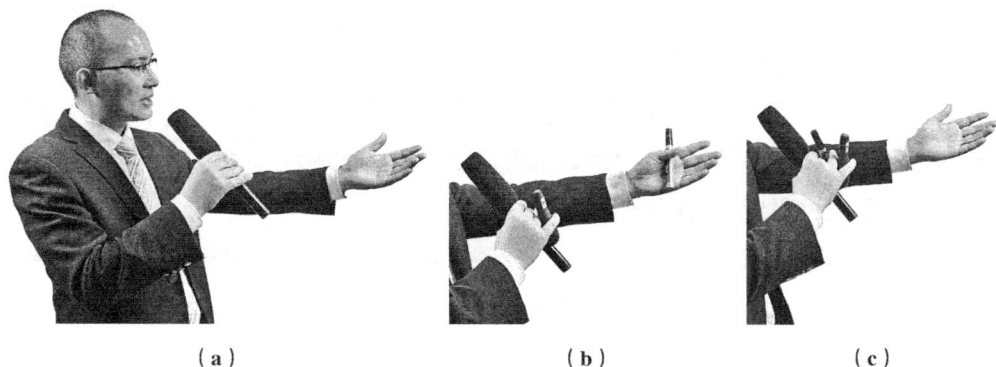

（a） （b） （c）

图 2-34 巧妙使用工具

解密：为何小拇指翘起？

除了手握话筒，培训师还要拿激光笔操作PPT，用白板笔书写，用道具示范。这样手就不够用了。怎么办？小指微翘就可以帮忙了，可以临时性地夹住激光笔，还可以同时夹住白板笔等。总之，小指翘起不是兰花指（大家笑），而是有实用功能的。

握话筒柄中上部，稳固又灵活。握得太高，调节动作会很僵硬。握得太低，不稳固容易掉。

有些人嘴离话筒太近，会有杂音。甚至有的培训师特意让话筒离嘴很近，这样听上去的话，声音好像很有磁性。同时大家可以发现，如果这样做，越精密的音响就越容易产生刺耳的啸叫声。学生不是很舒服。这样做，反而有可能会有相反的效应。所以这是大家应该去避免的。

而有的培训师话筒离嘴太远，特别是一些刚开始做培训，话筒使用得不熟练的培训师，常不自觉地讲着讲着，握话筒的手就渐渐放下，这样声音不被有效放大，一些学员有可能听不清。还有些嗓音条件不错、性格洋洋洒洒不喜欢受束缚的培训师，拿话筒时离嘴很远，甚至不使用，或者拿在手里仅作把玩。如果连续多天讲课，尤其是成了名之后，奔赴多城市多场合授课，还能不能吃得消吗？能满足授课效果吗？

如果话筒把培训师的脸挡住一大块，培训师的光辉形象就不能充分展现。

有的人拿话筒的手离心口很近。而心口是我们场能量很重要的一个位置，这样做的话,拿现在流行的话来说,是自己给自己添堵。手臂应该和胸口略呈圆弧形,保持一点距离,能量流动就畅通了。

拿话筒时,四十五度角,话筒的中上部,不远不近,自己说得轻松,对方听着又舒服。教了大家怎么做,大家知道怎么做,但真正做到,关键在于平常多练习,临场授课时逐步地去调整和去改善。

另外,话筒要时常换手,否则一直拿话筒的那只手,肢体语言受限。拿话筒那一边的学员容易感觉被忽视。

小练习:

平常可以站在镜子前,手握话筒(或话筒替代物),看一看你的姿势有什么需要改进的,不断改进姿势,每天练习一次或多次,直到形成习惯。

(胡小云还没有在集团公司层面讲过课或发过言,他想象着在更大的场合,拿着话筒授课,于是,也认真地演练着。吴崇明看看他说:"你很有临场感呀!"胡小云笑笑。)

激光笔(PPT笔,电子教鞭)

这种激光笔光点的轨迹(见图2-35)大家可能不陌生。一些培训师或演讲者常常用激光笔的光点(甚至是鼠标的箭头),在PPT上划来划去、晃来晃去,听众真是眼花缭乱,一看就知道授课技巧不专业。

使用激光笔讲解PPT时,移动平稳一点,这是很重要。

另外,一些培训师把知识点和内容细节,全放在PPT上,在讲PPT的时候学员的注意力会在PPT上而不是培训师那里。一方面要给PPT做精简。另一方面,培训师可以使用这种方式(见图2-36)引导学员,使学员既可以迅速看PPT上的内容,

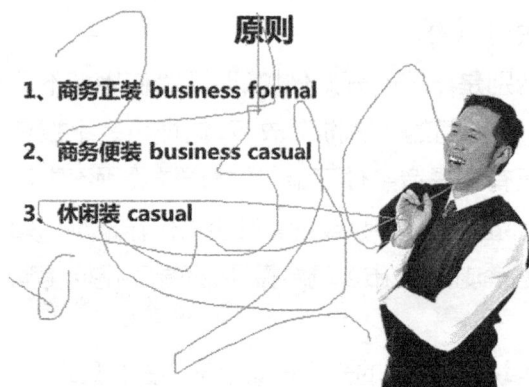

图2-35　激光笔使用

注意力又回到培训师这里,倾听老师的讲解。学员在看PPT的时候,有什么样的反应,培训师也可以迅速捕捉到。

一定要记得,PPT是我们培训师的辅助工具,他们不能占据一个主导的位置,它占主导要反客为主的时候,说明你对这堂课是准备不够的。

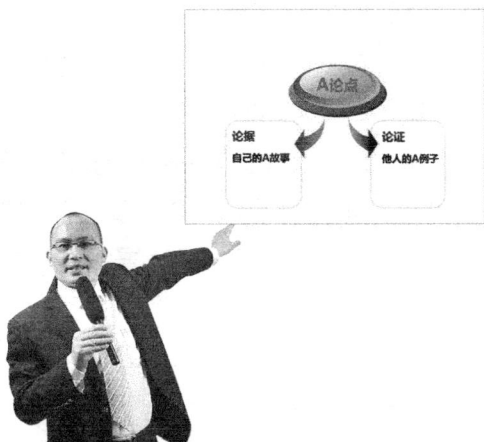

图 2-36　利用PPT讲解

花絮

有一次我给某集团上课,因为提前到,在客户同意的前提下,到教室熟悉场地,正好旁观到他们内部培训师讲课。一位培训师正把玩着激光笔,光点路径在天花板上划来划去,时隐时现,一些学员的眼睛被激光笔带动着,在天花板上找光点,头一会儿转过去,一会儿转过来。

现在有很多的因素,会让学员分散注意力,如何让学员的注意力不分散,是我们每个老师要思考的,培训师在授课期间的一言一行,也是要稍稍注意,尽量让学员一分一秒都在课堂中有效度过。

注意细节

(1)打呵欠:课堂上美美地打一个呵欠,是损害讲师形象的自杀行为。

【参考方法】修饰呵欠动作,闭口或口微张,让气从鼻子缓缓呼出。

(2)打喷嚏。

有人会说:简单,用毛巾或纸巾捂着嘴打……

其实,在很多时候,喷嚏来得很突然,人是来不及掏纸巾的,所以我们中很多人是手捂着打喷嚏(目的是减少音量),或者干脆直接"啊—嚏—",这时,有熟悉的人过来了,马上与人握手,呵呵——手上有多少细菌? 5千万细菌。

【参考方法】打喷嚏时快速把手肘部提到嘴前,喷在手肘部位。这样手肘的衣服可以隔音,对外界影响很小,与人握手也没心理障碍。

（3）发短信（微信）。

讲师经常会跟课程主办部门打交道，短信礼节不可少。

相信大家经常会收到很多活"雷锋"发来的短信，无头无尾，没有称呼没有署名，有的人微信名称是昵称，你不知道是谁发的，太多短信，你不可能每一个去回复并追问：你是谁呀？就算追问，遇到几个很"自恋"的人，会回复说：啊，你连我都不知道？（还是没有署名）搞得你此时既"心虚"又"郁闷"。

达人：有头有尾，有称谓有署名，如"尊敬的淳老师，上课地址在中山路25号三楼，我会在明天早上8点开车来接您，路途约18分钟，有任何疑问，随时与我联系，王晓峰"。

能人：无头但有尾。如"祝您春节快乐，事业兴旺！王晓峰敬贺"。这种短信往往是群发，同时他具有自我营销能力，至少会让收信人记得是他发的。

雷人：无头也无尾，如"上课地址在中山路25号三楼"。

【参考方法】

（1）开头有称呼，结尾一定署名。

（2）如果是发给x老师或领导，加尊敬的x总，尊敬的x老师，举例：尊敬的李总，xxxxxxxxxxx（此处省略50字），淳子周

（3）群发短消息最起码的礼节也是要有署名，举例：亲们，xxxxxxxxxxx，淳子周。

（胡小云有点脸红，上述很多问题他都有犯。同时他也暗自庆幸，来了课堂，他的问题被点出，以后会逐步改善，越来越好。）

考考你

（1）讲师站立三规范：_____，_____，_____。

（2）讲师三大禁忌：_____，_____，_____。

（3）握话筒的姿势：话筒_____部，_____度角，_____指微翘，注意经常_____手。

（4）容易忽略的3个细节：_____，_____，_____。

第八节

亲和力的打造

　　亲和力，大家就容易联想到：微笑、幽默、肢体、赞美、融入、自谦……这些都是亲和力的元素。

亲和力可以学习

　　社交名人靳羽西是美籍华人，曾经在一个社交场所遇到希拉里，送给希拉里一本印刷得很精美的中国菜谱。希拉里拿着菜谱翻了几页，就对靳羽西说了一句话。如果你是希拉里，你会怎么说？

　　（"谢谢！""中国美食很棒！""您真贴心！"大伙儿猜测着。淳子周老师微微一笑，接着往下说。）

　　希拉里说："是不是吃了里面的菜就可以变得跟你一样美？"说得靳羽西心花怒放。在这一刻里面，希拉里就是通过她的赞美，赢得了靳羽西对她的喜欢，体现了她本人的亲和力。

　　而希拉里也是通过学习，获得了迅速建立亲和力的能力。20世纪60年代

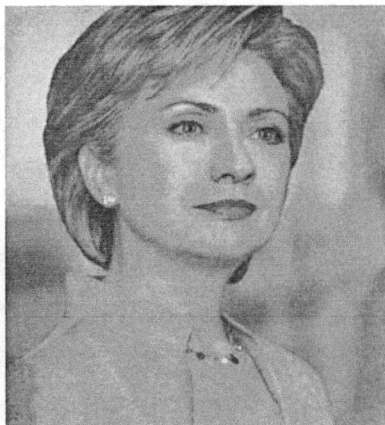

的希拉里,有一种反叛的气质。她戴着一副厚厚的粗框眼镜,穿着一身黑色的长裙,当希拉里和克林顿刚刚认识的时候,希拉里不肯改变;当克林顿竞选阿肯色州议员的时候,希拉里不肯改变;当克林顿竞选州长的时候,希拉里还是不肯改变;直到克林顿在竞选美国总统的时候,在竞选团队一再要求之下才开始改变。在美国总统克林顿的就职仪式上,克林顿牵着希拉里的手走上台,这个时候全世界的报纸和美国所有的大报纸评论说,这是全世界最有权势的男人——风度翩翩的美国总统和他的保姆在一起。希拉里痛定思痛,认真学习,仪表言行越来越好,在需要展现亲和力的场合表现得游刃有余。

美国总统奥巴马也是打造亲和力的高手。他的爸爸是肯尼亚的黑人,奥巴马一岁半父母就离婚了,他就跟他的妈妈一起生活,五六岁的时候,他妈妈又嫁给印度尼西亚人,在印度雅加达生活过一段时间,才回到夏威夷,奥巴马18岁之前从而没有登陆过美国本土。竞选时,他的两个竞争对手,一个叫麦凯恩,是亿万富翁,而他的对手希拉里身价几千万,他只有200多万美金,还是刚刚出了两本书的版税。他竞选时筹集捐款,5美元、10美元的一点一点汇集起来。这样的一个人,居然当上美国总统,可以说,老奥的亲和力帮了大忙。为什么他有这么大的魅力?从一件小事就可以管中窥豹。奥巴马在访问中国上海的时候。奥巴马只说了一句:"侬好!"上海话,一下子掌声如雷。奥巴马通过临时学对方语言的方法,瞬间提升亲和力。在这些方面,他确实是高手。

对于培训师来说,通过学习也可以提升亲和力。亲和力对我们培训师来说相当重要,要教人家东西,首先要被别人接受和喜欢,而且这种接受和喜欢,很多时候第一印象15秒之内形成。这种感觉是用大脑判断的吗?不是,是潜意识判断的。用什么方式和方法呢?关键:同频同率,先跟后带。

同频同率

怎么样做到同频同率呢?其实就是去模仿。怎么模仿?我们有7个方面可以去模仿,如图2-37所示。

(1)声音的模仿,当对方说话语速很快的时候,你也要很快很快;当别人说话很慢的时候,你也要很慢很慢。最怕的是一个快一个慢,就容易产生冲突

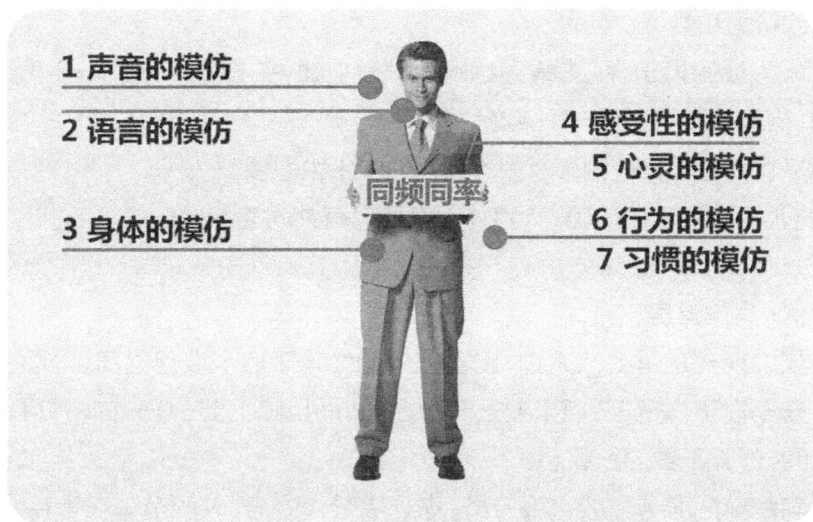

图 2-37 同频同率七把小飞刀

和隔阂。销售课程中经常提示,销售人员遇到 40 岁以上的人,说话要慢一点,尤其是面对老人速度要更慢,遇到年轻人时说话速度可以稍微快一点点,就是这个原理。

（2）语言的模仿,前例奥巴马用的就是这样一种方法,即说当地的语言。这就是为什么有些语言高手,在某地演出和演讲,一开场说了当地的方言之后,他就一下子很受欢迎,增加了亲和力,这是很重要的原因。

（3）身体姿势的模仿,社交高手和人交谈时,都会模仿对方的姿势,悄悄建立起信任和亲近感。

（4）感受性的模仿。

A: 春天来得晚,气温低,下雨。

B: 是呀,出门都不方便啊。

甲: 今天天好冷!

乙: 是呀,我觉得也是。

（5）心灵的模仿,这个是属于比较深层次一点,一谈到大学时的趣事,老同学们就会格外亲切。

（6）行为的模仿,为什么一喊"三缺一",呼啦啦一群人就去打牌了,因为有共同的行为和爱好。

（7）习惯的模仿，我去青岛给阿里巴巴上课，午餐后刷牙。一个学员冲进卫生间，出于礼貌，说了一声：老师好！

紧接着他看见我在刷牙，说：老师，你中午也习惯……

我们聊了起来，愉快吗？当然，因为我们有共同的习惯！

举例：宾馆退房

比如说现在是早上八点钟，出差在外的你拿了房卡准备退房，外面有一辆出租车在等你了，你在八点半要签一个合同，而且路上要20分钟，并且是上班高峰时间，你着不着急？着急。

在前台你把房卡一放："服务员，你赶快帮我退房，外面有车在等我。"前台服务员慢悠悠地拿过房卡，放在一边继续做她的事，说："先生请稍等。"她这么一说，你的火已经开始往上冒：我的事情能等吗？只是面上不说，但是她还在里面慢悠悠的不知干什么。然后你说，服务员请你快一点，外面有车在等我。你催一下她，她才把房卡一刷："先生请问你是哪一个房间，1101房间？先生你稍等，我在帮您办手续。"

你的火已经起来了，服务员拿着对讲机说："1101客人退房，你去看一下。"说到这里你这火已经冒到嗓子眼："服务员请你再快一点！"

那服务员白了你一眼，再次拿起对讲机："1101客人在催，快点嘛。"此时的你，真的三字经国骂差点出口了。但是这个时候，你一定不能骂出来，为什么？你是文化人！

耐住性子："你快点，这样吧，我房间也没有别的消费，你把我的发票先开起来。"然后服务员瞟了你一眼，开始开发票："先生给你确认一下，你消费的金额是298元对吧？先生与你确认一下，你们的发票抬头是CG银行股份有限公司对吧？"对讲机那边回复："没有什么消费。"服务员看了看发票，职业性地说："先生，欢迎您下次光临。"你一把抓过发票，拔腿就走，回头看了服务员一下，心中问候她的祖宗已很多遍了。

各位，这个服务员有什么事情得罪你了吗？她的做法符不符合流程？符合。那么为什么你就是对她非常不满意？显然她跟你的频率不符合。

换一种情形：

"服务员，请你快一点！"

"先生我马上就帮你办！"服务员说了这一句之后，你心中一阵温暖，然后她马上和对讲机讲："1101客人要退房，快点，人家有急事！"这么一说，你心中又一阵温暖。"我估计房间也没有别的消费，发票我先给你开一下，先生先与你确认一下，你公司抬头就是CG银行股份有限公司对吧？先生再次与你确认一下您消费的金额298元对吧？OK，上面没有别的消费。"然后服务员将发票装在一个信封里面："先生，欢迎您下次光临！"你一把抓过去，回过头看她一眼："服务员，你的电话号码能不能给我留一个。"

点评：

同样的时间做了同样的事，为什么两者的待遇不一样呢，显然前者没有与你同频，后者每一个环节都让你很舒服。

有个英文单词——like，喜欢，它的主要含义有两个，第一个是喜欢，第二个就是叫相似。大家会发现，越相似就越被喜欢。这完全由人们的潜意识决定的。

先跟后带

作为培训师，仅仅学会和学员同频是不够的，还要学会先跟后带，因为你要按照你的节奏实施课程。什么是先跟后带？古龙小说里上官金虹收服阿飞的情形是非常经典的。

四下听不到一丝声音，连秋虫的低诉都已停止。

天地间唯一的声音，只剩下他们的脚步声。

阿飞忽然发觉自己也有了脚步声，而且仿佛正和上官金虹的脚步配合，一声接着一声，配合成一种奇特的节奏。

这是为了什么？

阿飞走路一向没有声音，现在他的脚怎会忽然重了？这又是为了什么？

阿飞垂下头，突然发现了这原因——他每一步踏下，竟都恰巧在上官金虹的前一步和后一步之间。

他踏下第一步，上官金虹才踏下第二步，他踏下第三步，上官金虹立刻踏下第四步——从来也没有错过一步。

他若走快，上官金虹也走快，他若走慢，上官金虹也走慢。

开始时，当然是上官金虹在配合他的。

但现在，上官金虹走快，他脚步也不由自主跟着快了，上官金虹走慢，他脚步也慢了下来。

他的步法竟似已被上官金虹所控制，竟无法摆脱得开！

阿飞掌心沁出了冷汗。

但也不知为了什么，他心里却又觉得这种走法很舒服，觉得身上每一根肌肉也都已放松。

他身心都似已被这种奇异的节奏所催眠。

这节奏竟似能慑人的魂魄。

——摘自《多情剑客无情剑》作者：古龙

作为培训师，把握授课进程，先跟后带是关键。以 60 分钟的课程为例：

如何顺应课堂规律，把握课程节奏（见图 2-38），大家现在都能理解淳鱼结构中的开场破冰非常简便有效。

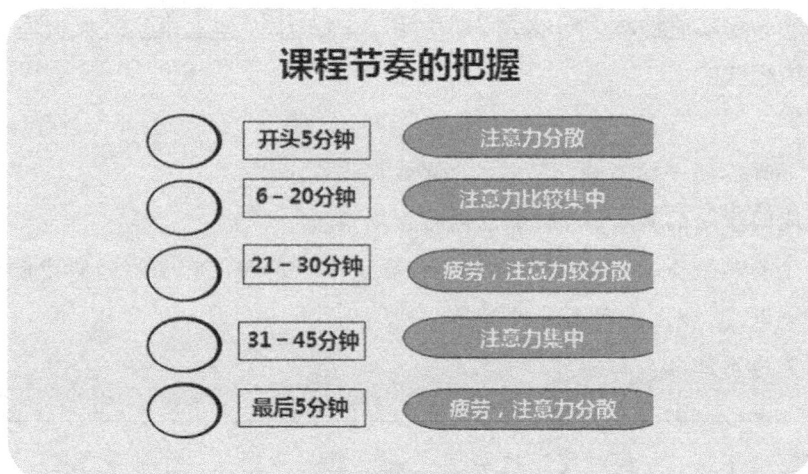

图 2-38　课堂节奏

整个过程中,高度关注学员的状态(见表2-3)。

表2-3　学员状态

积 极 信 息	消 极 信 息
—坐在椅子的前半部分	—双眼垂视或斜视,不看讲师
—缓慢而轻柔的摩擦手掌	—手交叉抱在胸前
—作记录	—靠坐在椅之上,跷二郎腿
—积极地点头	—下颚肌肉紧张,双唇紧闭
—手指放在鼻梁上,眼睛微闭	—把手放在身后
—双手托着腮帮,身体前倾	—握紧拳头
—双眼与讲师交流对视	—摩擦后颈部
—抚摸下巴	—信手涂鸦
—十指相对,成尖塔状	—用食指摩擦鼻子
—向后靠着,双手放在脑后	—身体斜靠,交叉双腿

如何吸引学员?

1. 语言吸引

(1)大家猜猜看。

(2)让我们娱乐一下。

(3)我们一起做个游戏。

(4)给自己一个热烈的掌声。

(5)给大家一些新思考。

(6)请大家回答一个问题。

(7)请大家说说新想法。

(8)征询大家的意见。

(9)请大家来读一下。

2. 激发学员学习欲望

(1)开场做好思想建设。

(2)说明课程内容与工作的结合。

(3)课后要考核考试。

（4）以往学员积极改善的见证。

3. 调动：5分钟一调节，15分钟一调动！

培训师锦囊

提升课堂效果的互动技巧

（1）团体讨论法，安排3分钟，5分钟，10分钟……

（2）每5分钟问话（问话对象为打瞌睡的、开小差的、坐在角落的、谈小事的）。

（3）每小时小面积5分钟讨论，适合于安排在课程进行在20分钟以后进行。

（4）游戏活动：基层员工可以每小时安排一个，技术/管理干部每两小时一个。

（5）知识性互动：知识性培训每小时5—6次让学员记录，技能培训每小时3—4次记录，心态培训每小时1—2次记录。

（6）选学员演练、角色扮演或者训练。

（7）请学员读幻灯片，每10张幻灯片，有3张请学员来读。

（8）讲故事，哲理的或者与内容相关的。

我们学习了同频同率，先跟后带，接下来看一段《飞天大盗》视频，看完后大家讨论一分钟。

（大伙儿一边看一边分析着、记录着，看完后热烈讨论着。讨论后，淳老师带领大家汇总、总结了讨论结果。）

我们先休息10分钟，回来后学习怎样讲故事！

（"时间过得这么快，又要休息了？"大家意犹未尽。胡小云脑袋里进入了大量的信息，他找到一棵绿色植物，对着它做了几下深呼吸，平静了一下。）

第九节

如何成为故事高手

告诉你一个秘密：人人都爱听故事。

我们在小的时候，睡觉前有一个仪式——爸爸妈妈讲故事，讲着讲着自己就呼呼睡过去了。长大了是不是就不喜欢听了吗？也喜欢。

我有一个朋友，在一家集团公司任培训负责人，组织了70多个高管到北大去学习，授课老教授白发苍苍，满腹经纶，但是表达的技巧就是"茶壶里面煮水饺"啦。听着听着，那些高管们刚开始点头（瞌睡），后来就摇头（瞌睡快撑不住了），再后来干脆就低头（伏案睡），我的朋友在后面看了很着急。过了一会儿，老教授提高一些嗓门说道："我以前在美国留学的时候……"那些高管的头抬起来，饶有兴趣地听着。老教授讲完之后又倒下去一片听众。过了一会儿老教授又说道："我们全家在泰国普吉岛旅游的时候……"大家又把头抬起来了……当时给我的朋友印象很深，回来后告诉我这个故事，说："淳老师，难怪你常说人人都喜欢听故事。"

所以，会讲故事对我们每一位培训师来说是很重要的。为什么要讲故事？理性让人尊敬，感性让人喜欢，互动让人愉悦。

如果你讲了很多的道理，讲得很好，别人会尊敬你，不一定会喜欢你。比如高谊找了一个女朋友，问他为什么喜欢他的女朋友，高谊说因为他的女朋友身高1米69、体重多少公斤、她的三围是怎么样的、视力是怎么样的……他这么说的时候，他爱不爱他的女朋友？不一定，这就是叫理性。但当高谊说："我也不知道我女朋友哪里好，就是看着她很舒服，就是想跟她在一起，想跟她说说话，一天不见就很想念……"我们就知道，高谊很爱他的女朋友。这就是感性。

（高谊红着脸笑笑。当然，胡小云第一时间想到的是黎小星。）

讲故事是属于发挥感性力量的方式。

我们先来做一个练习

练习：A、B角练习，欢迎到我家（欢迎到我公司）。

A、B角配对，A伙伴扮演主人，B是客人，主人向客人介绍自己的家。时间90秒。然后A扮演客人、B伙伴扮演接待者，接待者向客人介绍自己的公司。时间90秒。

（大伙儿热火朝天练习起来。）

好，时间到，我们的A伙伴，握着B伙伴的手，悄悄地问他：你们部门还招人吗？

（"呵呵……"大伙儿笑起来。）

三类故事

我们会讲到哪方面的故事呢？一般是三类故事。

第一类，我的故事——成长。

第二类，我们的故事——团队。

第三类，我们未来的故事——愿景。

开门"建"山

讲故事如何讲得好，我们一起来学习开门"建"山讲故事（见图2-39）。

（1）简单手势设定场景。为什么叫开门"建"山呢？我给大家来示范。

从前有一座山（手势比划一座山的样子），有一条由上而下的小溪流（手划出溪流的样子），山上有三个小和尚去挑水（伸出3根手指头，双手合十），小溪的对岸，一个像王雪月一样美丽的少女牵着牛（王雪月笑），突然之间，一头饿狼，从姑娘背后的草丛中冲出来，向她扑去（纵身一跃的姿态），形势万分危急！需要英雄的时候，英雄就出现了，一位像宫磊那样高大的青年跳

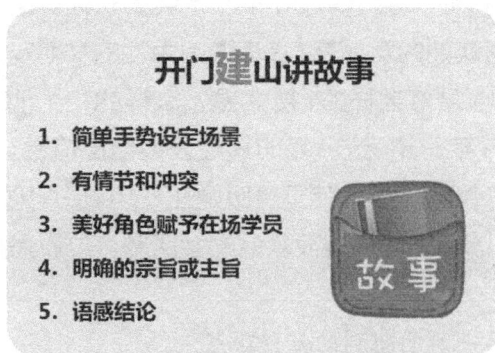

开门建山讲故事

1. 简单手势设定场景
2. 有情节和冲突
3. 美好角色赋予在场学员
4. 明确的宗旨或主旨
5. 语感结论

图2-39　开门建山讲故事

出来（宫磊笑），大喝一声，挡在少女的面前，那只狼猝不及防，灰溜溜地退了。少女回过神来，赶紧谢过救命恩人。后来他们结婚了，生了一大堆孩子，过着幸福的日子。哎，真是好人有好报，抱得美人归！

（大家果真觉得又是紧张，又是好玩儿。）

开门建山，这个"山（场景）"是之前不存在的，做了一个手势之后，一座山的形象、一个场景就出现了，所以手势就很重要。

（胡小云想到：身临其境，历历在目，说的就是场景策划了。）

（2）有情节和冲突。文似看山不喜平，没有人喜欢听平淡的故事。有没有注意到我们中国的电视剧编剧的水平相比20年之前厉害了很多，以前《西游记》25集大家已经觉得很长了，没想到现在的《甄嬛传》可以编到70多集，编剧的水平越来越高。

为何喜欢看？冲突！

（3）赋予在场学员美好角色。为什么大家都会笑呢，原因很简单，我把学员中的几个小伙伴装进来了，当我这么一说的时候，王雪月和宫磊是不能走神的，因为跟他们有关系，人最关心的就是和自己有关系的事情。所以讲故事时将一些美好的、英雄的、高尚的角色，把在场的学员装进来。

例如，从前有一个很英俊的王子，就像我们高谊一样（这么一说，高谊就被装进来了），有一天他到外面巡视的时候，遇到了另外一个国家的公主，长得就像我们辛丽一样（把另一位在场的学员装进来）……就是整个过程他们都会很认真地在听。即把一些高贵的，英雄的角色，分配给在场的学员。

一些负面反派的角色，比如说有几个大恶霸，往身旁一指带过去就可以了。非要出现的话，那也要找心理素质好的学员，而且事先征求其同意。

（4）明确的宗旨或主旨。所有的故事是为内容服务的，必须和内容有关，并且故事要远离红（太高调）、黄（格调低俗）、黑（社会阴暗面）。

（5）语感结论。在故事的结尾，用一句话，或一首诗，来概括整个故事，加强故事的韵味和张力。语感结论需要讲师具有相当的文学基础,以及深刻理解所讲内容。

举例:我在读大学时,有一天清晨,穿过校园的林荫道(双手做手势),去食堂吃早饭,一路上跟我打招呼的人很多,啊,今天是不是穿得特别帅,所以人气爆棚。再走了一阵,打招呼的人更多,心中觉得有些不对劲!回头一看,校花辛丽(大家笑)在身后……

哎,有的时候,做月亮也挺好的!

大家看,最后一句就是语感结论,让普通的小故事变得有韵味!

语感结论要求:a. 简短;b. 押韵;c. 让人有回味;d. 有依据。

收集故事素材

关于故事素材,讲到故事素材,资源就像多面体,总有一面贴近你。

所有的资源都为你所用,而培训师呢,平时要注意搜集各类素材,搜集好了之后,当你想用的时候,就自然用起来了。平时就要这样一种意识。

有了素材以后,一些人并没有去运用。知识是不是力量?("是!")不一定。那什么样是力量?知识用出来之后才是力量。很多人懂得很多物理学知识,却不一定会产生很大的价值。然而像阿基米德,他用用凸透镜原理烧敌方战船来抵御外来侵略者的时候,才真正叫知识就是力量。此时知识被用出来了。所以我们学到的方法和技巧、搜集的素材,都是来运用的。因而,对我们培训师来说,不但要搜集素材,还要把素材演绎出来。

喜欢看电视剧的伙伴请举手!大家有没有想过一点,如果你是故事的主人公,男主角或女主角,经历那么多事你的小心脏、小心肝受不受得了?受不了。故事来源于生活高于生活。编剧是把多个人生活的经历组合在少数的几个人的身上,才发生了这么多的故事。总的来说生活是平淡的,所以故事需要策划的。

故事策划

那怎么去策划出来呢?我们有三种方法。

A. 利用成语和流行语。我给上海的某某酒店集团上过很多的课,有一次有一位内训师说:大家好,我是来自某某酒店的李智,我们是做经济型酒店的,我们是一家五星上将级的公司，我们是一星的价格、二星的大堂、三星的大床、四星的网络和五星的服务。

再比如，我们的贺建老师站出来了：很高兴来到我们CG银行大讲堂，我今天给大家分享的题目，叫做《男人就要做三心二意的男人》。一下子所有的注意力都集中在他身上了，尤其是好几个女孩子眼睛已经冒火光了。贺建不紧不慢地说：哪"三心"呢？对太太有爱心、恒心，还有什么心？耐心。哪"二意"，丈母娘中意，太太满意。你看好男人形象出来了。

我们还可以借用自己的名字，我们在座的各位，都有非常不错的名字，这些名字我们都可以用它们做一些文章。就记得我在一个礼拜之前，在三亚讲课，当时是一个房地产公司，有一位小伙子，他的名字是叫梁振明。他当时在竞选班长的时候，就说我刚毕业三个月，刚加入我们的集团，资历比较浅，我来参加竞选，就是凭着一种勇气来的，说得很真诚。我后来在指点他的时候说，你可以完全好好地把你的名字发挥一下。

这么说就不一样了：各位伙伴们，我们大家知道，现在香港有多少人？ 700多万人，香港人选出了他们的行政长官，他的名字叫梁振英，我叫梁振明。各位，就像香港700万人民选择了梁振英一样，我相信我今天班级的100多位同学可以选我梁振明作为我们的班长。各位，梁振英给香港带来的很多福音，我想我当了班长以后，我会给我们的班级带来什么什么……

各位有没有发现，他在用借用，他就把资力不足、入职才三个月这些缺点都带过去了，很快就进入了很好的状态。所以我们要学会用这样的一些方式方法。后来他在我点评后说"我怎么当时没想到？"很多时候我们每个人来到这里，只要你登台，"我有资格！"你就是去借也没有关系。

B. 擅用英文单词。比如说制造业讲究 5S 管理或 6S 管理，它都是来自英文单词的首字母。

上次有个学员 W 在五分钟讲课时，题目叫《4C模式讲故事》：

讲故事的时候，要有一个大致的逻辑结构，掌握这个结构，会让你的故事更加吸引人和打动人。

第一部分：Core Message，故事的主旨或主题，让人明白故事主要陈述什么事件；

第二部分：Conflict，故事的冲突，即随着故事的开始，会有冲突产生；

第三部分：Climax，冲突之中产生高潮，给出相应的解决方案；

第四部分：Conclusion，整个故事的结束，描述整个结局。

每个部分用英文描述分别为：Core Message、Conflict、Climax、Conclusion，简称 4C 模式讲故事。

C. 有事说事，没事找事，我们要善于把各种事物联系起来。请看这张图片，看到他就想到一个人是谁？乔布斯。想到海尔就想到谁？

（"张瑞敏！"）

他干了一些什么特别的事情？

（"砸冰箱！"）

所以你会发现砸冰箱这件事情给张瑞敏省了多少的广告费呀。

电视剧《琅琊榜》热播，梅长苏一出场就很震撼，为何？琅琊榜首，得麒麟才子者得天下！这个策划案要点赞。

（大家笑。）

我记得同样是三亚的地产集团，有一个西餐厅的经理，他当时在竞选的时候，说得干巴巴的。我说，他作为西餐厅经理也可以有很多的资源可以用。比如他们当时学习的时候，有一些厨师长之类的学员，他可以把西餐厅经理的优势发挥出来："各位，我们西餐厅的几位大厨今天也来到现场。"果然那些学员站起来都是戴着白帽子、穿着白衣服。"各位感觉他们是不是很厉害？如果我当选班长，以后这八大金刚就为在座各位提供贵宾般的服务，让大家吃好喝好，大家说好不好？"一下子人气就旺了。

所以，我们每个人都有很多优势，无形的，有形的……

朋友们，我们还要跟一些大事件联系在一起。我记得很清楚，2005 年的时候，我在淮海中路那边住，一天早上一出门，两边的路上全是蒙牛的旗帜。怎么回事？旗帜上面几个字：蒙牛，中国宇航员专用牛奶。各位，神五上天跟蒙牛有什么关系？没有关系，链接关系。然后，他们就写：蒙牛，宇航员专用牛奶。大家想宇航员吃的东西质量好不好？好，肯定好。于是它的品质感一下子被提上去了。到底宇航员是不是真的吃蒙牛牛奶就不知道了，但是这种宣传一下子火起来了。于是"一头牛跑出了火箭的速度"，这就是后来央视的颁奖致辞。

故事来源于生活，我们要去策划，这是非常重要的，尤其是我们在全国市场开疆辟壤的时候，除了利用资金技术，展示我们好的产品之外，各位不要忘记用故事打动消费者的心，这是最有效的，理解吗？

最后，哪怕是我们大家耳熟能详的一个小故事，我们都可以让它老树发新枝，比如说大家都听说过小马过河的故事对不对。

小 马 过 河

有一天小马要过河，这个时候，他就问牛，这水深不深，牛说很浅，不到膝盖，我们来去好几回了。

小马正准备过河了，这个时候松鼠赶紧跑过来说，千万千万不要过河，前两天我的一个同伴过河的时候被淹死了。

小马心里正矛盾的时候，小马的妈妈走过来说："儿呀，别听他们忽悠！我们过桥去！"（笑声，掌声。）

这就是让老树发新枝，把学员带到一个突然的全新状态里，这也是讲故事的方式和方法。

我们上的是《魅力培训师TTT》课程，我们可以重新定义它的含义，例如：

T——Think 想一想、思考人生、备好课程

T——Test 测一测、了解自己、了解学员

T——Try 动一动、走向讲台、培养人才

在我们的三天里面，其实在演一个什么故事？成长故事。我们来之前讲课是怎么样的，目前我们的状态是什么样的，以后回去之后是怎么样。是不是一个成长的故事？之后大家如果可以的话，回头把自己的心得体会、课程花絮等写一篇文章出来，交给魏老师，这就是一个很棒的成长故事，可以总结我们这几天的收获，同时魏老师在公司内部也好做宣传。

课后测试

开门建山讲故事是哪五步骤：

（1）

（2）

（3）

（4）

（5）

思考题：如何讲好《**企业文化**》课程？

附：

富兰克林讲故事

美国的《独立宣言》永载史册，影响深远。主笔是杰弗逊，起草了《独立宣言》的第一稿。他才华横溢，出身富裕家庭，曾就读于威廉-玛丽学院，1767 年成为律师，1769 年当选为弗吉尼亚下院议院。他积极投身于独立运动之中，并代表弗吉尼亚出席大陆会议。他曾两次当选弗吉尼亚州长。1800 年当选美国总统。

他对自己的文笔很自负，字字珠玑，常常千金不改一字不换一词。他的墓志铭也是自己操刀：这里埋葬着托马斯·杰斐逊，美国《独立宣言》的作者，弗吉尼亚宗教自由法规的制定者和弗吉尼亚大学之父。

富兰克林（100 美元纸币的头像人物）是《独立宣言》的项目负责人，作为杰弗逊的老朋友，了解此君脾气。他深知《独立宣言》的草稿必须修改，怎么能让杰弗逊这块"顽石"点头呢，于是他给杰弗逊讲了一个故事：

有一个青年人开了一家帽店，他拟了一块招牌，上面写着"约翰·汤姆森帽店，制作和现金出售各式礼帽"，还在招牌下面画了一顶帽子。他觉得这块招牌很醒目,洋洋得意地等着朋友们的赞赏。

但是他的朋友们却不以为然,一个人说"帽店"一词与后面的"出售各式礼帽"语义重复,可以删去。

一个朋友认为"制作"一词可以省略,因顾客只要帽子式样称心,价格公道,质量上乘自然会买,至于由谁制作,他们并不关心。再说约翰并非久负盛名的制帽匠,人们更不会注意。

又一个朋友认为:"现金"两字纯属多余,一般到商店购物,都是用现金购物的。

经过几次修改,招牌只剩下"约翰·汤姆森,出售各式礼帽"的字样和那顶礼帽的图案了。

尽管这样,还是有朋友不满意,他认为帽子决不会白送,"出售"二字可以删去,还有"各式礼帽"与图案也重复了,可以不要。经过删改,只有"约翰·汤姆森"的名字和那个图案了。

几经修改,招牌变得十分简洁明了,因而也就更加醒目。店主非常感激朋友们的宝贵意见。

杰弗逊听了这则故事,也觉得好稿子是改出来的,因此同意富兰克林等人先对稿子进行润色,再经过大陆会议长时间、激烈的辩论,对文稿进行重大的修改和删减后,终稿出炉!北美的 13 个殖民地的代表聚集一堂,通过了《独立宣言》,一场伟大的独立战争开始了……

发问、答问及说服技巧

一、提问技巧

现代社会，学员和老师之间用问题来互动越来越普遍，并且引导式的授课越来越多，一个老师提出一个问题，发问之后，学员来回答这个问题，一问一答之间，把这个问题探讨得更加深入，这种模式用得非常非常多了。提问不外乎就4种形式：自问自答、自问他答、他问自答、他问他答。

中间两种——自问他答、他问自答，大家很熟悉不必多说。重点说一下自问自答和他问他答这两项。

自问自答

什么时候用到自问自答的技巧？曹老师说说看。

（曹华答道："就是学员他们回答不上来的时候，有点冷场了，或者提问题的时候没有人回应，于是我们作为老师自圆其说，这种时候用自问自答。"）

大部分伙伴会认为当学员回答不上来的时候，或者是问问题的时候没有人回应，于是培训师自圆其说。这是我们很多人理解的自问自答的方式。真的是这样吗？不一定完全是。其实除了这种情况之外，还有更重要的用途。

陈述式：朋友们，NGO就是非政府、非营利组织。

自问自答式：朋友们，什么叫NGO呢？（停3秒）NGO就是非政府、非营利组织。

上述第二种就是自问自答的技巧，我提了一个问题之后，停顿一到三秒，给学员一点思考的时间，然后再讲出答案的时候，这个时候学员的印象最最深的，这个就是自问自答的一种运用。而陈述式的表述给人感觉平淡，学员不一定能记得住或有兴趣。这个就是用和不用的差别所在。我们未来要多用一些自问自答，避免平铺直叙，平铺直叙大家会感觉到效果不好。

此外，脱口秀、相声、评书中也经常用到自问自答，想一想，是不是？

他问他答

而他问他答也自有一番妙用。我们一般理解的他问他答是这样的：学员问了培训师一个问题之后，培训师回答不出来，于是请另一位学员回答一下，当他回答的时候，培训师脑袋赶紧快速的运作，赢得思考的时间，这个是我们通常的认为。这只是其中比较普通的用法。

他问他答，还有很多好的用处。比如第一，检验学习效果：我们的姜正问了一个很好的问题，有请我们的郭宏回答一下。当郭宏回答的时候，我们就知道刚才所教的东西，大家掌握的程度，检验学习的效果，这是第一种用法。

第二个，调动课堂气氛。在讲课的时候，坐在前面几个组都还不错，但发现后面D组气氛都是比较沉闷。怎么办？当杨小聪问了一个问题时，说："很好的问题，有请D组的施海回答一下。"当所有的注意力都在D组的时候，那里的气氛就活跃了，这对于场能的调动很有效率。

第三，巧妙应对高手。这也是我们内训师经常会遇到的，而且比较怕的一种情况，那就是在讲课时，底下坐着一些比你职位更高、收入更高、资历更高的人。当他往台下一坐，你的腿就开始哆嗦了。怎么解决这个问题？怎样让腿抖得更均匀一点呢？就会用他问他答的技巧，会很有效。其实很简单。每一堂课程，我们都会遇到一些高手，高手其实是很宝贵的资源，用得好为你的课堂增色不少。

示例

内训师董欣在做一场培训，台上一站就看见台下有一愤愤不平的眼光。谁？公司的张副总。张副总因为年底绩效考核的时候还差两个培训分数，所以要听这堂课捞取一点培训分数。张副总心中暗暗地说："董欣你这个小丫头，当初进我们公司的时候，还是我手把手教你的，今天我还得来听你的课！哼！看你有没有良心，否则待会儿我给你没完……"董欣看在眼里，心中有数。在开场问两个问题、感谢两个人的时候，董欣就说了："今天在这里要感谢一个特别的伙伴，那就是我们的张副总，我还记得 5 年之前，刚进我们公司时，是张副总手把手教我的，今天我们跟大家分享的客户投诉的 5 大法则，6 大技巧，全是当时张副总给我的真传，来，我们把热烈的掌声，给我们的张副总……"接下来张副总就听得有滋有味了。

　　然后在课程之中的时候，我们的莫重庆，以前跟我们的董欣有点小矛盾，特意提了一个很刁钻的问题，而这个问题一剑封喉，董欣答不出来很尴尬，汗水直冒，台下一看，看到我们的张副总，露出支持鼓励的眼神。有了，有数了，董欣急中生智："莫重庆老师提了一个很好的问题。关于这个问题来说，在我们公司内部，大家公认张副总是这方面的专家，请大家用热烈的掌声欢迎我们的张副总现身说法！"这个时候张副总站起来，开始侃侃而谈。张副总来了，莫重庆自己就退了……这堂课就顺利地进行了。

　　所以他问他答可以这样来妙用，理解吗？遇到高手的时候怎么办，他问他答的技巧要用起来，只是你在用他问他答技巧的时候，你要注意一个地方，课前准备一定要充分，遇到高手，第一时间了解他接近他，了解他擅长什么，绝不能"压"，而是往上抬。比如说这堂课显然张副总是高手，事先可以和他沟通一下。当你遇到相应的环节并且正好有时间，可以以热烈的掌声请张副总给大家分享一下，张副总这个时候站起来很也有面子，同时他擅长的内容分享出来，对这堂课的学员会有更多的收获。所以朋友们，我们要善于利用全场的一些资源来为你的课堂效果服务。老师是站着的学员，学员是坐着的老师，教学是相长的。

　　最忌讳的是张副总擅长的是足球，结果你在"他问他答"的时候，抛一个篮球。他一看傻眼了：董欣，你明知道我擅长足球，你今天抛一个篮球，明天我给你好看……所以要了解他擅长什么，这是很关键的。

遭遇高手三原则
（1）抬轿子戴帽子。
（2）事先询问其所擅长的主题及分享意愿。
（3）分享前设定时间和主题范围。

常见的三种问题

问题一般有三种：开放式问题、封闭式问题、定义性问题。

开放式的问题和封闭式的问题的区别主要是：

（1）封闭式的问题就是对方只能用是或不是来回答的问题。

（2）开放式的问题，是对方可以尽情地去阐述、描述自己观点的一些问题。

由于平时我们在提问的过程中没有注意到开放式和封闭式问题的区别，往往会造成收集的信息不全面或者浪费很多的时间。举几个简单的例子来说明这两种问题的不同之处。

◇ 封闭式的问题："请问一下会议结束了吗？"我们只能回答结束了或者还没有。

◇ 开放式的问题："会议是如何结束的？"对方可能会告诉你非常多的信息，会议从几点开始到几点，最后形成了什么协议，然后在什么样的氛围中结束。

可见，开放式的问题，可以帮助我们收集更多的信息。在我们工作中，有些人习惯用一些开放式的问题与人交流，而有些人却习惯于用封闭式的问题，我们只有了解了它的优劣处，才能够更加准确地运用封闭式的问题或者是运用开放式的问题（见表 2-4 ）。

举例

你向航空公司订一张去上海的机票。

◇ 开放式：

"我想问一下，去上海都有哪些航班，各航班的时间为几点？"服务人员就会告诉你非常多的信息。

◇ 封闭式：

"有 4 点去上海的航班吗"？回答可能是没有；

你又问："有 5 点的吗"？回答很有可能是没有；

"6 点的吗"？也没有；

你会问："那到底有几点的呢？"服务人员会告诉你："有 4 点 10 分、4 点 40 分、5 点 15 分、5 点 45 分的航班。"

所以，我们注意在授课的过程中，区分两种不同问题特点，正确提问利于提高授课的效果。

忠告

大多数只需简短回答的"封闭式"问题，都可变成"开放式"问题。

表2-4　封闭式与开放式提问的优势与风险

	优　势	风　险
封闭式	节省时间 控制提问内容	收集信息不全 气氛紧张，学员有压迫感
开放式	收集信息全面 对话氛围愉快	浪费时间 对话不容易控制

慎问定义性问题

除非你是想启动注意，否则，尽量避免问定义性的问题。有的时候一个老师他问了问题之后，台下的人没有反应，老师很着急：这些学员为什么不配合？可能这个老师问了定义性的问题，让学员很难直接回答，问题是出在老师身上，不是在学员的身上。

举例

胡小云，什么是沟通？

（胡小云猝不及防，站起来答道："沟通就是对问题的交流。"）

你说你心里的实话，你觉得这个问题拿到之后容易回答吗？

（胡小云："不容易。"）

好，我换一个问法来问。胡小云，当你提到沟通这两个字的时候，你会想到什么？

（胡小云："问题。"）

问题是没有解开的结或者可能会存在的结。那你怎么理解沟通？

（胡小云：打开结。）

请坐。（胡小云坐下，心里怦怦跳，有点小兴奋。）所以朋友们，我们要避免问定义性的问题。设计问题，让学员易于回答，引导学员到你要教授知识点上。

提问步骤如表 2-5 所示。

表 2-5　提问步骤

步骤	说　明	举　例
提问	向学员提出准备好的问题	"关于忠诚宾客的价值计算，还有哪些地方要加以补充？"
思考	给学员时间思考，然后回答问题	"给大家 2 分钟的时间看一下笔记，还至少有一点需要加上才对。"
重复	重复学员问答中的正确部分	"非常好，忠诚宾客带来其他潜在忠诚宾客的潜力应该加上才对，不过，这部分应该如何计算呢？"
感谢	无论回答是否正确，感谢参与	"感谢您提出的计算方式，谁还有其他的计算方法？"

二、答问技巧

各位伙伴们，讲到这里之后，如何回答学员的提问呢，我们把这 16 个字朗读一下，宁断不乱，答非所问，投其所好，丝丝入扣（见图 2-40）。然后我们来思考一下，第一个宁断不乱，很好理解，就是当学员抛了一个问题的时候，你宁愿慢一点回答，而不要贸贸然回答，别自乱阵脚，这个是非常重要的，有定力在，不管风吹浪打，我自闲庭信步，宁断不乱就是这个意思。

什么叫答非所问呢？难道他的问题我就不回答了吗？不是，请记录三个字母，QBQ，什么意思呢？Question behind question，问题背后的问题。

小笑话

场景一：

病人：医生，麻烦你帮我治一下强迫洗手症吧。

普通医生：你的这毛病几年了？……什么症状？……发病频率？……你小时候有什么相关经历？……来，我们做一个催眠！……来，我们开一些

如何回答提问

宁断不乱
答非所问
投其所好
丝丝入扣

图 2-40　答题技巧

药片……

场景二：

病人：医生，麻烦你帮我治一下强迫洗手症吧。

高明医生：告诉我，你是什么情况？

病人：我有强迫洗手症。

医生：强迫洗手症就是费一点水，没有太大社会危害性，不用治的。

病人：不行啊！我要是不治好，我老婆就要与我离婚。

医生：你这种情况多久了？

病人：二十多年了。

医生：你结婚时，你老婆知道你有强迫洗手症吗？

病人：知道的。

医生：为什么刚刚结婚前后那段时间她没让你治，而是现在让你治？

病人：那天我与老婆讨论要不要让儿子去留学，我们意见不同，吵起来了。我老婆吵着吵着就说我是一个强迫洗手症患者，一定要我治好，否则与我离婚。所以我来治病了。

（大家笑。）

问题背后的问题。一些时候，我们并不只是针对问题的表面来回答，而是针对问题背后的问题来回答，学员在课堂上由于他的表达的方式、时机，或者是他对问题的思考可能不够，所以他可能问的问题不是一个关键的问题，这种时候，他有可能词不达意。所以你要针对他背后的问题来回答。

我给大家举一个例子，我的老师，香港的李中莹老师，在心理学方面，他非常厉害。记得我在 2009 年向他学习的时候，我向他提了一个问题，他并没有正面的回答，而是反问我，而且问得更深，迫使我深入下来，在更深处做进一步的思考。然后我再向他提问的时候，他再一次反问我，迫使我不得不更深入思考之后再向他提问。经过几问几答之后，我自己把自己的问题给解决了，不是套进去，而是解决了。旁边人看不懂，觉得这两个人干什么嘛。但是高手和当事人双方都很明白，几问几答之间你的问题解决了，这就是用 QBQ 来进行回答（见图 2-41），理解吗？这就是所谓答非所问。

（胡小云暗想："QBQ要求老师有很深的功底和洞见。高山仰止啊！"）

什么叫投其所好呢，学员的知识结构不一样、他的经历不一样，你要用他能够喜欢的方式来进行回答。比如，伙伴们，怎样跟客户讲解这两个产品有什么差别？如果你在重庆，你就说，这个产品是组合型的，就相当于吃火锅一样，荤的素的全部都有了；这种产品就像是小锅菜，针对你的情况量身定制的。一听，他就明白了。从前也是介绍产品，只用一些他听不懂的术语，现在你可以用他容易接受的方式，一个就是火锅，一个是小锅菜，他一下子就明白了。

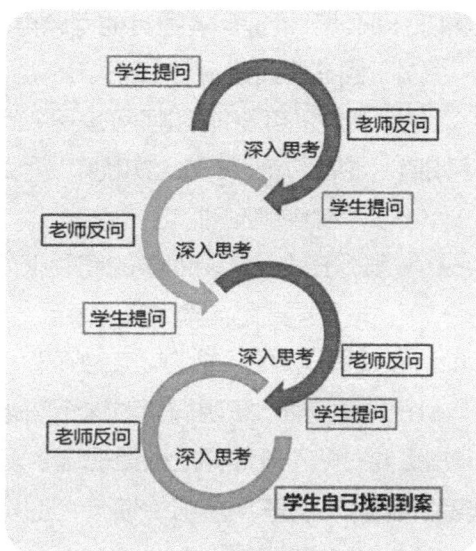

图 2-41　QBQ 问答

佛陀有一个故事。佛陀底下有一千多位罗汉，都基本上都开悟了，然而有一个人年龄有点大，他没有开悟，很着急，来找佛陀。佛陀知道他之前是做琴师的，就是学音乐的，然后跟他说，其实悟道就像你弹琴一样，这个弦不能太紧，也不能太松，刚刚好的状态，弦保持刚刚好。话音刚落，这个人就开悟了，为什么悟了？佛陀用了他熟悉的方式来讲解，这个就叫投其所好。

丝丝入扣，我们每一句话都是贴近他的问题来进行回答的。

我们把这 16 个字再次读一下：宁断不乱，答非所问，投其所好，丝丝入扣。有没有感触？

（"有！"）

回答学员问题时的参考原则

（1）保证回答之前完全理解问题。如果不太肯定问题究竟是怎样的，请提问者说明一下。

（2）除非你的听众人数很少，否则回答每个问题前都应把问题重复一遍。

（3）如果有人一下子提了几个问题，每次回答一个；如果你回答第一个问题的时间很长，请提问者把其他问题再说一遍。

（4）回答要直接，针对QBQ。

（5）如果你不知道如何回答某个问题，不能为了面子乱回答，而是诚恳说：不知道。或者约定下一次告知他。

（6）恶意纠缠应对：

a. 群体压力：章明同学的问题很好，同时它不是本课程的重点，那我们表决一下，觉得需要重点解释的请举手，觉得只需要课下交流的请举手。好，既然如此，章明同学，我们课下交流，好吗？

b. 诚意满怀：章明同学对这个问题追问了好几次，看来这个问题对你来说非常重要对吧？既然你这么重视这个问题，作为老师，我也非常重视，回去查一些资料，明天下午 3 点前给你一个明确回复，可以吗？章明同学，你看电话方便，还是e-mail方便？

三、说服技巧

为什么要说服呢，其实很简单，说服力某种程度上就是影响力。一个培训师在讲台上或多或少都会用到一些说服的技巧。尤其是在一些成功学的课堂上，人多，成功学老师都必须会用这个技巧。我做一下小示范。

示范

成功学的老师说：各位，我刚才的观点大家同意的请举手！（解析：有没有发现，本来刘钢不想举手的，看到旁边的人都举手了，他也哆哆嗦嗦地举手了。因为你一旦说不同意，旁边的人反过来看你的时候，你的压力很大。）

成功学的老师：关于这个，大家听明白的请举手！（解析：所有的人都会举手。为什么？每个人心中有一个想法——如果我没有听明白，我自己比别人差，反应比别人慢。反正也没听明白，也拼命地举手。）关于刚才我所说的，大家听明白的请再次举手，赶紧！（解析：没人听明白，但所有的人都齐刷刷的举手。）

特别是成功学洗脑式的大场，你会看到他们经常会用到说服的技巧。这种技巧偶尔用用还是可以，不能一直用，一直用就会遇到审美疲劳。

那怎么说服呢？

A. 事先框式反对问题；

B. 问比说有力；

C. 善用肢体语言。

事先框式反对问题：

一个人的反对意见或者是担心不会超过几条？ 6条。（淳子周老师狡黠一笑。）各位我刚才用到了什么技巧？ 自问自答的技巧，大家一下子印象就很深了。一个人的反对意见或者是担心不会超过6条，只要针对他的意见有事先的准备就可以了。

电视剧《乔家大院》这样一段情节，董事长乔致庸想给公司优秀伙计分红，那这样势必会影响掌柜的利益，那他们肯定会反对。乔致庸怎么说服他的掌柜们呢？ 我们看一下视频。

（乔致庸："我知道！ 我知道！ 反对的理由无非是两条。一是，这样的事在咱们晋商里没有这个先例；第二，你们担心给了伙计身股，掌柜的和伙计平起平坐，怕以后不好相处，对不对？

依我看来啊，这个先例，倒没有什么关系。天下的事儿，总得有人第一个去做，就看是为什么原因，为什么道理。咱们这么做是为什么呢？ 是为了留住人手。人手是什么，人手是咱们做生意的根本。你只要能为咱们复字号留住人手，咱们为什么就不能开这个先例呢？ 比方说复字号钱庄的那个马荀，这个小伙计，据我所知，复字号钱庄这几年的生意，有八成都是他做的。他这样一个人，对咱们有功，咱们为什么就不能给他一份身股把他留下来呢？

至于第二条，我们可以在店规里清清楚楚的写明，就算是顶了身股，掌柜的还是掌柜的，伙计要绝对敬重听从掌柜的。如果违背了这一条，等于说违背了店规，就算是顶了身股，掌柜的还是可以把他赶出号。

好了吗？ 如果大伙儿没有什么意见，这一条就这么定下来了。"）

一开始，乔致庸就指出掌柜们的顾虑：第一个，没有先例，第二，怕给伙计分红会影响掌柜的位置。然后马上有针对性地逐一解决，分红方案得以通过。

使用说服技巧，事先的准备是非常重要的。准备比资历更重要，资历也来自长时间的准备，长时间的准备也可以转化为资历。总而言之，宁可备而不用，不可用而不备。

问比说有力。

说服时怎么发问？

第一，问简单的问题。例如：他这么做好不好，对不对，是不是……

第二，必须回答YES的问题。

第三，问二选一的问题，例如：各位，我相信如果我们的CG银行发展下去，在我们全国市场开疆辟壤，对我们整个金融市场的繁荣是好，还是坏呢？一起回答我！好！答案肯定只有一个，二选一并且必须回答YES。

案例

我在2010年的时候，给YT造船——全国前三位的造船厂，给他们做培训。

当时是分小组的培训方式，每个组有个组长。我事先有一个规则，就是组长有权指定谁上台发言，被指定的人就必须上台。有一组的组长是宫磊，好几次都是让郭潇上台。几次过后，郭潇不愿意了。

我走过去调节。我能不能对组长宫磊说，你换一个人，或者是你自己上？不可以。因为制定规则的人不能首先破坏规则，尽管郭潇不愿意，我也要说服他继续上台。

我当时也不知道怎么做。还好我2005年的时候，学过两天说服力的课程，马上就把他用出来了。（淳子周老师示意郭潇起立，配合情景表演。）

郭潇，组长宫磊让你上台你不愿意对吗？你觉得他除了让你上台之外，他自己也应该上台对吗？

（郭潇想想："对。"）

假如你自己当了组长之后，除了让自己上台之外，也会让其他的组员上台是吗？

（郭潇："是的。"一副有权不用过期作废的表情。）

也就是你当组长也要上台，不当组长也要上台。那你还有什么话说？

（大手向台上一挥，郭潇不知不觉乖乖地就上去了。大家笑。）

当然郭潇这轮上去之后，下一轮组长宫磊自己也上台一回，矛盾就解决了。

上面案例，郭潇有没有能力这么说NO呢？没有，因为他的每一个说法里面都被我事先框式了。

A: 组长几次都让你上台，你心中不愿意，是吧。	B: 是的。
A: 你觉得他除了让你上台，他也应该上台，对吧。	B: 是的。
A: 假如你当组长，除了自己会上台外，也会让其他组员上台，对吧。（预先框式反对意见）	B: 是的。有权不用，过期作废
A: 假如你当组长，会让其他组员上台，也会让自己会上台，对吧。（没有预先框式反对意见）	B: 不一定。
A: 也就是说你当组长也要上台，不当组长也要上台，对吧。	B: 是的。
A: 那你还有什么话说，上去吧（手势一挥）。（运用了肢体语言8倍影响力）	上台
手势的力量，如果不用手势：淳老师，我不愿意上去。	扭怩状

在一些的谈判专家的影视剧里面，谈判专家跟歹徒谈判，都避免歹徒说一个字，NO，因为一旦歹徒说NO，人质有生命安全，让他们说YES是一件很重要的事情。我们的说服的事情也是一样，就是让人家一开始的时候跟你说YES，在心理学上这叫一致性理论。

一致性理论：人有一种驱力促使自己对客体产生一致的认知和行为，当认知失谐时，人们会出现不适感，进而试图去减少它，减少失谐的一个机制：有选择地寻求支持信息或避免不一致的信息。

反面例子

大学的时候，我有一个同学做家教，学生是10岁的小男孩，常来我们的寝室玩。有一个礼拜天下午，5点钟，门被一阵急促的敲门声敲响，打开一看，那小孩的父母来了，急切地问："看到我儿子没有？"他们的儿子没来过。小孩找不到了，大家都着急。也报过案，但是派出所说失踪没有超过8小时，没法立案。我同学赶紧把我们班上的男生都叫上，两个人一组就开始找。我们从下午5点钟，找到凌晨1点，终于从一个网吧里面把这个小男孩像拔萝卜一样拔出来了。我的同学赶紧给他们的父母打了一个电话。

他又急又气地对小男孩说："你以后还打不打游戏？"

"不打了。"

"你以后要不要你的父母担心？"

"不要了。"

"要不要好好学习？"

"不要了。"

（大家笑。）

以前我们上课的时候是看热闹，这堂课学习完了之后，很多的老师用的招数你们就一目了然，因为我们确确实实在课堂上教了大家门道，喔，原来他们是用了这样的技巧，马上对号入座。好，伙伴们，说服力就给大家说到这里。

博文附录

拆解刘一秒、俞凌雄们的讲课方式

刘一秒，前几年出现的黑马，一堂课过亿收入，能够有数千人参加，价格好几万，难怪！

汇聚俞凌雄也是号人物，几年的时间就在上海崛起。我没有听过他们的课程，但看过他们的光盘，本文仅仅从他们的一些授课技巧来拆解：

一、准备极致化

讲三天三夜，不用PPT，这种功底和实力是很多习惯讲内训小课的培训师难以一时模仿的，其实操作也不难：高度准备。

（1）平时收集素材，子周观察了一下，他们主要收集三类：中国传统故事，尤其从西游、三国、水浒得益很多；近现代的革命故事；当今的网络传播的时事时政。为何：听众熟悉，贴近生活和日常认知！

刘一秒会加入一些似是而非的佛学修道思想，这和他来自黑土地有关系，东北,地广人稀,物产丰富,半年的时间没农活,串门唠嗑,天天加练口才！长白山、大兴安岭等原始森林,增加很多神秘色彩和神话！真正的佛学普及和虔诚程度,未必如华南浓厚。

所以,课堂上似是而非的佛学观点,弥漫的是神秘主义气味。课程叫智慧,看不见摸不着,最好的修饰,哈哈！

（2）每一个故事演绎事先大量练习,精彩到极致。

（3）团队找碴,补充素材,减少漏洞！让人难以抓到把柄和明显漏洞。

二、授课模块化

思八达刘一秒、汇聚俞凌雄们宣称他们传播的是企业经营思想,其实不是！

因为他们自己没有完整体系的思想,所以无法传播思想！

培训界已经有思想体系的人是曾仕强,任何一个观点抛给他,他都可以侃侃而谈2—3天,这不是口才,而是形成自己的思想体系后,融会贯通,由点及面,首尾相连,环环相扣,行云流水！

为何难有思想体系,淳子周认为:①需要几十年始终如一的探索,并且借助老师、前辈的帮助才可以完成。②形成体系,理论庞大,被学术攻击的可能性极大,没有强大的实力底蕴,容易击一点破全身。(曾老为何敢提中国式管理,一则无欲无求,年纪这么大,该有的都有了;二则个人修为水到渠成,积累到了,功底扎实,不怕！三则家族传承,他的一位几代世交好友曾告诉我,其爷爷是诗社成员,父亲是校长。)③大环境如此:短、平、快的社会,急着赚快钱,难以出大思想家！

刘、俞他们非x二代,要生存,没有办法想办法:不卖思想,卖观点！

无数个观点争奇斗艳,如同珍珠;用一根线一串,一串项链就有了,名字叫企业经营;找一个时髦的盒子一装,好看又漂亮,xx智慧就有了;一卖,几千万大洋入账！

你去买珍珠项链,有几颗珍珠的成色极致好,其他不怎么样,你买不买？肯定不买,即使买,压价打2折。刘、俞他们深深明白:要卖好价钱,珍珠个个要漂亮！

怎么保证？授课模块化！

如何操作:整个课堂是一个个观点的组合！每一个观点都精致。

观点创新:①反其道而行之。②不断区分,去浊留精！③老树发新芽。

> 老板跟老板比的就是谁能触摸到事物的根本
>
> ——俞凌雄

包装也很好：

（1）通用程序：发问开始—抛出观点—现场测试—生动演绎（讲故事，秀表演，引经据典）—强调观点—适当引申。

（2）演绎时间控制在 10—15 分钟，最长在 25 分钟以内！这符合成人学习原理，注意力在 15—25 分钟！

（3）操作模式：举手开始—掌声—笑声—举手—笑声……掌声！每一模块，他们都是举手开始，掌声收结！

（4）过程中音乐渲染情绪，尤其在鼓掌时！

三、说服常态化

一堂课数千人，人多嘴杂心思多。如何保证互动，保证气氛不冷场，保证授课节奏，破冰暖场，用的是说服技巧：

（1）举手破冰：在视频中，刘、俞他们常问……听明白的举手！这句话厉害啊，你能不举手吗？不举手意味着没明白，为何不明白，智商，嘿嘿！为了面子，没明白也使劲举手！

（2）鼓掌暖场：刘、俞他们常说……来，给xx掌声鼓励一下！（配合音乐）

（3）不断回应：常问对不对，是不是，好不好，能不能，可不可以……

（4）树立标杆：我们要不要向业绩3千万的老板学，要不要？要不要？肯定不要，找谁学，一年几十亿几百亿的学，找马云学，找华为学……言必称马云，说的是几百亿的大生意，台下业绩几千万或刚过亿的目标客户敬仰之心如滔滔江水，你懂的！

（5）适时见证：你看xx总，学了xx后，回去这样这样做，结果怎么怎么好！

业界对他们的质疑也有。我想，培训，落地的是启迪智慧，才会受欢迎！培训师，德高为师，身正为范，做实做精做专，对人有帮助，王道也！

第十一节
授课八法

　　授课八法，我们常把它称为"天龙八部"，它可以让我们学会用多种的授课方式来呈现我们的内容。

案例

　　记得 2003 年的时候，在延安西路一家五星酒店会议室，我参加一个老外组织讲课的中西方文化差异的讲座，定位是中高端人士参与的讲座，3 个小时，那位"歪果仁"不懂中文，有一个翻译，老外讲一段，翻译译一段。很快的，大家就觉得气氛就越来越往下走。

　　当我们所有人都以为这个讲座是一个平淡的讲座时，到了大概 90 分钟，老外就安排了一个话题，让大家来进行分组讨论。那天来的人都是各行各业的精英。当大家讨论起来的时候，气氛明显感到一下子高涨起来了。讨论完每个组派一个代表上台发言，这上台的人都是各行各业的高手，内容都很有料。

　　三个小时结束离开教室时，每个人都觉得今天很有收获，我印象非常深。那一次，我就意识到，我们要用多种的授课方式是至关重要的，哪怕是一个小的团队讨论，一下子把整个授课效果大大的提升。

　　大家有没有发现，我们这几天的课里面，用到了各种的授课方式，是不是？游戏、示范、视频等。如果仅仅是讲解的话，大家会很容易疲惫。说到这里来，我们就跟大家分享一下一些授课的方法。

一、演讲法

　　演讲法是我们普遍使用的。历史上经典演讲很多，我给到大家的电子档案包有奥巴马胜选的演说《Yes, we can》，还有马丁·路德·金《I have a dream》演讲视频，是典型成功演讲的例子。他们用了大量的排比和感性语言，强烈感染听者、深深触及公众的集体潜意识、引发大众强烈的共鸣和回应，声势浩大，很有力量，了不起。

奥巴马说了七次"Yes，we can！"，这是我们教授的什么方法？排比。他的第一次排比，第二次排比，第三次排没有太多动静的，到第四次的时候，听众呼应就很大了，第五次就很热烈了……第七次达到高潮。技巧用到极致，就变成了力量。大家课后回家可以好好欣赏。

二、问答法

问答法已经给大家已经讲过，也是现代社会用得很多的。它的一个好处，我们会发现学员对自己关心的话题很会投入，双向互动，非常好。所以现在一般大型的论坛结束，主持人都会安排20分钟或者30分钟的时间来进行互动问答。

要注意的地方是，问答法可能不容易控制程序和时间。注意，学员的差距不大的场合可以用。什么意思？打个比方，有可能在一个九年级的课堂上，有人出现问一年级的问题。这样问多了之后，九年级的学员就怎么样？就不爽了，甚至老师都会有点烦躁了。我也曾经遇到过一些这种类似的情况。

三、示范教学法

示范教学法。在技术学习的时候，很多时候都会用到示范教学法，在制造业里面叫"传一帮一带"，很多时候都是用这个示范教学法。

四、角色扮演法

角色扮演法。之前我讲解说服法时，和郭潇一起做了角色扮演，把大家带到"事发现场"，让大家一目了然。角色扮演在哪些主题或者哪些方面的课程用得比较多？有没有发现销售课里面用得多，客户服务、客户投诉，还有谈判用角色扮演是非常多的。我们以后也可以在自己的课堂中用角色扮演，会有非常好的效果。

案例:

企业文化课程,"演"比"讲"效果好!

我的一个学员,她目前是一家集团里做人力资源的副总,也是企业商学院的副院长。集团想培养员工的企业文化,由她来组织这场培训。以往企业文化课程就是叫大家来喊几个口号,介绍一下公司历程。

而这位学员在TTT课堂上得到灵感,回去给公司做企业文化培训,和往常不一样。她让学员们来实际扮演,就是进行角色扮演,而通过角色扮演来体现他们企业文化挂在墙上的那几个字。

比如企业文化里有"创新"、"超越",安排这个组学员表演创新,那个组学员表演超越,这样一来,所有人通过角色扮演的方法,通过戏剧表演的方法,一下子对整个企业文化体会非常非常深,而且这堂课成为他们学院里面非常受欢迎的一堂课。好玩啊,有趣啊,体验非常多,教育意义非常深刻,因为是从内在悟出来的,而不是被别人强行灌输给他的,那是不一样的。

顺便分享一点我自己在企业做内训师,如何讲好《企业文化》的原创心得:

附录:讲好企业文化的关键点

(1)讲好老板或创始人的故事,来体现企业精神(愿景和使命)尤其创业精神。

(2)讲好高管故事,来体现企业荣耀和团队凝聚力。

(3)讲好自己的入职故事,来体现公司前景和成长平台。这种现身说法非常有利于新员工快速融入公司,而且会让讲师非常有亲和力。

(文化吸引人比薪酬留人更艺术,否则员工很容易因钱而来,因钱而去。)

(4)企业核心价值观在3—5个以内,最多不能超过8个,每一条必须有自身企业案例和老员工故事作为支撑(否则就是空洞的口号),平时大力宣讲,实现价值观的渗透和迁移。

(5)设计简单剧本,让员工来演,在表演中体验并内化。

(6)课堂上设置奖品,赠送书籍等。

(7)领导到场,优秀员工现身说法,课后视情况安排小聚餐或下午茶。

伙伴们，培训师要擅长表演，在昨天的自我介绍环节，讲自己的两个爱好就是哑剧表演，那就是在提升表演能力。

有一个媒体名人兼培训师，在征婚类节目《非诚勿扰》担任过嘉宾，谁？乐嘉。在 2001 年、2002 年的时候，乐嘉在上海就已经小有知名度了。他本人在上海戏剧学院专门学过表演，所以他一开始授课到最后结束都是在表演的过程中，笑声不断。

小练习

请大家上台只说两句话，第一句话我叫某某某，来自什么部门。这是第一句话，不需要任何解释；第二句话，我的生肖是……，你不能说它是什么，但是你可以发出声音，可以做动作，小组同伴猜出来了，猜对了，你就坐回来，接下来顺时针的就是第二位。

（大家立即行动，教室里鸡鸣狗叫马儿跑。胡小云属龙，比较难演，他扭着身子做了一个龙腾飞的动作，被猜出来了。）

五、视频教学

视频教学（见图 2-42）现在用得多不多？有的时候视频比我们会讲话。视频教学操作的时候，首先要有背景描述。还记得吗？我在给大家放《乔家大院》的时候，是不是有背景描述？否则学员当时很难去明白。

我们在视频教学的时候要注意：

第一，视频剪辑成一到三分钟为最好，最长一般不要超过 5 分钟，如果非得

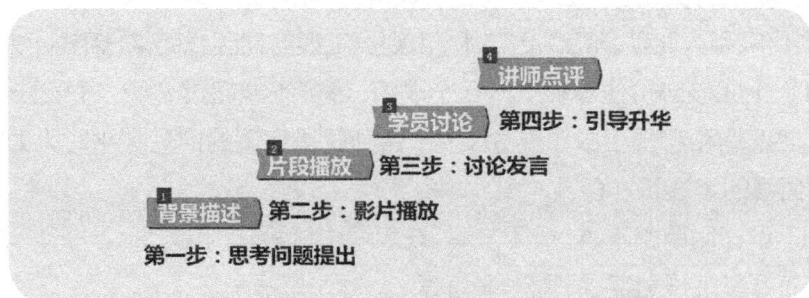

图 2-42　视频教学程序

要有超过 5 分钟以上的话，一定要对客户，或者对你的学员事先说明，比如说这个视频有多长。否则给你的客户和你的学员的感觉是，这个老师今天是来放视频的。我在讲 NLP 沟通课程的时候，有一个视频是 18 分钟，我就事先讲，有一个视频，18 分钟，我们是边播放，边讲解的，整个内容我大概要讲 45 分钟。

第二点请记住，源视频尽可能清晰，源视频清晰了，你剪辑出来的东西才会好。

第三，尽量选大家耳熟能详的素材，比如大家都知道的一些电影、电视剧等，这样会节省你的时间，也就是背景介绍的时间，如果你选一些生僻的材料话，你就会发现你的背景介绍就会比较长，而且他还不容易去了解，这就是我为什么选《乔家大院》《亮剑》等大家熟悉的视频。

如果讲团队，可以用《亮剑》《琅琊榜》一类的片子。讲企业经营管理用什么?《乔家大院》。还有呢?《首席执行官》。这些都是非常好的。讲职业化用什么?《在云端》。讲心态处理用什么?《阿甘正传》《幸福来敲门》《时尚女魔头》这些都是可以去用的。推荐培训影视片，如图 2-43 所示。

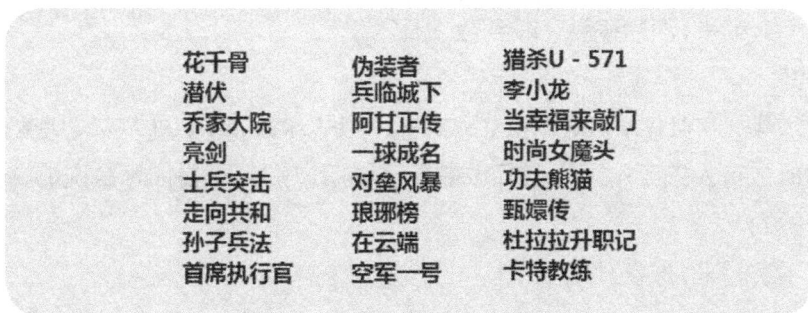

花千骨	伪装者	猎杀 U - 571
潜伏	兵临城下	李小龙
乔家大院	阿甘正传	当幸福来敲门
亮剑	一球成名	时尚女魔头
士兵突击	对垒风暴	功夫熊猫
走向共和	琅琊榜	甄嬛传
孙子兵法	在云端	杜拉拉升职记
首席执行官	空军一号	卡特教练

图 2-43　推荐培训影视片

六、游戏教学法

这两天里面大家有没有发现，游戏一做之后，效果就很好，用游戏来破冰，真的是非常好。一般游戏用在三种情况，第一个开场破冰的时候经常用;第二个当气氛有些沉闷时，用来调节气氛;第三，更关键的是为你的讲课内容服务，你用游戏的方法比你要会讲话。

做一个培训师，你在开场破冰和中间调节气氛的时候，你最最起码要掌握游戏达 30 个以上。现在市面上流传的有好几个游戏，都是我本人原创出来的。呵呵。游戏能很好地激发大家的创造力、调动学生参与度。

游戏

说到这里来，我们马上来体验一下。大家把手上的笔放下来。各位伙伴们，待会我数到数字 3 的时候，大家就立刻拍手，好不好？数到数字 3 的时候大家立刻拍手，再次确认，我要说到数字几？

（"3。"）

确认是数字 3！

（大家摩拳擦掌。）

预备开始，"1、2、4"。

（"啪"。半秒钟后，大家哄堂大笑。）

（淳子周老师不紧不慢接着说下去。）

很多时候，我们知道，但是不一定能做到。

我们继续来，再次确认，喊到数字几？

（"3"。）

1、2、4。（同时淳子周老师拍了一下手，一些人跟着拍手。继而又是哄堂大笑。）

为什么有人拍手？因为老师也拍手了。所以别人不看你怎么说的，他会看你怎么做的。

双手拿起来，数字几拍手？

（"3！"）

1、2、3。

（大家拍手。）

1、2、3。

（大家再次拍手。）

1、2、3。

（大家又次拍手。）

各位，想要达到你期望的效果，要对自己和你的团队不断进行训练。

我通过这个小游戏讲了几个道理? 3个道理。每个道理大家是不是很容易接受? 这就是游戏比你会说话。

当然游戏教学法也有缺点,学员容易争执游戏规则,而且如果你的控场能力不够的话,场面就很难控制。

(1)游戏规则交代清楚,避免争执游戏规则。如果游戏规则比较复杂,你干脆把它打印出来,或实现写在白板上来进行,这样避免出差错。

(2)保证秩序: 有没有注意到,在我操作的游戏中,没有一个是乱的,为什么呢? 我有一个最简单的小方法,那就是每进行完一个步骤之后才进入下一个。

大家回想九宫格练习。

我当时说: 请我们所有人折起一个九宫格,折好了之后向我举手示意,我为什么让大家举手示意? 现在明白了没有?("明白。")这避免有的人完成了,有的人没完成这种情况。

第二个步骤,折成九宫格,完成了,确认一下。

第三步,请大家写上自己的大名,写好向我举手示意。

最后,请把关键词写在这上面,写好之后,向我举手示意。

所以有没有发现,每一次举手示意会是一次什么? ENTER,意思就是确认。这个步骤完成了进行到下一个,这样就保证你在整个游戏操作过程中有条不紊。

(3)事先做好时间预控。特别是大型的复杂的游戏,前期做好充分准备,关键环节要把握好,避免混乱。还有,找几个助手(也可找学员组长),卡住几个关键环节的话,这个游戏就乱不了,时间可控。

伙伴们,游戏操作是我们每一个培训师的必备的基本功,每一个培训师都应该是游戏高手,因为用游戏来讲课事半功倍,游戏比你会说话。

(吴崇明点点头。胡小云已经在设想在他的课中加入什么游戏比较合适了。)

培训师锦囊

如何选择合适的游戏?

在选择和设计游戏时,有以下一些指导方针,虽然它们非常简单,但是对于培训应用至关重要,请仔细研究并切实遵守它们。

(1)挑选: a. 跟培训主题相关的、并且具体的低风险游戏; b. 时间要简短;

c. 内容须富有创意。

（2）准备与预见：了解游戏的答案（如果确实存在一个答案的话），准备一个备用游戏，并且对游戏进行预演；对可能出现的抵触情绪要有所预见，对于只记住游戏而没记住游戏的意义应当有所预见。

（3）关键点：为授课内容服务，不是纯娱乐。

（4）评估：基于以上综合因素对游戏进行评估，以确定最终是否使用。

（5）事先想好几个点评要点。

七、头脑风暴

好，伙伴们，我们来进入到头脑风暴这个环节。假如今天我们出了题目，如何做一个优秀的培训师，那么我们怎么用头脑风暴做呢？

操作：

（1）以组为单位，指定一个人做记录，其他人赶紧说，只求数量，不求质量，而且要给要求，比如在5分钟之内，达到30条以上。

（2）进入到第二个环节，各小组上台，读一遍之前的记录，读的时候，其他组的人赶紧记录下来。这是叫发散过程。接下来，我就会让大家把每个组写的东西归纳为实际可以操作的20条方法，这样一来，实际可操作的20条就可以落地了。伙伴们，头脑风暴有两个关键的步骤，第一个步骤是发散。第二个是归纳。

举例：魅力培训师应有的素质

激情	热爱培训	语言表达技巧
自信	尊重学员	口才好
亲和力	会心理学	幽默感
影响力	课前准备充分	同理心
仪表端正	经验丰富	活力
感染力	反复实践	临场发挥好
不断学习	控场能力强	较强分析能力
创新精神	不断反省	应变快
专业精通	不断改进	心理素质好
讲课背景	教学方式	音调抑扬顿挫
肢体语言丰富	开场、收尾技巧	善于倾听
责任心	解决问题能力强	会思考
敏感	表现力强	人品可以作为学员的榜样

（"发散、归纳！"大家跟着老师重复着。）

除了这种用法之外，它也可以做成一个互动式的大总结。这个方法很少有老师去用，但是用起来之后效果不错的。我们现在跟大家实际操作一遍。

假如马上就要下课了，下午4点58分，5点就要下课，时间只剩下2分钟，作为培训师，希望用一个高潮来结尾，那这个时候，做一个全场所有人大互动就是非常好的。我来示范。

示范

各位伙伴们，下午好。

（"好。"）

非常高兴和大家一起度过愉快的三天，我们在最后的时候，对我们这三天的内容做一个总结和回顾，待会当我走到你的面前来的时候，请大家说出一个关键词，是你整个三天里面，让你印象最深刻，学得最深刻的一个关键词，这个关键词必须要求在10个字以内，再次确认，多少个字以内？

（"10个字！"）

你说的时候站起来迅速来说，说完之后赶紧坐下来。10个字以内的一个关键词，站起来直接说，说完之后赶紧坐下，接着是第二位、第三位……我走到你的面前赶紧就说，可以吗？

（"可以！"）

大家准备好的没有？

（"准备好了！"）

我们在三天以来学到的重要的一个关键词，开始！

（"内容技巧！"）内容技巧！

（"控场意识！"）控场意识！

（"台上领袖！"）台上领袖！

（"三点法！"）三点法！

（"淳鱼结构！"）淳鱼结构！

（"时间把控！"）时间把控！

（"开门'建'山！"）开门"建"山！

（"ZCZ分享法！"）ZCZ分享法！

（"角色转换！"）角色转换！

（"讲故事技巧！"）讲故事技巧！

（"头脑风暴！"）头脑风暴！

（"天龙八部！"）天龙八部！

（"亲和力！"）亲和力！

（"自信！"）自信！

（"自主表达！"）自主表达！

（"游戏！"）游戏！

（"学员互动！"）学员互动！

（"时间管理！"）时间管理！

（"……"全场都动起来，大家此起彼伏，像人浪一样，语言、思维涌动着。胡小云看着心潮澎湃。）

各位，我们这三天学到的多不多？

（"多！"）

你愿意把今天所学好好地运用到我们未来得工作中去？

（"愿意！"）

那我说三二一的时候，大家一起轻拍一下桌子确认一下。三、二、一！

（"啪！"大家都拍响了桌子。）

好，今天的课程到此结束，谢谢大家，谢谢！

（淳子周老师笑眯眯地看着大家。）

这个时候如果我们邹总就在后面、我们董经理坐在后面，看到他们的子弟兵，此起彼伏，心中充满什么感觉？成就感！这就是我们足球赛场上的什么呢？人浪。是所有人的大互动，一个都不能少，理解吗？所有人的大互动。董经理，你在后面看到这样的一个场面，看到这种方法，你有什么感觉？

（董经理红光满面的："我确实很有成就感。我感觉大家的学习的气氛特别浓,感觉大家坐在这没白坐。大家气势非常好!")

掌声感谢一下。

刚才做头脑风暴式结尾时,有气势又有秩序,对吗? 换一个人做,如果他没有注意操作的一些细节,很容易造成场面乱哄哄的。看别人做的时候容易,自己做就会有问题。

培训师锦囊

头脑风暴结尾法

要点:

(1)主控:讲师始终拿麦克风,不交给学员,掌握主控权。

(2)移动:选择站位,移动是最少,移动路线是顺时针,大家会觉得很顺畅。如果方向不定,行走路线过长,就不能达到好的效果。

(3)专注:身体前倾,精神高度集中。

(4)引导:事先和大家确认游戏规则,只说一个关键词、10 个字以内。学员说出关键词的时候,讲师马上回应并重复(重复的时候,其实在提醒下一个学员:该你了)。

(5)人数:学员在 20—50 人为宜。

用这种方法,一定会是非常精彩的结尾。各位,你们愿意去尝试的,三、二、一,来一下。

("啪"众人一齐轻拍一下桌子以确认。)

八、团体学习法

团体学习法也就是我一开始给大家讲过的,老外如何用一个方法团体讨论,把整个的气氛升上去的一种教学法。如果大家去参加欧美老外的课程,超过 3 小时以上,我敢断定,他一定会安排一个团体学习法上去,他不安排的话,他真的是叫心里像被猫抓一样,难过! 他一定会安排。

为什么团体讨论在我们现代的学习中用的这么多呢? 原因很简单:

(1)它是所有人的大互动,互动频率最高,所以这个方法大家要去多用的。

（2）培训师收获最大，学员参与最多。一个主题，你拿到之后，不断和大家来几次讨论的话，你会发现你收获会非常大，你会收获很多的新的案例、新的故事、新的一些观点，越讨论你就越能在这方面得心应手。而学员，因为他参与了，收获也是非常大。

（3）最能救急。好，就拿梅老师为例，他受杜经理的委托，上三个小时的课，结果那一次学员一点都不活跃，他准备的内容，很快就讲完了，两小时十分钟，讲完了。

各位，还有 50 分钟，如果这个时候下课又不太合适，真正体会到一点，巧男难为无米之炊。那怎么办呢？急中生智，凡事三个以上解决方法。梅老师眼前一亮，有了！淳子周老师曾经教过团体学习法。

梅老师镇定地说："同学们，刚才理论部分的内容给大家讲完了，那么现在每个小组 10 分钟的时间，讨论如何把今天所学用到未来的工作中去，时间 10 分钟，以小组为单位，来每个人发一张大白纸，把你们小组的一些方法写在大白纸上，我们每个小组指定一个组长，洪老师是组长、刘老师是组长、黄老师是组长、张老师是组长……讨论结束后，然后我们每组再派一个代表，上台发言……"

发完言一看，两小时五十分，所以正好 10 分钟把整个课程进行大总结。3个小时刚刚好。而且同一个主题大家讨论很多次，你会发现学员的体会就会越来越深，所以说小组讨论基本上以后大家要多去用，这是一个非常好的互动的方法。

（吴崇明又做了一个鬼脸，小声说："好狡猾！"胡小云回他一个鬼脸。弄得吴崇明很惊讶。）

我们总共给大家介绍了天龙八部教学法，第一个演讲法、第二个问答法、第三个示范法、第四个角色扮演法、第五个视频教学法、第六个游戏体验法、第七个头脑风暴法、第八个团体讨论法。

我只是举了常见的八种而已。其实除了这八种方法之外，我们可以用很多的方法，如表 2-6 所示。

表 2-6 　 多种教学法

静 态 系 列	快 乐 系 列	才 艺 系 列
学员记录	唱歌跳舞	学员演练
书面测验	健身保健	才艺展示
填写表格	故事笑话	情景剧场
景物观察	绘画图片	魔术杂耍
预演未来	竞技比赛	口号互动
资讯排列	体验活动	模仿秀
呼吸训练	猜谜竞猜	文学朗诵
禅修体验	情景接力	养生保健操

各位伙伴们,我们回去要想,我们的课程可以用哪一些新的模式来进行,让课堂氛围好、学习效率高、学员收获大。

出题:完整3小时,你能否只用以下方式授课?

(1)全笑话或幽默故事。

(2)全动漫或漫画。

(3)全挑战或对话。

(4)全学员动手操作。

(5)全用作业或训练。

(6)全部是视频教学。

(7)其他。

(淳子周老师这个出题有点生猛,"哇"声一片,胡小云却若有所悟地点了点头。)

天龙八部就给大家上到这里。也希望大家能够用多种授课方式让你的课程更出彩,学员更轻松,效果更快乐,好不好?

("好")

来,让我们一起朗读:

值得做的,都值得做好;值得做好的,都值得做得开心!

第三章　魅力训练

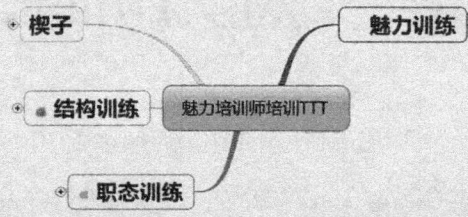

魅力培训师培训TTT

楔子

结构训练

职态训练

魅力训练

丹田发声训练
- 丹田发声常识
- 发声1+3+1训练
  - 枢纽练习：狗喘气
  - 惊讶张嘴
  - 呲字音
  - 小红
  - 声音饱满练习
- 气息训练
  - 丹田换气练习
  - 三个辅助练习
    - 节奏式呼吸
    - 嘿
    - 数葫芦

能量训练
- 了解潜意识特性
  - 能量巨大
  - 把"不"当做"是"
  - 想象和事实不分
- 气场训练
  - 气场提升法
    - 观想法
    - 正念禅修法
    - 天地人法
  - 精力管理
    - 敲打小鱼际
    - 挂钩式健脑操
- 提升自信
  - 自信何来？
  - 自我肯定小练习
  - 提升方法
    - 步步高法
    - 身心一致法
    - 资格确认法
- 转化紧张
  - 了解紧张的实质
    - 附加的能量
    - 潜意识送的礼物
    - 事情重要，需要额外关注
  - 如何转化
    - T3T能量转换法
      - 接受
      - 转化
      - 加速
    - 十倍准备法
    - 得道多助法

控场法则
- 角色认知
  - 三种角色
- 支持系统
  - 学习系统代言人
  - 禁忌：一个人在战斗
- 心态调整
  - 谦卑
  - 释怀
- 眼神控场法
- 橄榄球法则
  - 轻松识别捣蛋分子
    - 位置
    - 行为
    - 眼神
  - 如何应对
    - 了解"捣蛋者"的三个出击时机
    - 三种策略
- 五点控场法

点评技巧
- 点线面
- 二八开
- 润切塑
- 企业内训师选拔举例

快速学习和内化
- 工具：风火轮
  - 拆解法
  - 请益法
  - 跨界法
  - 契机法

第一节

丹田发声

在吃晚饭之前,教大家丹田发声法。

我学丹田发声,跟了好几位老师学习。参加第一位老师的培训课,第一次上课到最后一次复训,一共六次,六次内容相同,花了六次同样的钱。也就是同样的一门课程,我是花了六次的钱,然后才学到的。当然确确实实有回报,我给大家看一下我当时的行程:

2011 年,5 月 11 日,在杭州,给中石化讲课;

5 月 12—14 日,在广西北海,给北海移动讲课,三天的 TTT;

5 月 15—16 日,飞到天津,给建龙集团讲课;

5 月 17—18 日,在广州,给中石油 BP 讲课;

5 月 19 日,在宁波,给 500 强企业陶氏化学讲课;

5 月 20 日,在宁波,上午休息,下午飞机飞往长沙;

5 月 21—22 日,在长沙,两天《NLP 教练领导力》……

有没有发现,整个出差 12 天的时间,讲课 11 天,尤其 5 月 11 日一直到 5 月 19 日的话,是连续 9 天讲课。如果不会丹田发声技巧的话,是不能行的。行走江湖,丹田发声技巧,是必备的一个技术。

大家今天在课堂上学到的东西,都是我们未来的朋友、帮手。当你真正把这些技巧用出来,以后讲课真的是小意思。你会发现今天一点点的投资,对未来做培训师是一个极大的回报。

朋友们,我们自己,或者看到别的老师,讲课两个小时之后,喉咙有反应的,请举下手。

（好多学员举了举手,胡小云也有这种情况。）

一、丹田发声的常识

1. 了解基音

一般的声音都是由发音体发出的一系列频率、振幅各不相同的振动复合而成的。这些振动中有一个频率最低的振动，由它发出的音就是基音（fundamental tone），其余为泛音。

发音体整体振动产生的音，叫做基音，决定音高；

发音体部分振动产生的音，叫做泛音，决定音色；

基音和泛音结合一起而形成的音，叫做复合音，日常我们所听到的声音多为复合音。

基音声音很小，但是为什么你能够听得到呢？是因为我们有喉腔、口腔、鼻腔、颅腔、胸腔和腹腔，有共鸣，所以你的声音能被清楚听到。

朋友们，来，伸出左手，拍拍两队伙伴的肩膀，对他说："恭喜你自带音箱！"

（大家哈哈笑着。小胖子吴崇明略带得色。）

那你的音箱效果怎么样？有练声的话，效果就会更好，因为它的协同性更好。

（淳子周老师走到吴崇明旁边，拍拍他的肩。）有些人，一说话，嗡嗡直响，胸腔共鸣很好。有些配音演员可以变换出各种不同的声音，扮演不同角色。如广州一个老师，杨SIR，我去跟他学习的时候，他就给我们示范，如何通过几个腔体的变化，把《西游记》中的唐僧、孙悟空、猪八戒、沙和尚，把他们的声音模仿出来。一个人模仿好几个声音，他没有问题，完全可以做得到。他就是通过几个腔体不同的变化，肌肉转换，达成效果。

（高谊坏笑着小声对吴崇明说："你来一个？"吴崇明向他吐吐舌头。）

对我们来说，简单一点，不需要那么太复杂，只要能掌握一些基本的就可以了。

2. 了解喉肌和声带

发声时，喉肌紧张，带动声带。

如图 3-1 所示，这里是声带，气息穿过声带发出声音。周围的就是喉肌。放松状态下和发声状态下是不一样的。发声时，喉肌是紧张的。

所以说话达到两个小时之后，很多人声音开始嘶哑了，并不是声带出一些问题，而是他的喉肌怎么样？充血红肿了，疲劳了。喉肌的疲劳，或者用声过度之后，也会造成声带产生一些问题，比如像曹可凡、周立波这样的名人，他们也是做过手术的，声带息肉。所以我们大家要注意科学发声。

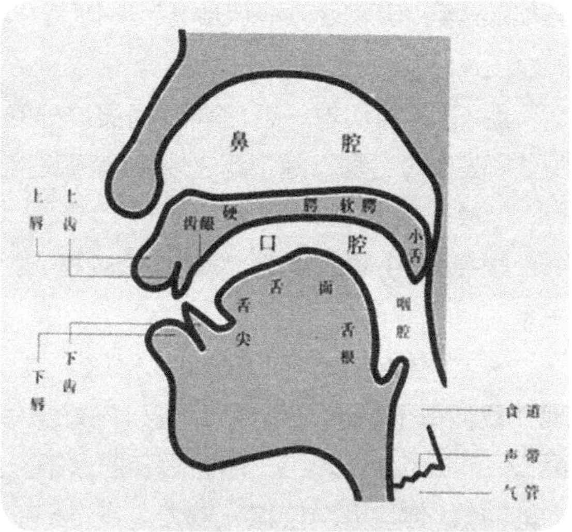

图 3-1　咽喉、声带示意图

3. 了解丹田发声

我们要明白丹田发声的原理和作用。

（1）它让我们咽喉成为一个发声的通道，而不成为主要的发声器官，否则，喉肌和声带压力就很大。

（2）会发音的人，如一些优秀的主持人，通过经常性的肌肉训练，小腹微鼓，运用全身肌肉尤其是腰背部肌肉来分担喉肌的压力。

有人知道丹田在哪里？丹田有很多含义。我们这里说的丹田没有精确位置，但有一个范围。来，请摸到自己的肚脐，肚脐以下，两到三个手指的位置，这就是我们的下丹田。

用一个很方便的方法，可以知道我们下丹田在哪里：有一束花很香，放到你的鼻子边上，哎呀，这个花好香呀，吸气吸到最后不能再吸的时候，肚子最硬的地方就是你的下丹田，就这么简单。

闻花法——简单的气息练习法

假设你正在闻花香，先吸气，使气息不断向上走，吸 5 秒，直到头顶，保持 5 秒后，再慢慢呼出，同样用 5 秒钟，使气息不断下沉，直到丹田。

切记：用鼻来呼气，闭嘴，身体非常放松，尤其肩膀放松。

每天进行这样的练习，逐步加长吸气、停留、呼气的时间，以增强效果。如果能够达到"吸气 8 秒—保持 8 秒—呼气 8 秒",你已很优秀。

　　朋友们,我们想一想,李咏、何炅这样的主持人,一天主持下来之后,他的身体哪些部位会酸? 除了腿之外,还有哪些部位会酸?

　　("腰。"有人说)

　　腰会酸,小腹有点酸,喉咙都很轻松。为什么呢? 这和丹田发声的诀窍有关系。

　　来,全体起立。所以假如我们这个桌子有一千斤重,假如啊。我们呢,现在我们每个小组五个彪形大汉,不好意思,把我们美女也算到彪形大汉里面去了。五个彪形大汉,你们假装把这千斤重的桌子抬起来,感觉一下,你发力的时候,你是哪个位置在发力。来,所有人,马步蹲下来,抬起来,哎呀,好重好重。

　　对,感觉一下你是哪个位置在发力? 哪个位置在发力?

　　("腰。")

　　腰是对的,是腰在发力。所以我们就明白,为什么李咏和何炅,他们一天下来之后,腰会酸,肚子会酸。是因为,他们要通过全身肌肉的配合,分担喉肌的压力。那哪个部位分担的居多呢? 腰和背的肌肉分得比较多。为什么他们肚子会酸呢? 因为很简单,如果你不小心碰了一下他们的肚子的话,你会发现他们的肚子是微微的鼓起来的,那就是我们民间常说的"此人说话有底气"。

　　培训师,常常会一天 6—7 个小时连续地用嗓,若没有正确的方法,很容易因疲劳而失声。

　　误区: 把嗓子当成了发音的器官。

　　正确的做法: 靠声带和气息配合为主,喉、胸、口、鼻、头,这五腔的共鸣来形成,而嗓子只是个通道。无论说话还是唱歌,都不能光靠嗓子来喊。

二、丹田发声 1+3+1 练习

　　朋友们,有没有想过一个问题,以前的戏班子唱戏,大户人家院子很大,人很多,没有话筒,没有音响,他们怎么让高朋满座的场子里的人都听得到? 他们平常会吊嗓子,练丹田发声。

狗喘气练习

怎么做呢？我们胸腔和腹腔之间有一块肌肉叫膈肌，膈肌往上，腹腔变大，膈肌往下，胸腔就变大。它的作用就相当于是农村打铁铺的风箱片。这个膈肌呢，我们平时没有办法自由的控制它，但是这所有的戏班子，他们基本上都会练这个方法，狗喘气，通过这个方法来自由的控制膈肌，从而使发音能够更有穿透力，理解吗？否则那么大的院子，让所有人听到，是有难度的。

枢纽练习：狗喘气

图 3-2　枢纽练习

各位朋友们，来，我们就一起练习下这种方法。

特别注意：怀孕的女性避免做。

（淳子周老师示范着，大家跟着做，大家确实像小狗一样，但没有人有羞涩，人人都很认真。）注意，肩膀不动喔。

我们在练习的时候，由慢到快。我们也就明白为什么现在来做？显然这种方法空腹还是饱腹？（"空腹。"）对，空腹时可以多多练习。

作用：锻炼膈肌，增加肺活量，从而使丹田发声能运用自如。

诀窍：空腹，由慢到快到非常快，早晚各一次，每次 2—3 分钟。

可能反应：头晕。大量氧气进入大脑，身体一时反应不过来。2—3 次后头晕现象消失，身体已经适应，本练习足够安全，请放心！

发声训练 1：惊讶张嘴

接下来我们来进行惊讶张嘴的练习。什么叫惊讶张嘴呢？假设魏静老师今天本来没来，突然大家一看，咦，她怎么站到我们王老师的旁边，她怎么来了，怎么进来的？我们都不知道，很惊讶，口微微一张，倒吸一口凉气的那种感觉，吸入到你的丹田的这个位置，于是肚子鼓起来开始讲话。这就是我们民间常说的有底气。它很微妙的，对道家养生有所了解的伙伴，会发现，这对健康很有好处，帮你通任督二脉。我们一起来练习三遍，三二一，开始。

作用：气息快速进入，气道畅通。

诀窍：口微张，吸气时快而短促，加上想象，气入丹田。

（淳子周老师带领大家练习。）

发声训练 2：咝字音

下面进行"咝"字音的练习。惊讶张嘴，微微一张，气流到丹田的位置，肚子鼓起来之后，然后就发出"咝"。发出"咝"字音的时候，有要求，第一点，发声的位置在哪里？是在上门牙的背后，45 度往上，建议大家把手势做起来，因为手势可以很好地去引导你的气息。我们在讲课的时候，气息量是你平时说话的 3 倍以上。有些老师讲到激动的时候，会出现一个情况，上气不接下气。这种方法，就是让你气息会变得更长。

（淳老师示范着，大家跟着练习。淳老师提点、指正着大家的练习。）

时长有明确的要求，普通人 25 秒，培训师 35 秒合格，45 秒优秀。我有个学员游泳爬山都很厉害，他可以做到 75 秒钟，厉害。如果你气息不够了，怎么办？肚子向外向下顶，还可以坚持五秒以上。各位知道做讲师是一个综合的活儿了吧，每一个职位有它不同的胜任能力要求。

（这个练习对吴崇明很容易，高谊做起来就有点困难了，胡小云也好不到哪儿去。但大家较着劲儿，坚持着，大部分人也能达到 35 秒。）

作用：吐字清晰，发音更准确，增加/延长气息。

诀窍：先惊讶张嘴，吸气吸到肚子鼓起来，然后发声。位置在上门牙后，45°向上，配合手势。感觉气息不够时，肚子向下和往外顶。每天早晚练 3—5 分钟，两个月就养成习惯了。

标准：普通人 25 秒，培训师 35 秒合格，45 秒以上优秀。

发声训练 3：小红

下面的练习是发"小红"音。大家有没有发现，有些讲师，声音穿透力很好。我曾经见过这样的人，2003 年的时候，我们到上海旅游专科学校去招聘。那时台塑王品牛排到上海来开店，有一位招聘负责人，姓李，也是一个培训师。长得又高又胖，身高一米八五，肚子又很大，说话的时候，嗡嗡直响，老远就听得到他的声音，穿透力很强，气场很大。对于我们大部分人来说，没有这种先天条件，没关系，先天不足，后天补。

我们接下来练习的"小红",就可以训练穿透力。怎么练呢？很简单，先惊讶张嘴，吸气吸到肚子鼓起来，然后发"小红"。为了帮助大家更好的这个练习来，当喊三二一的时候，我们一起说"变身"。三、二、一，变身。("变身。")

各位，现在你是刘三姐，在一个山头上和另外山头上的人对歌，这个女孩子叫什么？叫小红，我们一起来喊她，惊讶张嘴，三二一。"小红……"

吸气不够，往外往下顶，可以借助手势引导，有感觉了，OK。

作用：增加声音的穿透力。

诀窍：先惊讶张嘴，吸气吸到肚子鼓起来，然后发"小红"，发音以"hong"为主，手势往前。感觉气息不够时，肚子向下和往外顶。每天早晚练3—5分钟，两个月就养成习惯了。

标准：普通人25秒，培训师35秒合格，45秒以上优秀。

声音饱满练习

大家发现吗，总体而言，普遍北方人说话相比南方人，声音饱满一些。这是因为南方人说话的时候口形一般比较小，而北方人说话口形比较大，所以说声音就比较饱满。说话声音饱满的人，喉咙里面的悬雍垂，俗称叫小舌头，会往上一收，这样的话，就这么小小的改变，你的声音就会饱满好听很多，理解吗？朋友们，我们一起来练习一下，手势用起来，好，看我怎么做的，好，一起练习。

巴。("巴。")

拔。("拔。")

把，发声的轨迹是一个V字形。("把。")

爸。("爸。")

低。("低。")

底。("底。")

答。("答。")

大。("大。")

美。("美。")

好。("好。")

满。("满。")

扬。("扬。")

偿。("偿。")

想。("想。")

最后像股票一样,涨。("涨。")

这是中国广大的股民最喜欢的。(连不苟言笑的宫磊也微微笑起来了。看来大家真的很热衷经济建设。)OK,朋友们,我们一起再来一遍。

准备活动:

预先揉一下嘴巴,松弛一下嘴部肌肉

巴、拔、把、爸。

低、底、答、大。

美、好、满、扬、尝、想、涨。

结合手势

丹田换气练习

几年之前,我抱着我的女儿,在上海世纪公园附近的一条马路边上看到了一个灌木丛。我走进去一看,有个牌子,介绍这棵梅花树居然有百年以上历史,我觉得很惊讶。回来以后就写了一首诗,《百年梅花的咏叹》。我待会给大家朗诵一下,朗诵的时候,大家的注意力不在诗文上,而是在我的嘴唇上。为什么?因为我会给大家示范一下,丹田发声里面非常重要的一个技巧,那就是换气技巧。

一辆战斗机,飞出去不久之后,回来了,为什么?没油了,所以后来发明了空中加油机。而我们在讲话的时候,连续讲话,气不够了怎么办?我们可以通过换气的技巧,迅速补充,没底气了,赶快惊讶张嘴,一口气吸进来,继续进行。在主持的过程中,李咏、何炅、朱军这些人,都会多次换气,一般的观众没有学过,他不知道。如果是行家一看,哎哟,李咏偷气了,何炅在偷气了,俗称偷气。

大家注意力集中在我的嘴唇上来,观察一下,是怎么做的,我会做得比平时夸张很多倍,目的是让大家看到。待会我们自己在练习的时候,幅度范围实际上是很小的,就是用惊讶张嘴。

朗诵

百年梅花的咏叹

亲爱的百年梅花
你不起眼地伫立在路旁
匆忙的路人 只望见一群绿荫
寒暑霜露的更替中
你辗转于夕阳与朝阳

不经意的回眸
窥见你一抹儿清澈的绿晕
一瞬间的停留
仿佛可以听见你微微的感叹

见证
见证于这个城市的变换
深沉
深沉于世事的无常

亲爱的百年梅花
我爱
我爱你默默的芳姿
我沉醉
我沉醉于你的呼吸

每一段开始的时候，我的口形会怎么样？（"张大。"）
张大一下，吸一口气，肚子鼓起来，然后再进行讲话，理解吗？这就是换气的技巧，很简单。

请大家全体起立,拿着我们给大家《唤醒力量的祈祷》,自己练习,练习换气法。

唤醒力量的祈祷

我和生命本源的爱是一体的。
我不仅是肉体的存在,真正的我的里面,是爱的存在。
我是灵性的存在,是至爱至善至美的显现!
拥有无限的爱、无限的智慧、无限的光明才是真正的我的存在。
因为爱,我的心灵完全的自由,我能全然活出爱的生命与内涵!
我来到这个世界不是为了受苦,而是为了学习爱、奉献爱、传达爱;
我是为了唤醒心中的爱,为了享受生命的丰足与美好而来的!
我是具有丰富能力的人,我是丰富的存在,完美是我的另一个名字!

我一点也不孤单,我也从未孤单;
因为我和生命本源的爱是一体的,我和一切万物是一体的,
从现象界来看,我虽然是肉体的存在,
但是在实相的世界里,我是灵性的存在,
是神圣完美的存在,是实相完全圆满的存在。

我欣赏感谢自己的神性,我也尊敬礼拜别人的神性;
我尊敬礼赞别人,如同敬爱神一般。
我的每一个呼吸都是神的呼吸,
我时时不忘我是爱,我时时不忘与神性连结!
我时时刻刻呼唤着生命本源的爱,
他创造我们所需要的一切,
我与他是一体不可分的!

感谢我生命中的一切人事物,
感谢生命本源的爱时时刻刻与我是一体的,

感谢宇宙的智慧时时刻刻与我是连结的。
我不断地注视善，不断地回到自己的本性，
不断地回归完美喜悦的内在。

愿我看不到别人的过错，
只看到别人的美好；
愿我看不到别人的黑暗，
只看到别人内在的光亮。

现在，无限的喜悦已经流入我的里面充满着我；
无限的智慧已经流入我的里面启发着我；
无限的繁荣已经流入我的里面引导着我。
无限的爱在我的心中辉耀闪亮，
无限的智慧在我的里面绽放光明。
无限的生命，如活泉般从我的内在源源不绝地涌现；
源源不绝的生命之泉，生龙活虎般地汩汩涌现。
现在，我的心已经准备好了向新的一天完完全全的开放！

摘录自《生命喜悦的祈祷》作者：沈妙瑜

朋友们，请离开现在的位置，越宽松越好，这是下午最后一个练习。请注意，第一，我们在说的时候，要不要用手势。（"要。"）难道要我们手插到我们口袋里吗？不要，把手势充分的用起来。

第二，朗诵诗词的时候，要不要声情并茂？（"要。"）要把你的情绪、情感融入里面去，声音抑扬顿挫。

第三，当你的气息不够的时候，运用我们刚才分享的丹田换气的技巧来进行。

最后一点，用你本人自己的节奏，千万别被其他人的节奏带走了。

（大家沉浸在自己的练习中，仿佛人人都变成了朗诵家。）

游泳、跑步，所有的呼吸训练，都可以帮助我们提升和改善丹田发声，我们学了，今天晚上和明天就可以开始练习、使用。当然大家一定要记得在空腹的时候来练习。

辅助练习 1：节奏式呼吸

414＝吸 4 下，停 1 下，吐 4 下，慢吸慢呼，适用于平时修身养性。

144＝快速吸 1 下，停 4 下，吐 4 下，快吸慢呼，适用于疲惫生气时排除负面能量

时间：饭后 1 小时后皆可练。

辅助练习 2："嚯"

作用：为了练习丹田，练习的时候"嚯"那个音不是从你的嗓子发出来的，而是通过丹田发出。

诀窍：闭眼，把手举高，掌心朝上。吸气时踮脚；呼气时脚跟着地，同时发"嚯"。

时间：早晚练习两次，每次 1—3 分钟。

辅助练习 3：数葫芦

深吸一口气后开始数：一个葫芦，两个葫芦，三个葫芦……

标准：能数到 24 个以上才合格，期间不得换气。

随时可练习，增加气息。

今天的课上到这里，晚上史芳岳老师组织大家练习。注意，我们已经完成了《魅力培训师 TTT》的结构训练、职态训练，大家可以开始准备和练习你们八分钟的完整授课了。明天有一部分伙伴会登上这个大台，当众授课，我也会对他们做点评和专门辅导。（胡小云心怦怦跳，居然有点紧张。）

大家，下课吧。（"o-xi！"）

胡小云拨通申主任的电话："申主任，您好！"

"小胡，课程怎么样？"

"很不错，授课技巧真的应该好好学习一下的。学习过和没学习过、有老师指点和没老师指点真的不一样。真该早点出来学习啊！"

"好，很好。你好好学，你学的这些马上都可以用得到，回来后，好好与我们分享一下。"

"申主任……"

"嗯?"

"很感谢您给我提供了这次学习机会。其实，不止这次，平常工作中，您也给了我不少机会，这几天，我越来越感觉到我有过很多机会，但没有好好把握、发挥，不够积极主动。真的很不好意思的。"

"小胡呀，很高兴你有这样的反思。不要介怀，年轻人都有这样的一个过程。几乎每个系统比较完善的公司都会有意培养年轻员工，因此，参加工作2—3年的员工会发现有很多被培养的机会，但是可能没有意识到这种机会有多难得。慢慢地，人员会逐渐分化，一部分员工归于平淡，另一部分员工通过不断努力，能力、综合素养和个人影响力不断提升。等到了5年的时候，在公司的角度上看，很清楚哪些人是'普通员工'、哪些人是处在未来上升通道门口的人。这个时候，公司对于人才培养的倾斜力度，和最初的时候是不一样的。拥有的时候，并不觉得，然而时间过得很快，一旦意识到的时候，彼时的机缘，早就过去不能回来了。"

胡小云心中一凛，背心似乎有些冷汗。曾经的自己，挥霍着年轻的耀眼光芒，飘飘忽忽，没有好好想想未来，殊不知，岁月蹉跎，年华渐逝。他忙说道："谢谢申主任提醒!"

"没关系的，过好每一个'现在'，不断积累，未来会很棒的!"

结束和申主任的电话，胡小云从没有这么严肃，同时，心里那股沉睡的力量，慢慢升起。

远处的吴崇明向他挥挥手："怎么还不去吃饭? 快跟我去餐厅!"看见圆溜溜的吴崇明，胡小云心情又活泼起来，他微微笑了一下，原本就很阳刚的脸，现在不仅有着坚毅神情，还有阳光和朝气。是的，过好每一个"现在"，不断积累，未来会很棒的!

胡小云和吴崇明说笑着走向餐厅。

第二节

能量训练

（第三天早上八点半刚过，学员都全部到齐了。魏老师对淳子周老师助手史芳岳说："第三天学员到得这么整齐，我只在淳老师课上见过呢。"

"是呀，淳老师的《魅力培训师TTT》确实很受欢迎。更重要的是这些学员特别优秀，非常积极主动。这两个晚上我带他们做练习，感受很深的。魏老师，您手里有不少人才呀。"助手史芳岳含笑答道。

"哪里哪里……"魏老师笑得合不拢嘴。

八点五十九分，淳子周导师站在讲台，喧闹的教室很快安静下来了。）

大家的学习劲头很足呀，接下来，我们会有很重要的内容给大家来分享。在开始之前，我们一起大声朗读《台上领袖卡》。

（胡小云感到玻璃都嗡嗡作响。）

朋友们，今天的能量训练（见图3-3），很重要，但基本上在别的TTT课程里不讲，因为大部分的老师不会。很多老师一上台后可以慷慨激昂，他自己知道怎么去调动能量，但是它到底是怎么运作的一个机制，他不一定知道。而我为什么会知道这些窍门呢？

> **台上领袖卡**
>
> 登台前大声朗读：
> 1. 我登台，我有资格
> 2. 我的分享很有价值
> 3. 没有两个人是一样的
> 4. 我认可学员行为背后的正面动机
> 5. 我随时具有暖场意识
> 6. 凡事必有三个以上解决方法
> 7. 最灵活的人最能控场
> 8. 学员的所有情绪都不是问题，而是一个改善讯号。
> 我是天生的台上领袖，我气宇轩昂，魅力四射！

我在2003年、2004年最开始讲课的时候，台底下的人，年纪普遍比我大，收入比我高，综合实力也比我强。这个时候，作为一个小培训师，给他们上课，压力大不大？

（"大。"）

而且我这人一直长得比较

嫩。我就记得我在十年之前的时候，我们有个同事 25 岁，但是看上去像是 35 岁的人，而我呢，一直到 30 多岁的时候，人家还是觉得我像二十七八岁，包括到现在为止，比我实际年龄看上去小很多。怎么样让别人看到你，觉得你像个老师的样子，比较服气？我当时就意识到，提升能量，非常有必要。

操作

如何在一开场瞬间的时候，你把你的能量提高到一个很高位的位置，这是很关键的。所以 2003 年、2004 年的时候，我上课之前，会在卫生间大玻璃的镜子面前，对着镜子，做能量的提升训练。比如说身体动一动，让自己保持最好的状态；对镜子说一句话，比如说淳子周你是最棒的，我相信今天这堂课程会讲得非常好，所有的人都会非常享受，你做得太棒了！

我在上课的时候，假如说我平时的能量状态是 60 分的话，讲课需要 80 分的话，我会在 60 分的基础上，慢慢提，提升到 100 分，继续提，提到 120 分、140 分，然后到上课的时候，开课的前 15 分钟，哗的一声，就把能量释放出来。学员看到你的能量，有 140 分的，或者 120 分，他就服了：嗯，这个老师不错，看着虽然年轻一点，但是气场也很足，所以他一下子就服气了，课程就可以开一个好头，顺利进行。

开场前 15 分钟的时间里面，让学员接受你，一天的课程就很容易上了。学

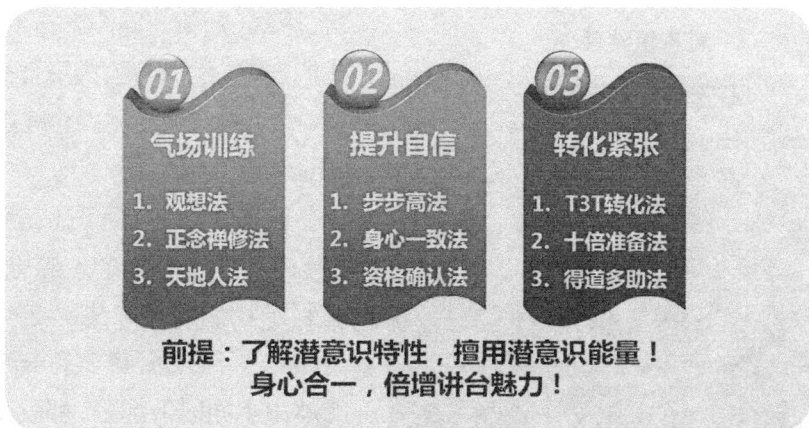

01 气场训练	02 提升自信	03 转化紧张
1. 观想法	1. 步步高法	1. T3T转化法
2. 正念禅修法	2. 身心一致法	2. 十倍准备法
3. 天地人法	3. 资格确认法	3. 得道多助法

前提：了解潜意识特性，擅用潜意识能量！
身心合一，倍增讲台魅力！

图 3-3　能量训练

员呢,他还会在他90分钟左右的时候,试探一下,看看你这个老师,是不是真的像他想象的,那么有能量,那么有学识学问。试探之后发现,yes!于是接下来,整个过程他都会安心地上课。

("淳老师也青涩过,一路走过来,做了很多努力的。"胡小云暗想。)

所以朋友们,我这里给大家讲到了一个很重要的观点,一年之计在于春,一天的课程在于开场,各位,只要开场不错,接着就很成功。

为了这前15分钟,我会做大量的准备,准备比资历更重要,长时间的准备可以转化为资历。

如何把你的能量聚集、提升,这些方法,很多的老师,没感觉,他不知道,或者他会用的,但是他没有总结。而我呢,专门学习、训练、总结过,有一套系统的方法,在以后我们接下来的进阶TTT课程里面,会进一步给大家讲解,让你保持最佳的状态出现在学员的面前。

基础知识

朋友们,请看,这是一座什么?("冰山。")

冰山在水面的以上,占整个体积的多少?("10%。")

有人说10%,也有人说30%,不管怎么样,冰山(见图3-4)水面以下的部分,占整个冰山的大部分。我们人体的话,也有类似的一个冰山模式。

来,大家先伸出左手摸到我们的左脑,各位,我们左脑负责什么?逻辑、语言、思维、判断。请伸出右手,摸到我们右脑,我们右脑负责什么?形象思维、音乐、艺术,还有直觉等(见图3-5)。

很多人认为,意识(左脑+右脑)控制了我们整个人的身体,影响到了我们整个人生。这个认识全面吗?不全面,其实有一个更大的冰山水面以下部分,那就是我们的潜意识。

潜意识特性

图3-4　冰山

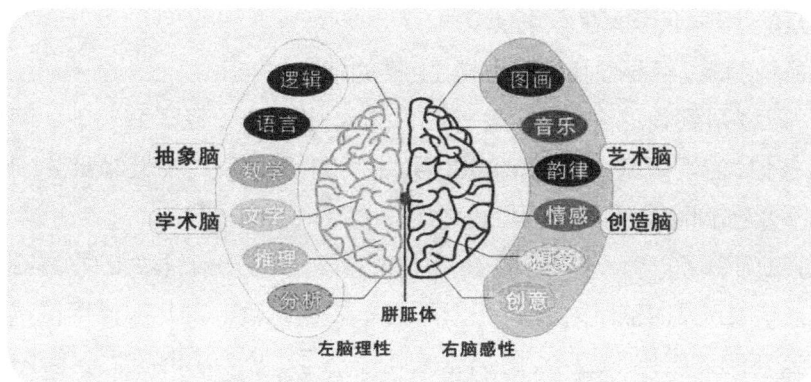

图 3-5　大脑皮质部分功能分布

意识以下更深的东西叫潜意识，而且潜意识，从我们出生，一直到我们离开人世间，都一直伴随着我们，然而很可惜的是，很多人知之甚少，小学、中学、大学里的教学内容里面也鲜有提及。

例如，郜朋在开车的时候，刚开始启动、踩油门等，是左脑和右脑交替控制的，一旦上了高速之后，车开平稳之后，我们的郜朋老师，就可以一边哼着小曲，开着车，一边和旁边的美女说笑，为什么？这个时候潜意识已经接管整个驾车过程，你看我们梁响老师频频点头，有类似经历。（大家笑。）

飞行员也一样，今天晚上一部分伙伴会坐飞机离开上海回家去。这个时候我们会发现，飞机启动的过程，是由飞行员左脑和右脑交替控制。

一旦飞上蓝天，飞行平稳之后，你会发现他就可以轻松下来了，比较放松地做一些事情，为什么？这个时候他的潜意识接管了。

潜意识对我们影响非常大的，如同冰山水面以下更多的部分。我们对它加一些了解的话，会发现你在讲台上的魅力会提升很多。

请拿笔记录：潜意识的第一大特性，能量巨大。能量到底有多大呢？美国的一个心理学家，伯恩·崔西讲过，潜意识的能量，是意识的五万倍以上，把它用出来，各位你可以做好多事情。所以人的潜能无穷，就是这个道理。

请拿笔记录：潜意识第二条特性，把"不"当做"是"。好，通过两天下来之后，我们也算朋友了，大家作为朋友，愿不愿意帮我一个很小很小的，每个人都力所能及的小事,愿意吗?("愿意。")

请各位朋友,不要想我们这层楼,上楼的楼梯。

好,已经帮到我这个忙的,没有去想的人,请举手,我了解一下。两位、三位,好,各位,告诉大家一个事情的真相,举手的都是骗子。(大家哄笑。)各位,当我说不要想的时候,你头脑里面怎么样?("立刻想了。")

对,立刻想了。有一户人家,客厅很大,妈妈买了一个很大的水晶花瓶,妈妈对女儿说,宝贝,花瓶很贵哦,千万千万不要去碰哦。女儿很懂事说,妈妈我一定不去碰的。妈妈很放心,厨房里去忙乎去了,两个小时之后,传来什么一声?("啪。")

谁的责任? 我们一般的人,都说孩子的责任,实际上妈妈的责任,妈妈告诉她女儿的意识,也就是大脑说,不要去打碎它。但是潜意识听到的是什么? 去,去打碎它。因为潜意识是把"不"当做"是"。

说到这里来了,各位美女们,为什么减肥成为一个Long Story,成为一个漫长的旅途,成为一个新长征,为什么?(女生们和吴崇明都笑了。)我们在心里狠狠地、暗暗地、默默地发誓说,再也不多吃了,再也不能胖了。你告诉自己一个概念,我不要什么? 我不要胖。

其实潜意识听到什么? ——哦,你要胖! 不管你怎么少吃,喝水也让你继续变胖。

没想到吧,参加这三天TTT,顺便学会了瘦身的技巧。

小练习

瘦 身 技 巧

诀窍: 按着你的左边锁骨下的部位,对自己说: 为了保证自己的身心健康(正向指令,潜意识最喜欢听),达成更好的授课效果,我选择把体重保持在xx斤以内。

点评: 潜意识是我们最好的朋友,它的使命是让我们每时每刻都成功快乐。它如同电脑程序,可以输入和改写,所以你可以变胖,你可以变瘦。

有空的时候,用以上的方法和它对话。哇,潜意识就会自动自发地帮你完成。

该怎么吃就怎么吃,该怎么喝就怎么喝,该怎么睡就怎么睡,自然而然就会完成。

我本人有实践的经验,2011年的时候,我去参加周平老师的课,他呢,块头比较大,比较胖,他做一些手势、动作的时候,感觉霸气十足。我就觉得,哎,这个范儿不错,我也要像他一样。当时我的体重是130斤,我知道这个体重做不出这个霸气范儿,要达到效果,要重一点点,我给自己设定了一下:153斤以内。

接下来的几年时间,我的体重就是在140—153斤之间波动,现在我的体重是145斤。

各位,体重既然可以去设定的,推而广之,也就说你的人生也可以去设定或者改写,只要你学会与潜意识沟通的方法。(胡小云从来没听说过这些。)

各位朋友们,请记录:潜意识第三特点,想象和事实不分(见图3-6)。来,朋友们,请看这是一只什么?

("猫。")

他看到的是什么?

("狮子。")

我们的吴崇明老师,坐在椅子上想,桌子上是他特别爱吃的一些零食,话梅呀、瓜子呀、刚刚烤好的面包呀……想啊,想啊,他身体出现相应的一些反应,流口水什么的。为什么?潜意识就把这个想象当做真的,理解吗?

图 3-6　潜意识

所以我们就利用潜意识的三大特点,为我们作为讲师增加很多魅力和能量,例如:

(1)气场训练。

(2)提升自信。

(3)转化紧张。

一、气场训练

不同老师在讲台上影响力不一样,有的人叫它"气场"。

气场——就是培训师、学员与周围环境等因素所形成的一种无形的感觉。这些因素经过各种方式的互动,形成一种独特的能量场,而这种能量又以各种

形式反过来影响我们，并呈现出一种此消彼长的态势，但总体能量是平衡的。所以培训师的控场，就是通过经验、资历、自信心、感染力和舞台表现力来使这个气场维持一种动态的平衡。

气场跟培训师的内在修炼息息相关，如何在开课前就进入高能量高频率的状态，分享三种方法！

提升方法 1：观想法。

操作：首先，小心地念一遍以下的文字，可以录音下来（你完全根据自己的需求调整一下文字的内容）做成 CD 或 MP3。

闭上你的眼睛，默念或播放 MP3，让自己全然的驰骋于这股想象之中。

我坐在椅子上，等着主持人介绍我是谁。我觉得很有信心很轻松，而且全身充满活力。只要我一觉得自己紧张，我就知道这是一股随手可得的附加能量，有助于我讲课的临场表现。

我被介绍出场了。当观众报以热烈掌声的同时，我充满自信地走向讲台，站在场中心位置。然后我暂时中止了手势，用目光环顾所有的观众。觉得站在这里真是无上荣耀，我知道，我代表自己，也代表公司，我会尽我所能地好好展现。

我放松地让自己做了一个深呼吸，把自己的目光盯在学员中的其中一人身上，如同待在房间里单独和朋友沟通而已。

我急欲想要和在场的每一位学员分享我充分准备的内容。我的临场表现有力而且生动，在座的每一个人都被我吸引。

我轻松自在而又自信满满地进行我的课程，我活力充沛，将我精心设计的课程热忱地和大家分享，当我讲课完毕，学员们全部报以热烈的掌声，这是他们对我工作成就的致敬。我谢过他们，信心十足地走回自己的位置，心里尽是满足和骄傲。

提升方法 2：正念禅修法。

现在禅修越来越普遍，它与心灵有关，与宗教无关。

我曾经在自己的《教练禅》课堂上，很多次带领学员吃水果（香蕉和桔子居多，几乎每个季节都有卖），先让他们闻味道，感受温度和纹理，再缓缓剥掉果皮,慢慢放入口中,体会牙齿和果肉接触的感觉,体会整个吞咽的过程。说来好笑,这样吃水果,大约要 20 分钟,以往的话,最多 2 分钟就吃完了。很多学员反应——这真是今生最好吃的水果,难得的体验!

操作:

每一天的任何时候,都可以进行正念禅修。全心放在你做任何事情的每一个当下。举例来说,当你冲澡的时候,专心洗涤你的身体。放慢动作有助于你仔细观察整个过程。你可能只是安静地不断"冲洗又冲洗",只为让自己专注在冲洗身体上。无论你在做什么,都要保持注意力的单一与专心。很多人会错过当下一刻,因为他们一心想着明天的事。真实地身处在当下一刻,将会让你有清新活力的深刻感触。

当你在喝茶的时候,练习感受那只杯子,倒入茶水,品茶的滋味,全心贯注于喝茶的整个过程。如果你的心有所不定,重复念着"喝茶,喝茶",再把自己拉回到当下这一刻。

练习正念的最好方法是吃水果。举例来说,选一个桔子,注意看看这个桔子,然后闻闻它的味道,感受它的存在,然后再慢慢剥皮。拿起一瓣,缓缓靠近自己嘴巴,觉察到自己口中开始分泌唾液,然后放进嘴里,开始品尝,好好享用吃桔子的乐趣。

要集中念头于当下这一刻,请一天数次练习这种正念禅修的功课。

提升方法 3:天地人法。

这是恩师李中莹先生发展出来的 NLP 技巧,大大增强内在力量,我是 2008 年在课堂上第一次体验时,就觉得能量无穷。

操作:

(1)以舒服的姿势在椅子上躺好,轻轻地闭上你的眼睛,做几个深呼吸。想象内心的生命之火,注意它的光和热,虽然小但仍存在。

(2)在宇宙很远的地方,有一股很大的力量,存在于一个很辽阔的空间里。它慢慢地凝聚起来,变得很光亮、很嘈杂、很炽热。它开始以很快的速度,向着我们的太阳系飞过来。它的速度很快,穿越了不同的星河,进入了太阳系,向着我们的地球飞过来。现在它进入了大气层,发出更亮的光、更嘈杂的声音、更热的温度。它向着这座房子飞过来。穿过了层层天花板，来到你的房间，从你头顶的正中进入了你的身体。在你的身体里，它找到了你的生命之火，能量体和生命之火这两股力量很快混在一起，开始顺时针方向旋转。这股来自宇宙的力量，源源不绝地从你的头顶进入，使那两股混在一起的力量不断增强、越转越快，而且同时不断地膨胀、扩大，在你身体里面产生越来越坚实、越来越暖、越来越有力量的感觉。

（3）同时，你又注意到在地球中心处，有另外一股很大的力量，正在以很快的速度穿越地层，来到你所处的地下。它很快地升上来，穿越地面，更穿越层层地板，就在你所站立的地方，从你双脚脚底进入你的身体，上升和那两股力量汇合在一起。

（4）现在，三股力量汇合在一起，更快地旋转、更快地膨胀，有更大股力量不断进入你的身体。你所感到的力量变得越来越大，越来越强，也许你开始感到热。这份力量、这份热，从身体冲到你的双手、冲到你的双脚、更冲上头顶，使整个人都感觉到那份力量，热乎乎，暖洋洋的。

（5）现在请你大力地吸气。每次的吸气，都使你内心的力量更为加强，更牢固地存储起来，同时融入你身体里的每一处，以后都留在那里，供你每一次有需要的时候使用。好好地享受这份充满力量的感觉，当你感觉到自己已经充分地把这份力量储存在身体里时，你才需要睁开眼睛。

精力管理

作为培训师难免出差，或有疲劳的时候。这时候很有必要进行精力管理。我们分享两个小方法。

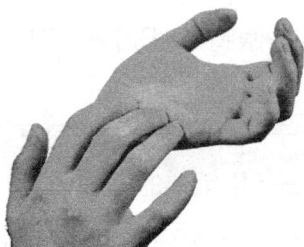

第一个方法是敲打小鱼际法（见图3-7）。我们作为培训师出差疲惫、累的时候你都可以轻轻地敲，可以快速地提升你的精力，如果有疲惫基本上两三分钟就会明显退消。它的原理是什么呢？这里是心包经经过的位置，敲这个位置，对你的心脏有正向反馈的作用。这是第一种方法。

图3-7　敲打小鱼际法

第二种是健脑操之挂钩式（见图3-8）。这是经过很多人验证的方法。我的老师,香港的李中莹老师,70岁了,他经常培训,连着讲3—5天,我经常看他在课间休息的时候,在教室的角落用这个方法来迅速恢复自己的体力。

适用:快速改变情绪状态。提升精神,增加注意力、思考力和耐力。

操作:

(1)双腿伸直,双脚交叠靠在地上。伸直双臂,交叠须配合双脚,双手拇指向下,如此,自会掌心相对,手指交叉结合,向下反拗于胸前,如此握成拳头靠在胸口。

(2)舌头顶住上颚齿稍后的地方,呼吸放慢。

(3)注意力放在心脏,想象看到,听到,感觉到心脏的跳动,保持专注3分钟,状态便会平静下来。

图 3-8　健脑操

二、提升自信

朋友们,伸出右手,请摸到自己左胸锁骨以下的部位,有没有酸痛点。("有。""没有。")

告诉大家,60%以上的中国人有,为什么呢?这个部位从心理学上解释来说,代表自我接受和自我接纳,往往你的自信心强,那这个位置不大会酸痛,如果自信心不够,或者有一些心结没有被化解的话,这个地方,它就会有酸痛。原因很简单,中医讲通则不痛,不通则痛。平时这个痛的地方慢慢揉一下,对你的身心健康很有好处,因为身心是一体的。

为什么60%以上的中国人这个位置会痛呢?

假如说我们辛丽老师柔美可人,她有一项技能,织毛衣,织得非常好,各位这项能力,能不能成为她的自信?("能。")

告诉大家,不一定。

为什么?讲完接下来的故事就知道了。

小案例

辛丽和王雪月通过这次培训认识之后成为好朋友,辛丽对王雪月说,我给你织件毛衣好不好?王雪月说好啊。于是王雪月穿着辛丽给她织的毛衣在身上面，又显气质，又显身材。

朋友问她："这件毛衣在哪里买的？"

王雪月说："不是买的，我有个好朋友，叫辛丽，织的毛衣可好了。"

朋友："你能不能请她也给我织一件？"

王雪月说："好啊！"

于是很多的人找辛丽织毛衣，结果大家每次从辛丽手上接过毛衣的时候，还把一个厚厚的红包塞给她。很多次之后，这个织毛衣的技能，有没有成为辛丽的自信？成了！

这个时候，经过无数人的夸奖之后，辛丽说，织毛衣，我很行，我自成风格，我很有品位。她就越来越自信。

点评

大家有没有发现，你本人有一项技能，要转化为你的自信，中间似乎有一个过程，这个过程是什么？那就是得到外部的认可、表扬、肯定、欣赏、鼓励、夸奖，等等。必不可少，而且要很多次确认。

明白之后，我们就很容易理解，为什么我们中国人，60%以上会酸痛？我们中国人从小到大，得到外部的表扬、夸奖普遍多吗？（"不多。"）

做得好，应该的，做得不好，挨批的，是不是这样？所以造成我们中国人普遍自信心不足。日本、韩国也是这样的情况。欧美就好多了，因为他们很善于夸奖，Good job！这是不一样的。所以现在亲子教育里面，就有人提出一个"赏识教育"。

为什么TTT课堂上有多次练习，帮助大家建立讲台上的自信。因为你讲一次提升一次，讲一次别人认可一次，当然你就越来越自信，就是这个道理。你不练，坐在那里面听了千百遍，你的自信还是出不来。（见图3-9）

敢于登台，敢于多讲，培训师是练出来的，不是听出来的！

我本人的讲台自信怎么来的？还不是上了很多课之后，一点点积累起来的。

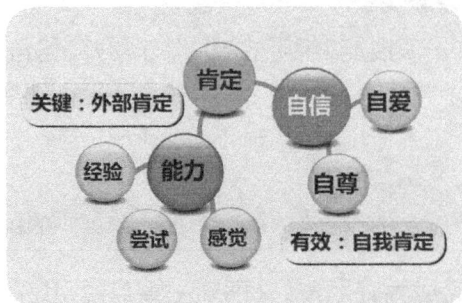

图3-9　自信的由来

自我肯定小练习

朋友们,外部环境无法改变,那我们可以改变自己的内部环境,自我的认可肯定也是有效果的。

那怎么办呢?所有人伸出右手,放在左胸锁骨以下的部位,有酸痛点,揉一下,没有的话,没关系,按着一个部位,当做你的潜意识,我说一句,你说一句就可以了。当我说到我的名字,在座各位说自己的。

我,淳子周。我爱我自己。("我,xxx,我爱我自己。")

我喜欢我自己。("我喜欢我自己。")

我欣赏我自己。("我欣赏我自己。")

我肯定我自己。("我肯定我自己。")

我真的好喜欢好喜欢我自己。("我真的好喜欢好喜欢我自己。")

各位,别小看,嘴里有点肉麻,但是心里可舒坦了,你说一次的时候,你的自信心就一次一次的怎么样?("增强。")

自我的肯定是最方便的,在座的美女们就很清楚,人不是因为美丽而自信,而是因为自信而美丽,所以各位朋友们,这种自信,你可以通过自我肯定的方法,来进一步提升。

当然我们要注意,说的时候带有感情,投入,专注,真的以一种很欣赏的态度去做这样的练习。

小测试

接下来进行讲台自信测试:

(1)想象你站在讲台上,所有学员已经就位。

(2)关注身体的感觉和反应,例如心跳和呼吸加快,额头冒汗,双腿发抖。

(3)记住当下的状态,1—10分打分,非常自信是10分,非常不自信是1分,为当下的状态打分(为了精确,可以有小数点,例如7.2分)

你的打分是_____分。

我们用以下三种方法进一步增强讲台自信:

(1)步步高法。

（2）身心一致法。

（3）资格确认法。

提升方法 1：步步高法

（1）登台前，深呼吸放松下来。

（2）想象在自己所站的位置（起点）和场中心位置（终点）之间划一条直线。

（3）向前踏一步，脚放下时，想象本人长高了一些。反复做几次，直到每踏出一步，内心便有长高的感觉（如没有长高的感觉，退后一步，重新开始）。

（4）到场中心位置（终点）时长到最高，自信满满地开始讲课！

备注：平时反复练习，每步迈出时都有长高感觉。

好，现在全体起立，开始练习！

提升方法 2：身心一致法

伙伴们，对我们广大的右撇子来说，请伸出左手，左上方代表你的过去，请伸出右手，右上方代表你的未来。

我们这里有没有左撇子？有 2 位，相反，左边是你的未来，右边是你的过去，待会做动作时，方向相反。

接下来利用潜意识的第三个特性，来提升讲台上的自信！

（1）闭上眼睛，想象一幅你神采飞扬讲课的照片，放在你的右上方，而且你已经看到这种画面，感觉到这个画面，越清晰越好！

（2）带着这种美好的感觉，继续想象：你在讲课上讲课神采飞扬，台下的学员听得如痴如醉，你很有成就感……

（3）停留在这个极佳的状态，当我喊三、二、一的时候，连续打三下响指，嘴上同时说三声"Yes、Yes、Yes"加以确认。

这个方法简单又好用，得到很多学员的验证，平时有空就做，你的自信心会大幅的提升。

提升方法 3：资格确认法

我们再来一个练习。请摸到自己的心口，划一条水平线，和身体左侧的侧分线（将身体前后一分为二的线），两条线交会的这一个点，摸到这个点（记住，是左腋下），来，摸一摸有没有酸痛点？我告诉大家 90% 的人都会酸痛。

为什么酸痛？它是一个穴位，叫渊腋穴（见图 3-10），心理学上认为，它是组成自信的一个关键元素——资格，所对应的身体位置。

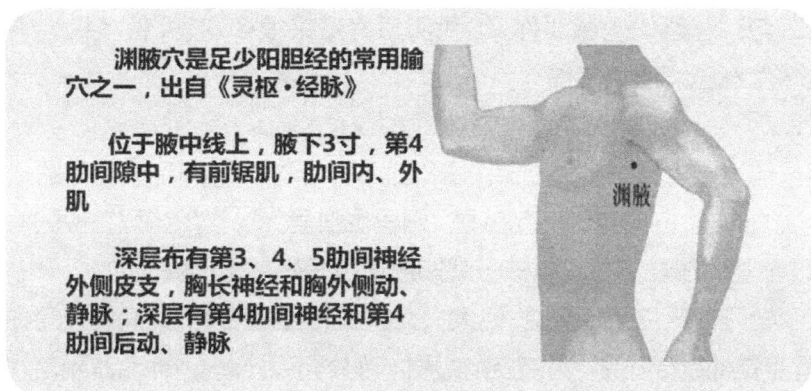

图 3-10　渊腋穴

打个比方，人体需要蛋白质，蛋白质由氨基酸组成，比如说像赖氨酸、色氨酸、苯丙氨酸这些，人体没办法自己合成，必须从外部摄取。那么资格呢，就是组成自信的关键"必需氨基酸"，没有它，你自信出不来。

资格来自什么？小的时候，来自你的父母，你的家庭，对你的认可和肯定。当我们长大之后，是你的团体对你的认可和肯定。如果承认不够的话，你的资格感就不足，资格感不足，自信就出不来。

这个地方是 90% 中国人会痛的地方，为什么呢？很简单，在所有的资格里面的话，父母对你的认可、肯定，是最基本，也是最重要的一个，也叫生命原爱。

想一想，我们小的时候问父母："爸爸妈妈，我们怎么来到这个世界上的？"父母怎么说？从哪来的，还不是捡的，垃圾堆里捡的，厕所里捡的，是不是这样？造成中国人普遍资格感不足，该部位就会痛了，就这么简单。

重要补充 1

亲子资格三句话

说到这里，在座有孩子的人着急了（大伙儿笑），怎样让自己的孩子有自信，安乐易养，青春期少有逆反呢？

经常说三句话（频率：有空就说，想到就说）

第一句："爸爸很爱你，妈妈很爱你"；

第二句："爸爸妈妈生了你很高兴"；

第三句："爸爸妈妈感谢你，给我们家庭带来很多欢乐，很多机会，很多财运，有了你，爸爸妈妈很幸福"。

点评

第一句话告诉孩子他是生活在爱里面的，爸爸妈妈都是很爱他的，爸爸在说这句话的时候，同时也说一句就是"妈妈也很爱你"，当然妈妈在说的时候，也同时说"爸爸也很爱你"，这样孩子就知道爸爸妈妈都是很爱他的。

有个学员在课堂上分享说，他太太在家里时会对孩子说：妈妈很爱你，爸爸不爱你，于是他以牙还牙，说：爸爸很爱你，妈妈不爱你……他话音刚落，大家一阵哄笑。父母这样不一致的说法会让孩子疑惑，在夫妻关系上也会产生裂痕。

第二句话爸爸妈妈生了你很高兴。这句话非常有威力，赢得非常关键的"他"为什么来到这个世界的资格感，会大大增强孩子的自信心。

第三句话告诉孩子对家庭的价值，为家里带来了欢笑。

资格感不足会带给生活很多困扰。当年，我有一个朋友，很漂亮，好几次都到了谈婚论嫁的时候，莫名其妙地黄了！她很苦恼，后来我分享给她几种方法，她也坚持用功，半年后出差，高铁上遇到了"真命天子"，38天就结婚了，现在孩子五周岁！

假如我们的岳巍然一直想升到他们部门副总这个位置，学历够，资历够，身高更够，但是一直都升不上去，他很苦恼。怎么回事呢？各位，很多时候都是内在资格感不足，怎么办？有方法，来，我们教大家一起升官发财的方法了，来，伸出右手，摸到这个位置，边说的时候边敲，我带领大家一起说。

我有资格。（"我有资格。"）

我有资格升上部门总经理。（"我有资格升上部门总经理。"）

我的资历完全足够。（"我的资历完全足够。"）

我的学历完全足够。（"我的学历完全足够。"）

我的工作经验完全足够。（"我的工作经验完全足够。"）

我有资格。("我有资格。")

我有能力。("我有能力。")

我相信自己。("我相信自己。")

我完全有资格。("我完全有资格。")

升上部门总经理。("升上部门总经理。")

我会心想事成。("我会心想事成。")

两个月之后,这个岳经理,变成岳总了。(木讷的岳巍然呵呵笑着。)

同样的道理,我们这几天里面,经常给大家说一句话:

"我登台,我有资格,我的分享很有价值。"

为什么这几句话很有力量,明白没有? 帮助你补充什么东西? 资格感。

这些增强自信的方法,平时大家要多去练习。我从 2005 年到 2007 年,我整整用了三年的时间,有空就经常练习,渠成水就到,自信满满!

重要补充 2

讲师需要建立强大的自信,更需要《资格确认法》,本方法结合了李中莹老师传授的好几种 NLP 方法以及本人的实践。

资 格 确 认 法

(1)深呼吸,放松下来,坐和站均可。

(2)想象右肩后是父亲,左肩后是母亲(固定位置,不能站错)。

(3)继续想象父亲的右后站着爷爷,左后站着奶奶;母亲的右后站着外公,左后站着外婆。

(4)以此类推,历代的父母亲都站在你的身后,你的生命就是经由这么多代的父母及祖先传到你那里。

(5)祖先里有些父母亲是有力量的,眼睛像电灯一下发亮,当你看到他时,他也看到了你,他们马上就会把力量传给前面的孩子,就是这样,像火山熔岩一样传下来,每一代的父母收到这个力量,他们的眼睛都会发亮,就像这样,一直传到你的双肩,进入你的身体。

(6)当你感受到这份炽热的力量时,充分地打开你的心,接受它,大力吸气，容许这份力量在身体里变大、变暖、变热、膨胀，跟身体本有的其他力量汇合，旋转。

（7）用右手中指轻叩左腋下的渊腋穴，边叩边说：

我有能力做好培训师；

我有资格做好培训师；

我爸爸允许我有能力做好培训师；

我爸爸允许我有资格做好培训师；

我妈妈允许我有能力做好培训师；

我妈妈允许我有资格做好培训师。

（不知怎的，胡小云全身发热，仿佛背后坚定地站了一大群人，鼻子眼睛有一点酸酸的感觉。）

三、转化紧张

接下来就要做一件重要的事情。既然大家都是这么自信，我们接下来开始抽牌，这里面有一张大王，有一张小王，抽到的人，八分钟的上台演练由你来做。开始抽扑克牌，你可以抽中间的，也可以抽底面上的。

（大家抽着牌，有人不动声色，有人眉飞色舞，有人觉得幸运，有人长吐一口气。）

抽到大王、小王的上台。是王雪月和辛丽。这么巧？刚刚还拿两位举过例子呢。抽扑克牌抽到的，这个是很公平。两位女将，你们两位抽到了，当然你们就要开始登台授课了。如果很轻松是一分，很紧张是十分的话，现在你们多少分？

（"我七分！"辛丽答道。

"我九分！"王雪月有点哆嗦。）

九分的话，我们都能想到她是什么样的状态，肯定是脸红、心跳、直冒汗。没关系，我现在交给她方法，至少让你在座各位学会以后紧张的时候，腿抖得均匀一点点。要不要学？

（"要！"淳老师示意辛丽回座，王雪月坐在台前。）

我们一起来学习这种方法。利用潜意识的三大特性，哪三大特性？我们一起来复习一下：第一个，能量巨大；第二，把"不"当做"是"；第三，想象和事实不分。所有的人我们一起来，伸出右手，放在左锁骨下面这个位置，我们进

行潜意识沟通:

　　谢谢你潜意识。("谢谢你潜意识。")

　　谢谢你关心和帮助。("谢谢你关系和帮助。")

　　你是我最好的朋友。("你是我最好的朋友。")

　　你一直都在保护着我。("你一直都在保护着我。")

　　所以我要谢谢你。("所以我要谢谢你。")

　　解释:因为潜意识从小到大一直都陪伴着我,这么好的一个朋友,我们都很少很少去谢谢它,所以有机会和它沟通的时候,谢谢它。

　　在我们《魅力培训师TTT》课程里面从来不提克服紧张,而从来都是转化紧张。为什么?我们马上会讲解到。

　　通过学习。("通过学习。")

　　我了解到。("我了解到。")

　　紧张是一种附加的能量。("紧张是一种附加的能量。")

　　是你,潜意识。("是你,潜意识。")

　　送给我的一份礼物。("送给我的一份礼物。")

　　目的是让我在台上发挥更好。("目的是让我在台上发挥更好。")

　　只要我学会。("只要我学会。")

　　转化紧张的方法。("转化紧张的方法。")

　　我就可以。("我就可以。")

　　化作登台的动力。("化作登台的动力。")

　　让我超水平地发挥。("让我超水平地发挥。")

　　心理学认为:紧张,往往意味着你面对的事情很重要,需要额外关注。潜意识送你更多礼物,助你超水平发挥。

　　这个时候呢,绝大部分人,看到潜意识送礼物来了(见图3-11),不知道这是什么东西,本能就说什么?

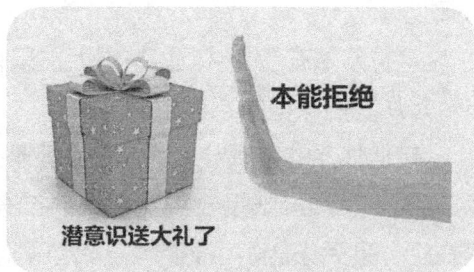

图3-11　潜意识送大礼

不，我不要。潜意识把"不"当做什么？"是"。哦，你要啊，于是把更多的能量给你。

更多的能量给你之后呢，内在更加害怕。你又不知道这是什么东西，更加说我不要，潜意识说，哦，你更要，更多地给你……有没有发现，就发现一个拼命地要给，一个拼命不要，两方就掐起来了。所以你在台下准备好的东西，上台之后怎么样？

图 3-12　女孩

（"忘完了！"）

理解了吗？就这么简单。所以我们只要学会转化紧张的方法之后，就变得非常的简单。各位，你看（图3-12）左边的女孩很享受舞台。右边的显然很紧张。

接下来，马上教给大家方法。怎么做？

（1）T3T能量转化法。

（2）十倍准备法。

（3）得道多助法。

转化方法1：T3T能量转化法

这个方法最重要，很简单的5个步骤，第一个步骤和最后一个步骤，开始和结尾，都是"谢谢你，潜意识"。中间有三个步骤：A接受、B转化、C加速。

怎么具体做到，我带大家具体来做，学会这种方法之后，把紧张转化成登台的动力。

这种方法在整个中国，基本上是只有我在讲，以后看到类似的方法，你就知道，是从我们课程体系里出来的。

其他体系的老师会教大家"克服紧张"、"战胜紧张"，把紧张当做敌人、当做对立面。其实紧张是一种能量，转化好了会变成自己的一份巨大的力量，把它对立了，会丢失、消耗掉很大一块力量，很可惜。好，我们继续来进行这5个步骤（见图3-13）。

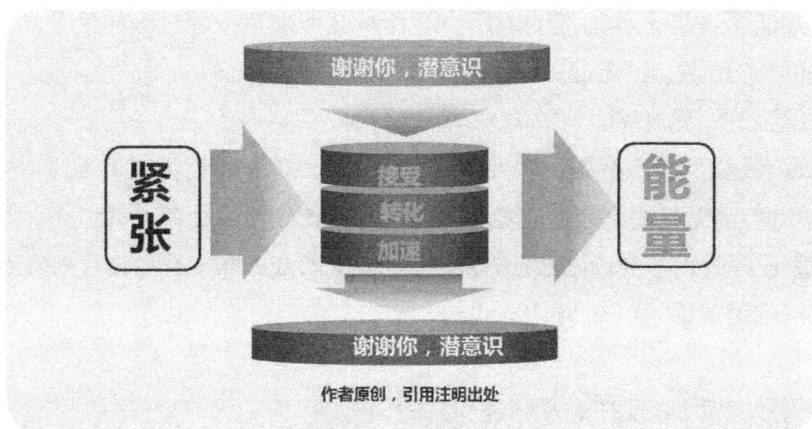

图 3-13 T3T 能量转化模型

谢谢你潜意识。（"谢谢你潜意识。"）

谢谢你的关心和帮助。（"谢谢你的关心和帮助。"）

你是我最好的朋友。（"你是我最好的朋友。"）

你一直都在保护着我。（"你一直都在保护着我。"）

谢谢你。（"谢谢你。"）

A 接受：

刚才淳老师说要抽人上台。（"刚才淳老师说要抽人上台。"）

我有一些紧张。（"我有一些紧张。"）

我的紧张程度达到……分。（"我的紧张程度达到……分。"）

当时我的身体有以下的反应。（"当时我的身体有以下的反应。"）

心跳加快。（"心跳加快。"）

有点冒汗。（"有点冒汗。"）

腿有点发抖。（"腿有点发抖。"）

我是一个普通人。（"我是一个普通人。"）

我接受我所有的身体反应。（"我接受我所有的身体反应。"）

我也接受当时的所有的情绪反应。（"我也接受当时的所有的情绪反应。"）

也接受现在这个场景。（"也接受现在这个场景。"）

我知道紧张是一种附加的能量。（"我知道紧张是一种附加的能量。"）

是你，潜意识。（"是你，潜意识。"）

送给我的一份礼物。（"送给我的一份礼物。"）

我现在已经收到这份礼物。（"我现在已经收到这份礼物。"）

我知道当我选择接受的时候。（"我知道当我选择接受的时候。"）

我就已经开始学会转化紧张的方法。（"我就已经开始学会转化紧张的方法。"）

谢谢你潜意识。（"谢谢你潜意识。"）

王雪月老师，你现在的紧张还有几分。

（"好很多了，五六分左右。"）

为什么紧张程度会下降？以上是"接受"的步骤。当你选择接受的时候，你的身体反应、情绪自然就会转变了。接受是很强大的。我们继续。

我们将进入到下面的步骤，包括转化和加速。

B 转化：

现在我允许我自己。（"现在我允许我自己。"）

闭上我美丽的眼睛。（"闭上我美丽的眼睛。"）

深吸一口气。（"深吸一口气。"）

感受到这股附加的能量。（"感受到这股附加的能量。"）

我允许它在我全身自然的流动。（"我允许它在我全身自然的流动。"）

并且让它和我的每一个细胞、每一个DNA。（"并且让它和我的每一个细胞、每一个DNA。"）

融合在一起。（"融合在一起。"）

我知道当它们完全融合的时候。（"我知道当它们完全融合的时候。"）

我已经完全学会转化的方法。（"我已经完全学会转化的方法。"）

C 加速：

现在我已经做好所有登台的准备。（"现在我已经做好所有登台的准备。"）

我的资历完全足够。（"我的资历完全足够。"）

213

我的素材完全足够。（"我的素材完全足够。"）

我已经做好所有登台的准备。（"我已经做好所有登台的准备。"）

当我登台的时候。（"当我登台的时候。"）

所有人都用热辣的眼光看着我。（"所有人都用热辣的眼光看着我。"）

给我无穷的能量无穷的信心。（"给我无穷的能量无穷的信心。"）

太棒了，我好享受。（"太棒了，我好享受。"）

当我分享的时候。（"当我分享的时候。"）

所有人全神贯注听得如痴如醉。（"所有人全神贯注听得如痴如醉。"）

我很有成就感。（"我很有成就感。"）

我很享受。（"我很享受。"）

当我分享结束的时候。（"当我分享结束的时候。"）

所有人为我鼓掌欢呼。（"所有人为我鼓掌欢呼。"）

太棒了，美好的时刻。（"太棒了，美好的时刻。"）

享受的时刻。（"享受的时刻。"）

我已经感觉到。（"我已经感觉到。"）

我已经看到。（"我已经看到。"）

是的，我已经准备好了。（"是的，我已经准备好了。"）

我要分享的题目是……（"我要分享的题目是……"）

谢谢你潜意识。（"谢谢你潜意识。"）

我要出发了。（"我要出发了。"）

Go！Go！Go！（"Go！Go！Go！"）

就这么简单！转化得好，越紧张，你的发挥就会越好。你为什么紧张？说白了，是因为这个培训很重要，作为培训师你需要额外的力量，你理解吗？就这么简单。所以我们每一位都要会用这种方法。我们一起来看看哪5个步骤。第一个开始和结尾都是"谢谢你，潜意识。"

下一个步骤？（"接受。"）

下一个？（"转化。"）

然后？（"加速。"）

点评

那我们在接受的时候,是怎么做的呢? 就是全然接受你所有的身体反应,接受当下这个场景,接受这项挑战。很多人之所以紧张,是因为它不接受,好,一旦你接受了,潜意识的一个礼物你就收到了,就这么简单。

第二点转化,我们转化的方法也很简单,深吸一口气,感受紧张这种附加的能量后,允许它在你全身自然的流动,这个流动的过程,其实就是一个身心回应的过程。并且你允许它和你的每一个细胞融合,和身体转化在一起的时候,各位,身心合一了,哇!

最后一个步骤,我们其实已经用到潜意识什么特性? 想象和事实不分。

一个完整的过程,达到我们所说的四个字——心想事成。心想事成就是这么来的,理解吗?

辛丽老师,现在你的紧张程度是多少分?

("三四分左右。好像还有一些期待呢!"辛丽文静地笑笑。)

("喔!"有人鼓掌起来。)

很好! (淳子周老师微微笑着。)不过你的演出要留到下午。我们也很期待!

(胡小云发现自己有一点小激动,也很期待能够有机会登台。)

转化方法 2: 十倍准备法

T3T能量转化法,确实现场运用非常棒! 同时,它属于治标。

如何治本,还得十倍准备法。

如果事先的物品准备足够,你上台就从容;

如果事先的内容准备足够,你上台就自信;

如果事先的心态准备足够,你上台就淡定;

大家跟我大声朗读: 课前准备,精彩保证!

操作

(1)对着镜子,大声朗读。

(2)脱稿演练,见人就讲。

(3)邀请听众,现场讲授。

(4)充足准备,同理学员。

（5）积极暗示，归零学习。

总之，放下专家的身份，想象自己和学员一样是在做一个互动的学习，把内容准备得充分精准；做足功课，练习、练习、再练习，练习得越多，讲的时候你就越放松；利用过往成功经验，经常想象一下挥洒自如的情景，从小成功积累大自信；授课效果受多方面因素影响，放弃完美主义，把培训当成一次交流，学员很多时候看不出你心里是不是紧张，尤其是你加倍准备后！

培训师锦囊

备课闲暇时读读以下文字：

◇ 过去是历史，未来是秘密，当下是礼物！

◇ 我们认识到：一旦面临阻力，越是对这种情况施加压力，阻力就会越大，我们要学习芦苇，顺势而生。

◇ 我无须证明，只须向自己坦陈心愿，就可以在生命中的每一时刻体验到美满、快乐、自由和自主。

◇ 在这种充满欢乐、单纯简朴的自由状态中，我发自内心的不再是怀疑，无论何时都会心想事成，渠成水自到。

◇ 我内在的无限智慧，让我的灵感汩汩涌现。

转化方法 3：得道多助法

我们要善于放低姿态，利用周围资源，促成培训成果！

（1）向公司内外的资深讲师和优秀老员工请教。

（2）问问学员中的"影响力中心"人物，他们的痛点和难点在那里。

（3）问问主管领导，他们的期望在那里，还有那些"政策"可以支持。

（4）事先熟悉场地，看看还有哪些需要"加、减、乘、除"。

（5）事先拿到学员名单，一开场就能叫出他们的名字。

（6）拜几个师傅，学点"魔术、音乐、才艺"等绝活，人气值肯定不同。

（7）做好课前风险控制方面，建议要问三句话：a. 培训主题与培训需求匹配吗？ b. 今天要来的最大领导是谁？ c. 以往上课是否有一些传统习惯？

......

第三节

控场法

接下来要讲到一个很重要的内容——控场。我知道大家很期待这个话题。但在这之前，首先要澄清一点，很多老师会把自己准备不足当做控场技巧可以解决的问题，这种观念值得商榷。我们要把这两者分开。

事先准备	内部资源调配	可控
讲师控场	外部突发因素	不可控同时可以预防

准备：比如教室里面停了电之后我该怎么办？如果投影仪坏了该怎么办？这些都是属于你的事先的准备，而不属于控场方面的内容，但是很多老师把它们错误归为控场技巧的范畴。

确实，停电、投影仪坏了，似乎自己不能控制，但是，开课前投影仪调试，这是你可以做的，甚至准备一台备用投影仪。真的没电了，你还可以怎么上课，这是你事先可以有预案的。很多优秀的培训师，脱离了PPT，脱离了电脑，还是可以上课的。比如我们之前上小学、中学，甚至大学时，电脑很少见，在课堂上使用更少见，老师们照样把课讲得好好的。这些其实是属于"准备"这个范围的。

控场：我们这里说到控场的话，往往是属于外部的，你无法把握的，比如学员稀稀拉拉进场、说小话等。所以一会儿大家在小组内部讨论的时候，要把讲师准备和外部控场之间做一个明确的区分。

讨论

以小组为单位，用2分钟的时间。在自己讲课的实践中或别的老师课程中，你看到在控场方面出现过什么问题，每个组要求至少六条以上，讨论开始。大家把讨论结果汇总一下。

（"学员热情不高。"

"学员提前退场。"

"讨论收不回来。"

"学员故意刁难，提怪问题。"

"学员私聊。"

"看手机。"

"……"）

大家讨论得很好，其实大家现在提出的问题越多，尽可能当堂解决、应对，未来的风险就会越少。

角色认知

我们探讨控场法之前，首先我们要明白我们作为讲师来说，在一堂课中扮演什么角色？请拿笔记录，三种角色：

（1）知识的管道。

（2）经验的管道。

（3）能力（信心）的管道。

大家想一想，是不是这三方面的。有的人说老师是导演、编剧等，甚至有的说是培训师是驯兽师，不管哪种说法，培训师扮演的主要是这三类角色：传播知识、传播自己的经验、给学员能量和信心。

既然是管道，老师和学员之间谁高谁低？老师高？学员高？各位，我说一句，大家说一句：同流才能交流，交流才可以交心，交心才可以教会。如果是做销售的，交心才可以交易。所以谁高谁低？都是一样高。

支持系统

为什么培训师在讲台上光芒四射？除了他们本人的学识以外，培训师身后有多双手在支持，他们在台上的时候得到广大人民群众的支持。所以在讲台上有风采，这风采也不能说完全来自自己，更多的是大家给你的。

培训师是学习系统的代言人和台前人物。这个系统包括培训采购方——企业、培训提供方——培训公司、培训组织者——通常是HR部门、培训师、学员，并且推到更广的范围，学员经过培训获得提升，从而企业整体水平提高，更够实现更大的社会价值……这样，小小的一堂培训课链接的是更大的系统（见图 3-14）。而培训师则是系统的前台。他的光芒真的不只是他自己的。

图 3-14　讲师的支持系统

道理明白之后，你就可以运用了。遇到控场方面有问题之后，你要学会"一方有急，八方支援"。别试图一个人解决问题。

"一个人在战斗"是培训师的大忌。

比如这堂课我的话筒出问题了，我会找魏老师、助手史芳岳老师来帮我来解决，因为他们是我们的统一战线战壕里面，他们会全力地支持。

反例

讲一个反面例子，早些年我也曾经犯过试图一个人来战斗的问题。那时，我在外滩参加培训师试讲，3 个老师，每个老师讲一个小时，我很珍惜这次讲课的机会。当我上台之后，发挥很好，当第 25 分钟左右的时候，隔壁教室传来一个声音，"喂"，有人试话筒，串音了。我想一会儿就过去了，没理它，继续讲课。没想到那边继续，"喂，喂，喂"，我就有点烦了，提高声音，试图压过它，结果那边好像也感觉到什么,不依不饶,继续。这种声音整整持续了 5、6 分钟,课堂效果明显受到影响,很可惜。

我后来反省:当时犯了一个很大的问题,那就是一个人在战斗,主办方知道我的授课实力不错的,只是受到了外部的干扰。但市场不相信眼泪,成败论英雄,效果不好,那就没办法。其实,我当时只要其实只要停下来,让学员进行一个讨论,然后赶紧关照主办方,到隔壁交涉一下,这个事情就过去了,理解吗?然而,我那个时候试图"顶风作案",效果不好。

例子

前事不忘后事之师,吸取教训之后,以后我就淡定了。2011 年,我在泰山脚下——泰安讲课。那时是周六上午 11 点,我正在讲课,响起噼里啪啦的鞭炮声。各位都知道周末结婚比较多。我把手一挥,说,人家结婚,跟他们一起庆祝吧。我就不说话,学员看到我这么淡定,他们也就安静下来了。

我心中有数,鞭炮质量都很好,一会就放完了,果然 15 秒之后燃完了,我说,放完了,我们继续上课。那堂课的效果完全没有受到影响。而且学员还说,老师,你刚才好淡定,帅呆了。(大家禁不住鼓起掌来。)

这就是你明白道理和方法之后,就不急了。很多时候临危不乱,当下要能够定得住,找旁人帮忙。一定要学会当你遇到问题的时候,和支持你的多双手配合。

这些人为什么会配合你?很简单!

尽管不在现场,邹总希不希望这三天是一个精彩的培训?

尽管不在现场,我们重庆分部 100 多位伙伴希不希望他们派出的代表千里迢迢过来参加的是一个精彩的培训?

尽管不在现场,魏老师的家人、各位的家人希不希望今天的培训继续精彩?

尽管没在现场,我们以往《魅力培训师 TTT》公开课的 1 200 多位学员、我们已经上过这门课的上万名企业内训师希不希望今天是精彩的培训?

(大家又禁不住鼓起掌来。)

每一个讲师为什么有风采,是因为多双手在后面支持,遇到问题让他们帮忙去解决就对了。

心态调整

有这种认识之后，你就不会犯一个问题，什么呢？骄傲。假如今天上了一堂课上得好，你知道你之所以有这样的一个风采，是因为有多双手在支持你，你就不会脚在发飘。

当你脚在发飘的时候，就是离失败最近的时候了。当你脚真正是接地气的时候，就是站在成功的土壤上的时候。

2002年起我就认识很多职业培训师，前不久我也遇到了其中的有几位，我发现尽管过了10多年了，他们的素材，故事和之前差不了太多，当然我也发现他们的水平和前面有进步，这是一种自然的增长，但是进步也不是那么大，为什么？是因为他们2002年的时候沉醉于掌声，沉醉于那种收入，沉醉于那个感觉中，结果在整整十多年中，一直吃那份饭，长进不是很大。越是成熟的水稻，头越低，必须接地气！

假如遇到这种情况，讲完课老板不满意，我们也许需要的是这两个字，读出来，"释怀"（见图3-15）。

我有一位朋友吕老师，曾经说，我真得向我前50堂课的学员道歉。什么意思？显然今天的她比昨天的她讲课更好。但能不能把前50场学员找回来，说，之前上得不好，我今天重新上一次？不能。时光不能倒流。同时，如果没有前50堂课的学员，能不能成就今天的她？不能成就，所以说伙伴们，假如遇到这种情况，我们要很快地转换心态。伸出右手，我们一起说："所有事情的发生都有助于我的成长，今天的经历，是我明天的资粮。"很快你的心态调整好了，如果没有今天的经历，哪会有你明天的成功呢？这就叫学习释怀。

图3-15　心态调整

眼神控场

我们一起来朗读：

"无论多少人，每次只和一个人沟通。"

这是眼神的交流。有没有发现，有时候大家上台，不说话，先环视教室，然后再开始，效果也会非常不错。我们说过无声是最好的互动。这就是用了眼神的控场。为什么呢？原理很简单，当培训师看了一眼整个培训现场，和大家有眼神交流，还有场地有什么布置，他了解清楚了，心中有数，就有底气了。这就叫眼神沟通的交流方法。

不管面对的是个人还是群体，用眼睛加强自己在特定方向的影响力，让气场在特定方向强烈起来，就叫做"定向投射"，如果其持续时间比较长，就可以叫做"定向传导"。

阶段一：直视对方的鼻尖靠上一点儿的地方，或者眉心，或者前额。

阶段二：直视对方的眼睛，尽可能保持自然轻松的目光接触，20秒以内，好的目光接触应该时常发生。

阶段三：轮流看着对方的两只眼睛，从左眼睛看到右眼睛，从右眼睛看回左眼睛，保持深度沟通，这样的方式对学员来说，更能感受到培训师的真心与诚意，这是美国前总统约翰.肯尼迪经常使用的有效方法。

橄榄球法则

我们怕的不是自己讲不好，就怕有人捣乱，对不对？有的"捣蛋鬼"尤其是现在85后、90后，思维活跃没有框架，如果"捣蛋"，很可能是一剑封喉，让老师下不了台。那怎么能把这些捣蛋鬼找出来呢？我们这个法子就可以帮助到大家。

橄榄球法则（见图3-16）说的是往往一个课堂里面，刚开始铁杆支持

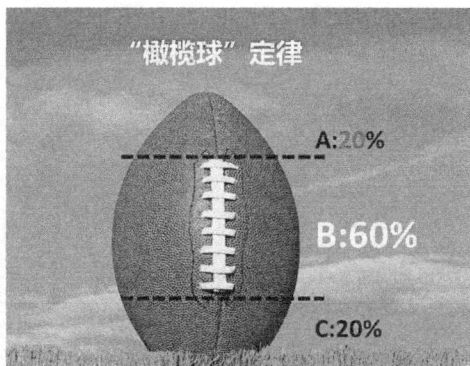

图3-16 "橄榄球"定律

你的人有 20%,不支持你的人有 20%,而大多数 60% 是无所谓的,需要你去争取的。就这么简单。"橄榄球定律"是在"二八定律"基础上衍化而来,很好用!

我们就用六字的法则来把一些捣蛋分子找出来,捣蛋在这里分两种:

A 良性捣乱;

B 恶性捣乱。

A 良性捣乱的是怎么样的? 比如就像吴崇明老师这样的,他很活跃、很开心,他会捣点小乱、搞笑,但是有没有发现他的捣乱是良性的,他是为了吸引你的注意,所以说当他试验你后,觉得这个老师不错,他接下来就很愿意来配合这堂课,理解吗? 这是叫良性的,而且很容易成为你的粉丝。(吴崇明不好意思地嘿嘿一笑。)

B 恶性捣乱: 他不出招则已,一出招你肯定很难接招,那怎么办? 先把这个人找出来。

举例: 郭宏老师受人力资源部的邀请,来到课堂,学员 100 人。

阶段一: 当学员陆续走进教室,喜欢郭宏老师的人,按照橄榄球定律,这时候有 20 人喜欢郭宏老师,请注意,多少人? 20 个人。然后,无所谓的人——反正今天是来学习的,反正是单位出钱的,多少人? 60 个。不喜欢的多少呢? 有 20 个。他们可能因为他的穿着、长相、气质等之类的,反正也说不出原因,就是不喜欢,20 个人。好,这是阶段一(见表 3-1)。

表 3-1　学员态度(一)

类别	阶段一	阶段二	阶段三	备注
喜欢	20			先假设所有学员永远是积极向上的,一颗红心向太阳! 哈哈
无所谓	60			
不喜欢	20			

阶段二: 当课程继续,郭宏老师发挥真不错,态度稳重、表达清楚,例子深入浅出,大家想,今天来对地方了。于是喜欢他的 20 人成为铁杆粉丝;无所谓的 60 人也觉得老师很好,成为粉丝。

这原先不喜欢的 20 人,发生分化,分化也按橄榄球定律,20%,60%,20%,我们会发现:

喜欢:20 人 × 20%=4 人

无所谓:20 人 × 60%=12 人

不喜欢:20 人 × 20%=4 人

这个时候出现了第二种情况,20+60+4=84 个人喜欢郭宏老师,12 人无所谓,4 个人不喜欢(见表 3-2)。

表 3-2　学员态度(二)

类别	阶段一	阶段二	阶段三	备　注
喜欢	20	20+60+4=84		先假设所有学员永远是积极向上的,一颗红心向太阳!哈哈
无所谓	60	12		
不喜欢	20	4		

阶段三:郭宏老师继续讲课,提到在汶川地震时,作为第一批志愿者奔赴地震灾区;他说到在美国留学的时候为国家做的一些事情;他讲到自己为何发善心资助了 5 个贫困儿童,他的人格力量深深地打动了在场各位,于是这 84 人继续成为他坚定的粉丝。12 个无所谓的人也被他人格力量所吸引。剩下的 4 个人怎么样?发生分化?

错,这 4 个人不被资产阶级的糖衣炮弹所打动,继续坚持他们的立场。

各位老师注意了,喜欢郭宏老师的人达到创纪录的 96 人,另外 4 个人还是不喜欢(见表 3-3)。

表 3-3　学员态度(三)

类别	阶段一	阶段二	阶段三	备　注
喜欢	20	20+60+4=84	84+12=96	先假设所有学员永远是积极向上的,一颗红心向太阳!哈哈
无所谓	60	12	0	
不喜欢	20	4	4	

伙伴们,培训师最怕的人藏在哪里? 这4个人。"恐怖分子"就藏在这里。怎么把这"恐怖分子"找出来? 让你的"国度"更安全,风险能够管理。

培训师锦囊

恶性捣蛋分子的特征

(1)位置:这4%的人,他们往往在教室的什么位置? 角落,山高皇帝远。

(2)行为:他会不会听课? 不会,低头看手机,或者在笔记本上画乌龟。

(3)眼神:郭宏老师一眼看过去的时候,他会不会保持目光交流? 不会。他一定是我躲我闪。

分析:恶性捣蛋分子找出来了,同时,你无须惹怒他们。

第一,他们很有才气有个性。

第二,非主流,可能对现况有些不满,或者价值观不同流。

第三,他们不是培训课堂的主导性的力量。为什么? 阶段一就喜欢郭宏老师的20%的人,代表主办方的利益和力量,尽管人数只有20%,但已经占了主导性的80%的力量。所以不到万不得已时,这4%的反对者是不会跳出来的。

恶性捣蛋分子的3个出击时机

(1)授课老师明显实力不济,软弱好欺,柿子要拣软的捏。

(2)老师很强悍,但擦枪走火或言语不当,一不小心犯了众怒,他一看,机会来了,揭竿而起。

(3)他在角落玩手机正开心,郭宏老师偏要他回答问题,触犯他的利益了。

应对恶性捣蛋分子

明白3个特征,3种时机,处理就简单了。

(1)诱之以利。开场半小时,大局已定,请4%中的陈灿(陈灿乐了,坐直身体。)上台来分享一下,提很简单的问题,分享好后,发给他一个小礼物,他就静静地坐下来,继续玩他的手机。

(2)一物降一物。陈灿是很厉害,刘钢是组长。郭宏老师私下跟刘钢说,你们小组的陈灿很有学习精神,你帮我多关照他。这么一说,刘钢心领神会。有一个环节郭宏不小心说了不恰当的话,这个时候,陈灿一看机会来了,揭竿而起,准备要造反了。刘钢立马横刀冲出来,说,此山是我开,此树是我栽,要想过此山,留下买路财。陈灿一看,县官不如现管。郭宏老师讲完课就走了,阿拉陈灿的人生还要继续,一定还要跟刘钢打交道的,他就想,算了,不看僧面看佛面,他又潜伏下去玩手机,于是相安无事了。

（胡小云:现在终于明白为什么很多老师课堂上要选组长,淳子周老师是选学习委员,他们往往代表主办方的利益,而且是属于20%的坚定支持者,掌握80%的主导力量。）

（3）震慑法。课程中,郭宏轻描淡写地说,昨天我跟邹总在一起吃饭的时候,邹总说到什么什么,最近电视上看到我们CG银行的董事长曾经说过什么什么……什么意思?上面有人。理解了吗?

伙伴们,我们现在能够明白:课程第一天早上,老师提前一个小时进教室,前半个小时把投影、桌子什么的都调试好,后面半小时学员陆陆续续来了,培训师就走过来,和大家打招呼。

——马磊老师,看得出来你有经验,你在公司讲什么课?

——杨小聪老师是广东人?不像不像,真的像山东大汉。

——汪老师笑容满面,气质不错。

——董卿老师,大明星,了不起。

——王泽老师和我一个高中同学长得很像……

各位,这个老师他为什么要走过来和大家搭话?为什么?我们以往觉得是在拉关系,是的。

同时,所有的培训师过来说话的时候,背后就有一个无形的扫描机,迅速扫描:这个人跟我有眼神交流,笑容亲切,支持我的20%;这个人对我爱理不理的,一看长得比较善良,还好,60%,需要争取;这个黄娴心看上去蛮有分量,笑容满面,有目光交流,20%;你看这一个这个叫吴崇明的人,满脸凶相,有点危险……迅速判别!各位,理解吗?

我们就很明白为什么一开始的时候,老师提问,做游戏的时候,他会抽哪些人上来?他一定会抽坚定支持他的20%。好,整个大局开始稳定了,才召见

60%的人，另外20%的人基本上是不怎么碰的，并且不到万不得已千万不会去碰那4%的人。所以说我们以往的课程看热闹，经我这么一教，门道大家就可以看出来。明白这个道理之后，就知道怎么去应对那些所谓的捣蛋分子。伙伴们，这就是橄榄球的定律，有没有感触？

五点控场法

如果是人多怎么办？我们有一个五点控场法来帮我们做到这一点。什么叫五点法？很简单，伙伴们，曾经参加过港台歌星的演唱会的请举手示意一下，参加谁的都可以，好，黄老师参加过谁的？

（"刘德华。"）

尽管我没在现场，我就知道刘德华在前15分钟是怎么做的。

（1）出场：肯定会唱一首大家耳熟能详的老歌，而且最好是载歌载舞的，是不是这样？你会发现他在一边唱的时候，一边怎么样？和前几排握手、互动。为什么会这么做？因为坐前几排的人，要么位高权重，要么就是花高价买的票、坚定支持他的铁杆粉丝，所以说他绝对不敢得罪的。

（2）回到舞台中间，说："很高兴来到上海，上海真是个美丽的城市。"接下来对中间的观众说："中间的朋友我爱你们！和我一起唱！"中间的观众一阵狂呼，这大概是前十分钟的事情。

（3）调动后场：从10分钟到15分钟的时候，就会说，左后边的朋友们，向我挥挥手，我爱死你们了！接下来，说，右后边的伙伴们，请站起来，让我看到你们！整个后场又是一片欢腾……

刘德华为什么这么做？因为这就是五点控场法。

我们以后经历大场面的时候，很简单，用五点控场法，治大国如同小烹！

各位伙伴们，绝大多数教室，都可以分成五点：A点、B点、C点、D点，还有E点。E点往往不是教室正中、长度50%的位置，而是在会场0.618黄金分割点的位置。E点属于教室关键位置，在我们这个互动"岛屿"式桌椅布置的教室（见图3-17），它有E1和E2两个关联位置。

明白五点控场法，我们就能理解：

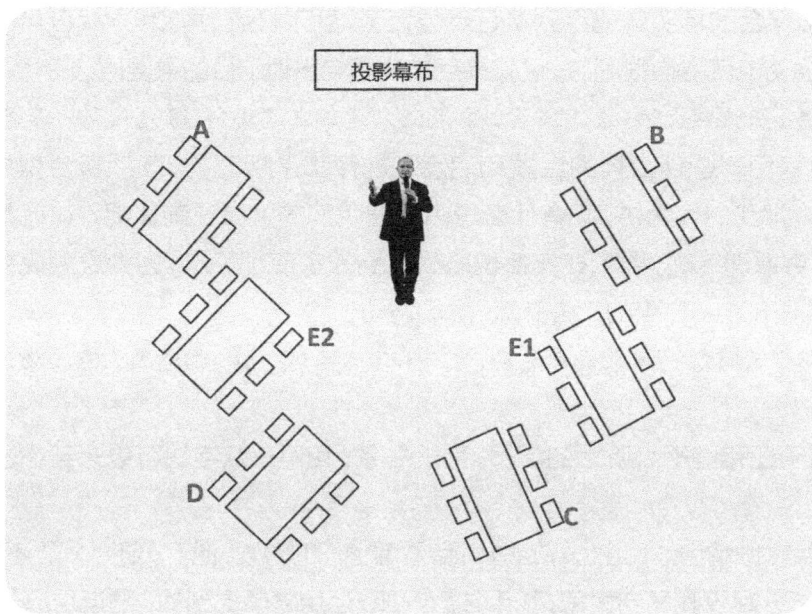

图 3-17 互动"岛屿"式布置的教室

（1）贺老师，黄老师他们就是A、B两个位子，我在今天特意和他们俩互动很多，对不对？

（2）讲授"橄榄球定律"时，为什么我会拿郭宏老师举例。因为他正好在C点，合适时间出现在合适位置上（大伙儿会心一笑）。不找郭老师，那我一定找D点的杨老师去举例，要么C，要么D，为什么呢？遵循规律，这样做，我就可以调动后排这一片人。

（3）今天刘钢老师、吴崇明老师是不是被经常会提到？他们处在E点的位置。

学员人再多，作为培训师，只要把ABCDE的位置把握好之后，这个课程就很好上了，这是简单精妙的五点控场法。

像刘德华这样的天王级高手，他们控场没什么问题，但是对于刚刚出道的新人，气场就弱很多！

那怎么办？为了方便，干脆把舞台做成T台，往前移，更容易和A点、B点打交道，T台的尽头就已经到了E点位置了，到了E点，再和C点、D点的人互动、沟通交流就变得很简单，这就是后来演唱会出现T台的重要原因。

（胡小云恍然大悟：先有舞台，再有T台，道理在这儿啊，眼光独到的淳老师！）

给我们一些什么样的启发和启示？规律都是相通的，既然舞台做成T台向前移，那我们作为讲师，有什么理由不把我们的讲台往前移呢？这就是我在8分钟讲课训练时，要求在座各位必须走到教室底部三次，因为走到底部的时候，容易和C点，D点的人去交流，全场调动！

（胡小云暗想："原来讲师走动，也是和T台原理一样，都遵循五点控场法。"）

对于还有些不大听话的学员，那没关系，我们有八字诀可以来帮你。请大家记录：

眼钩：眼睛钩他；当他们在说小话，看着他们的时候，他下次还敢吗？不敢了。

手抓：尽管我面向大家，我手往后一抓，运用之前提到的"贴近看远"手势，右手边说小话的人都老老实实的。

声拉：说话的时候突然提高音量或者停顿，讲小话的人，一听，怎么回事呀？注意力就转移回来了。

话打：淡定地说，等他们说完我再开始讲课。

各位伙伴们，这就是我们控场的一些方法。大家可以结合你课堂的实际情况，好好运用，一起朗读：

控场有规律，四两拨千斤！

（胡小云心儿怦怦跳，有点跃跃欲试，想要用在自己的课上。）

点评技巧

在开始大家 8 分钟上台展示之前，我先向大家介绍点评技巧。

我曾辅导华润、平安、宁波银行等上百家企业的讲师大赛学员，赛前辅导，赛中点评，赛后总结。怎么做点评呢？其实很简单的，请记录：点线面，二八开，润切塑。

编号	姓名	题目	讲师点评	结构化	学员互动	手势应用	提升	改进建议
1	文志凯	《羽毛球接发球技术》	题目新颖，亮点：动作模拟演练，新奇的图片案例	基本掌握	较少，提问技巧	不自然，背对学员	1.身体晃动 2.停顿多，内容不熟 3.手势应用较少 4.电脑应用不熟	1.对于所讲授内容要熟悉，同时有信心；对于不足切忌强调，"如羽毛球大学是杜撰的" 2.善用道具，在适合的课程中应用恰当的道具； 3.增加手的应用以及互动
2	章明	借贷风险控制小技巧	表达结构清晰，善于互动（提问、感谢等），手势应用，对比结构应用得当	完整应用	较多，提问技巧	良好，走动幅度大	1.身体晃动较多 2.语言零碎	1.调整站姿，减少晃动 2.理直气壮，大胆提问（忌"大家配合一下"） 3."那个"这样的碎语减少
3	蔡荣天	五福盈门—基金业务介绍	开场较好，掌声破冰，图片案例较多，比喻形象，声音洪亮	基本掌握，较生硬	较少	自然，手势和位置变换较少	1.额等碎语较多 2.故事演绎更充分，运用开门建山技巧	1.变换手势，扩大走动范围 2.减少碎语 3.语言更加流畅
4	张志平	客户投诉心理波动探讨	开场完整，背景充分；善于运用对比机构，空中与地面；声音洪亮	基本掌握，依赖PPT	较多	较少，背对学员	1.身体晃动 2.依赖PPT，且PPT文字过多，图片较小 3.碎语较多	1.调整站姿，稳定重心，面向学员 2.增加亲和力 3.调整PPT，结构化，形象会
5	宁波涛	初见：大客户开发技巧	主题转换灵活，课程设计结构清晰，表达结构基本掌握	基本掌握	较少	较少，驼背倾向	1.忌忽悠 2.PPT结构乱，字体不一 3.驼背站姿，表情严肃	1.使用积极正向的词汇引导学员 2.结构化课件，同时统一字体 3.增加互动与亲和力 4.增加课程亮点，更加生动形象

什么叫点线面？ 我们分别来阐述：

点：某一知识点，呈现技巧，个人状态。如肢体语言，语音语调，语言运用等；

线：照顾全场，整个技巧线，时间轴，内容是否完整；

面：针对某个社会现象，面对什么人群，有无理论升华、提炼。

总之，作为讲师，针对学员展示的整个过程中的某一个点进行点评，或者对他的某一条线索、纲领进行点评，或者在某一个局面、侧面上进行点评，这叫点线面，有没有发现，这样你的视野可大可小，比较立体非常灵活。当然你可以选择一个，作为你的重点来进行，而不是所有的都统统的讲到，这叫重点突破。

什么是二八开呢？

赞扬为主，谈优点优势，占80%，他哪些方面做得不错的。

20%：很多人会理解成说缺点，以致于很多讲师觉得，做点评，说得越狠越毒舌越好，这不对的！讲师对学员满怀关爱之心，有理有据，针对性指出后续有必要提升的方面，提升的空间，例如技巧，知识储备，大局观等。

语言句式有讲究：张越老师8分钟讲课，有五大优点，分别是……当然，他能做到以下三点就更好了……总之，张越老师结构清晰，主题紧扣实际业务，语言幽默，如果100分是满分的话，我给他打（停顿5秒）118分。

（大家笑。）

什么是润切塑呢？

润：之前内容干巴，点评时添油加醋，帮讲师补足，让他看到"原来我可以讲得更美更好"；相当于说学员呈现出来的"花"有点枯萎了，再浇一点水，这个花就长得好了，看着更舒服。

切：多余部分去掉。过程中有些冗长的，不必要的、多余的东西给它拿掉，例如多余内容，多余手势，多余的铺垫，多余的游戏等。

塑：塑造新形象（高大上），塑造新境界，塑造新格局！帮学员把他的内容塑成一个新形象，并且比原来有更高格局、以更好的一个方式呈现在大家的面前。

润切塑最能体现培训师的匠心独运，眼光锐利，手法精熟！

点评最能体现一个老师的功底和综合实力。大家今天起要开始学会点评，积累经验，同时注意四点：

（1）提升观察力。

（2）加强瞬间记忆能力，能够复述学员的原话，或场景重现（表演能力）。

（3）用心，锻炼领悟力。

（4）通觉感受。换角色，作为学员融入情境，打通视觉、听觉、感觉，NLP技巧中叫打开VAK通道。

企业内训师选拔举例

A. 学员自评 1：作为内训师的八大优势（现况和提升）。

> 李淳
> (1) 有激情（热爱并对此项工作非常投入）9→10 分。
> (2) 自信（对于自己敢于站在讲台上）8→10 分。
> (3) 学习能力强（对于知识能够及时学习消化）7→10。
> (4) 灵活性强（反应快能够及时应对）8→10。
> (5) 调动气氛感染别人 6→10 分。
> (6) 幽默（轻松幽默）7→10 分。
> (7) 结构设计合理（教材设计合理）6→10。
> (8) 敏感（对学员的感受很敏感）6→10。

工具：九宫格。

B. 学员自评 2：我能讲的三大课程及简要大纲

> 一、如何提高计算机应用能力
> (1) 计算机应用技术迅速发展。
> (2) 计算机操作技能整体较为薄弱，还往加强。
> (3) 通过沟通，了解员工学习需求。
> 二、如何增强团队协作意识
> (1) 加强员工互相配合、协调能力。
> (2) 加强员工学习意识达到相互配合、相互学习。
> (3) 增进员工友谊。
> 三、员工忠诚企业教育
> (1) 防止员工做违反公司利益或有损公司形象事情。
> (2) 增进员工对企业忠诚度，使员工将公司当成自己的家。
> (3) 讨论分析在工作中的不足。

C. 淳子周老师点评：

分为四部分：① 优点；② 有待提升的；③ 一句话点评；④ 课堂印象打分。

优点：
　　(1) 主动，有强烈的表现欲。
　　(2) 肢体动作敢夸张、大气。
　　(3) 快乐幽默。
提升：
　　(1) 适当修饰自己的台风和肢体语言。由"随意"—"刻意"—"职态"转换。
　　(2) 多一点微笑和轻松。
　　(3) 注意收集学员的反馈，不断改进。
点评：你是一个风格鲜明的优秀培训师。
评分：A⁺

D. 学员 8 分钟或 10 分钟实战演练得分：(见附录：导师表)

E. 人力资源部及培训中心领导意见：

录用或评级意见：

领导签名：　　　　　　　　　导师签名：
　　日期：　　　　　　　　　　　日期：

讲课表现评分表（导师表）

讲师姓名：	导师：

一、我观察你用了下列技巧或方法

开场两问【　　】　　　　双感谢【　　】　　　理性【　　】　　　感性【　　】

走动【　　】　　　　　　大互动【　　】　　　故事【　　】　　　开心金库【　　】

案例【　　】　　　　　　板书【　　　】　　　训练【　　】　　　提问【　　】

肢体【　　】　　　　　　五组合【　　】　　　读片【　　】　　　预演未来【　　】

煽情【　　】　　　　　　鼓励学员【　　】　　道具【　　】　　　语言逻辑【　　】

增加技巧:【　　　　　】,【　　　　】,【　　　　　】,【　　　　】

二、今天课程，我个人觉得你做得最好的是

三、今天课程可以改进和建议你增加的内容

四、我对你的一句话点评

感 性	理 性	互 动	肢 体	教化性	深 度	高 度	创新性	结构表达
10分	10分	10分	10分	10分	10分	10分	10分	10分

参考总分：100分,规定技巧没完成将扣分;增加技巧将加分! 总分可以超出 100 分。

根据抽扑克牌的结果，几位伙伴登台做 8 分钟的小授课，淳子周给他们一一点评，虽然胡小云没能登台，但观摩他人的登台、听淳子周老师精到的点评，他也觉得收获颇多。

下课了，大家闹哄哄的。因为大伙儿纷纷合影留念，要好的人在一起拍照片，更多的人是要和淳子周老师拍照。胡小云看挤不进去，就找到史芳岳老师。

"史老师，这门课可真棒！"

"谢谢！是大家很棒！"

"史老师，听说你是《魅力培训师 TTT》授权培训师。怎样才能成为授权培训师？有什么要求吗？"

"你已经上过《魅力培训师 TTT》，再上一个授权班就可以成为授权培训师了。我们下个月就会开课，你可以报名参加。这是我名片，后续可以联系我。"

史芳岳递给胡小云一张名片，"授权班是教大家怎样讲《魅力培训师 TTT》。我本人上过授权班，也开始承接一些课程了。你上过授权班，若要求不是特别高，你就可以对你们内部的培训师开始教一些培训技巧了。"

"好的。我争取一下。谢谢！"胡小云收好名片。他看见名片上的二维码。

史芳岳说："我们的《教练禅》包括这门《魅力培训师 TTT》公开课，开课信息在微信公众平台（淳报：微信公众号 chunbaoguan）公示，你可以关注一下。"

胡小云直接掏出手机扫描、关注了。

胡小云帮魏老师他们收拾着会场和培训用品。

"小胡呀，你不用动手的，我们来收拾就好了。"魏老师笑道。

"我和你们一起收拾吧，这样更快。这几天受到你们的关照，收获真的很大，我还不知怎样感谢呢！"胡小云诚恳地说。

"哪里哪里，都是兄弟公司嘛。"

教室收拾得差不多了，学员们好不容易陆续散掉了，还剩几位还在讲台那里围着淳子周老师说话。胡小云忍不住凑过去，提了个问题。

第五节

如何快速学习和内化

（胡小云问："淳老师，您的课真的让我受益匪浅，以后运用在课堂上肯定效果大增，尤其是淳鱼结构，备课和讲课都很方便。之前我参加好几次外部培训，上课时很激动，回来后难以应用。这是怎么回事呢？"淳子周老师微微一笑。）

当你走上培训师道路的那一天开始，你就会外出参加大量的培训。为啥，学，然后知不足；教，然后知困！参加外部培训，好处如下：

> （1）思维启迪和专业知识更新。
> （2）学习其他优秀讲师的讲授模式和教学方法。
> （3）快速发现自己的性格弱点和风格短板。
> （4）形成自己的人脉库和专家请益交流圈。

当然，外部培训花费不菲，需要内训师珍惜机会，高度用心，尤其懂得内化。

快速学习风火轮

我是过来人，分享一个快速学习风火轮给你，让你成为叱咤风云的职场哪吒。

（小胖子吴崇明赖到现在还不走，此时嚷嚷着："淳老师开小灶了！"一些已经出去的人，耳朵尖，他们像敏感的昆虫一样，又聚了回来，教室里又围了一群人，安静地聆听。）

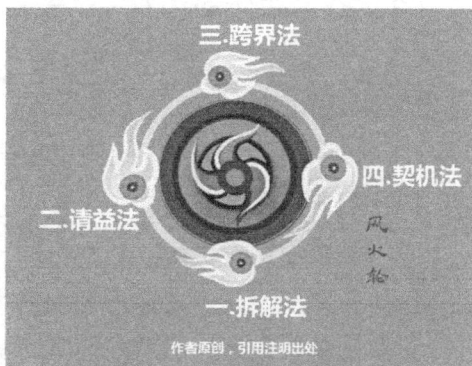

图 3-18　快速学习风火轮

一、拆解法

拆解法本质上是三点法的延展运用，是意识（左脑逻辑＋右脑创造）和潜意识（经验和素材、资讯）的思想互动之舞！

举个例子，首富马云为何能够成功（见图3－19）？

三点法怎么回答，太容易了，好多个角度。

A. 个人能力角度：

（1）马云的英语好，能够与欧美为代表的国际交流。

（2）善于公关，演讲表达能力强。

（3）具有团队领导力和凝聚力。

B. 商业模式角度：

（1）早期的外贸企业会员制。

（2）网商平台免费制。

（3）第三方支付保证制。

C. 融资角度：

（1）1999年10月高盛公司牵头的500万美元；

（2）2000年和2004年软银两次主投的10 700万美元；

（3）2005年雅虎10亿元美金。

D. 环境角度：

（1）改革开放以来中国经济快速发展。

（2）互联网经济兴起。

（3）消费习惯的改变。

……

拆解法就是在三点法众多角度的基础上，综合后，提炼出自己独到的观点和学员认可的事实基础。

图3-19　马云的成功之道

拆解法遵循以下逻辑：

（1）时间顺序：前，中，后……

举例：妈妈教你做番茄炒蛋。

第一步：准备——洗番茄，打鸡蛋；

第二步：倒油；

第三步：煎鸡蛋；

第四步：加入番茄爆炒；

第五步：装盘。

合起来就是：洗—倒—煎—炒—装。

你有清晰的流程或步骤，你就很快学会了，简单吧?!

内训师的很多授课技巧其实就是掌握时间顺序，顺便把握节奏。

秘诀：事先在心里预演一遍，或演练一遍。

（2）空间顺序：上中下，左中右……

例如武术强调：手眼身法步，精神气力功。

（3）重要性排序：第一要点，第二要点，第三要点……

课堂上教过的《头脑风暴结尾法》要点：

① 主控权：话筒始终在自己手上，不能交给学员（否则会失去主控权）；

② 方向：顺时针，最短路线；

③ 姿势：身体前倾，精神高度集中；

④ 引导：手势引导与把握节奏，同时大声重复学员的关键词。

强调一下，拆解法要抓住神（关键诀窍），这必须用心观摩和自己闭门演练才能得到：

比如很多人做不好酸辣汤，诀窍就是最后才撒白胡椒粉。

练习

（1）找出一个目前你非常仰慕的本行业标杆人物，他叫＿＿＿＿＿＿＿。

（2）运用拆解法，找出他独到的成功之道（5—7条，有自己独到见解）。

（3）如果可以复制他的成功，我可以为自己做些什么？

体会

（1）拆解法学习最快，上手最快。

（2）多体验和实践，设身处地，先深入（in）后浅出（out），化繁为简，去芜存菁。

（3）勿惑其形，定魂找魄，直击本质。

拆解法非常厉害，运用时要遵守"戒定慧"：

戒：正为先，顺为主。所有的学习都必须依正道而正行。

定：成功人士都有自己的成功故事，马云6分钟就获得孙正义投2 500万美元，跟你没关系，也无需理会，作为培训师，要清楚，所有的结果都是因缘和合，别为光环所迷惑，别为利益所驱使，要有定力。

慧：拆解出马云的成功之道，找到1—2条跟自己契合的，实践它，运用它，发展它……

二、请益法

请问蒙牛当年为何能快速成功，关键在于有一个好的领导人，那就是牛根生。

牛根生为何厉害，在于乳业巨头伊利19年的培养，离职前是伊利副总裁。

所以蒙牛一开始就具有高起点和高经验值，它的老师是伊利。

请益法也是如此，通过真诚请教的方式，快速获得经验和很多极难得到的诀窍。俗话说: 隔行如隔山! 智慧是通用的,知识(核心诀窍)是专用的,古往今来,那一位名人没有自己的绝活? 那一位巨匠没有"明师"或高人指点?

揭发揭示行业,点拨点化世人,请益法一直都是最快捷的学习方法。

《隆中对》堪称上中国历史上非常有诚意的一次请益法,刘备三顾茅庐,开创三分天下得其一的格局。

练习

请你向一个你熟悉的人(在他自己的领域里做得很不错)请教。

结果:

(1)归纳他能成功的五个要点。

(2)支撑他成功的最关键的个人特质是什么?

(3)我如何快速复制或学到他这个特质?

点评: 在做练习时会发现,请益法也离不开拆解法。在整个风火轮学习体系中,拆解法是关键技能(道生一),请益法在其基础之上做功(一生二)!

如何用好请益法——四个对

自己对—了解自己的需求。

对象对—找对人,确实是该领域的能手,愿教也能教。

状态对—天时地利人和,因缘具足。

回馈对—请益法不是一味地索取,请益完成后,适当回馈,例如赠送小礼物,写心得,扬善名等,有问有换,再问不难,平时广结善缘吧!

举例

我有一个北京朋友,姓郑,2013 年在 NLP 导师班的同学,她对 NLP 理解层次体会很深,而且运用在自己的房产事业上。在 2015 年 9 月,我要给 WY 梦想导师团上《NLP能量》课程时,向她请教,1 个小时的电话请益给我很多灵感。结束电话时,我也答应把通话中提到的一些视频和文字材料发给她,让她在以后的授课中也能用。

三天两夜的课程,学员们充分感悟理解层次的神奇,都说是好棒的工具!

案例

拜老师的逻辑

企业家经营的过程，其实就是一个不断请益的过程。

郭广昌毕业于复旦大学哲学系，"务虚而身无长技"，逼着他什么问题都要去请教人，逼着他什么事都要找专家，逼得他必须要学会用人。

郭广昌在复星集团内部提出自己的用人哲学——"拜师"，把引进人才当作引进"老师"。

为了防止"拜师"流于形式，复星集团强调中高层干部一定要学会使用比自己强的能人，用专家。好处很多：

（1）空降兵（引进的人才）确实优秀，在薪酬福利、工作能力、知识结构等方面对原有员工造成良性的冲击和压力。

（2）一直用强人，找多了就更容易找得准，复星多元化得到人才体系的强力支持。

（3）换血机制激发经理、员工的学习热情和主动性，使其自觉地保持终身学习的劲头，主动提升自己的才干，从而提高团队的整体素质。

三、跨界法

厉害的人物都是跨界的，大家都知道：爱因斯坦的小提琴拉得好！

政治人物也是：习总秀足球，奥巴马打篮球，普京玩柔道……

名师也是：恩师李中莹的卡拉OK唱功一流；李践受跆拳道影响很深，易发久能做1千多个俯卧撑……

真不能仅仅用"爱好"两个字来简单理解"跨界"。

李中莹老师一直强调课程要"轻松教与学"，和卡拉OK的轻松快乐一致！

李践用跆拳道精神来管理自己的企业：认真，快，坚守承诺！

很长时间，易发久老师的影响力集团经常进行俯卧撑比赛：成功一定有方法，每天进步一点点！

"外星人"马云在阿里早期提倡做"倒立"，说：2003年创办淘宝，竞争对手Ebay好强大。倒立后发现，世界颠倒，Ebay不过如此……彻底打败Ebay后，老马玩起了内家太极拳。

跨界法已经广为运用,我有一个中学同学,在大学里当物理学教授。他说:目前的科研,跨界已经是必然。就拿物理学领域来说,所有的原理,基本上前人已经总结出来,要突破,真的很难,怎么办,跨界思考或跨界应用就是方向,而且不时有意外的惊喜。

跨界法符合脑科学原理,会在大脑皮层建立新的神经元链接,产生更多"兴奋灶",分泌让自己很愉悦的脑内啡。所以,好的课程,都是多元素,大融合!

我自己的体验:拿起十多年没摸过的乒乓球拍,请了教练。第一次训练,就看到教练拿出一大筐训练用球,渔网一样的捡球器(以前和小伙伴们最多带2个球,打一次捡一次球)。一个小时下来,大汗淋漓,高强度。

特点:

(1)密集训练:把一大筐球打完才算是一次。

(2)专项训练:每次只训练一个技术要点,例如只训练正手接球,只训练高处击球等。

(3)明确标准:练完正手,想学反手,可以,正手通过的标准是连续30次接球。

(4)纠偏返真:想打好球,按规范,不能野路子;教练会示范+模拟+指正。

(5)鼓励肯定:每一点滴进步,教练都不吝啬夸奖,说:进步了,而且是那个技术点进步了。

我一琢磨,这跟我们TTT课堂上90秒练习,3分钟,5分钟,8分钟训练一样啊,于是在课堂训练上加以改进:

(1)每个技术点加上明确的标准,过关与否,清清楚楚。

(2)难掌握的技术要点专项练习专项突破,例如对话三组合,对话五组合这些技巧。

(3)前期铺垫讲解,过程中心理辅导灌能+互相激励,结束复盘总结,达到螺旋式提升的效果。

四、契机法

小云啊,其实你这次来参加TTT课程,本身就是契机法。

学习的时机,常见的有两种:急需的时候,属于大补;平时积累,属于食补。

考你一下,马上要考研了,参加一个冲刺班,属于:a. 大补　b. 食补　答案是(　　)。

我们初次见面时,我在练声,这属于:a. 大补　b. 食补　答案是(　　)。

(吴崇明又惊讶又羡慕地看看胡小云。)

大补的收效最快,因为需要时就是最好的;食补见效虽慢,却影响深远,所谓"合抱之木,生于毫末,九层之台,起于累土,千里之行,始于足下",非常提倡想成为培训师的人,或者希望成为自己领域杰出的伙伴,有自己的"定课",每天进步一点点。

练习

目标:在　月　日——　月　日期间,达成＿＿＿＿＿＿＿＿效果。

定课:

1. ＿＿＿＿＿,目的:＿＿＿＿＿＿＿＿＿＿＿＿＿＿。

2. ＿＿＿＿＿,目的:＿＿＿＿＿＿＿＿＿＿＿＿＿＿。

3. ＿＿＿＿＿,目的:＿＿＿＿＿＿＿＿＿＿＿＿＿＿。

关于契机法的3个秘密:

(1)契机法本质上是增加自己的特殊体验,当然,由小到大,循序渐进很重要!平时有准备,大的契机也能很好顺应和收获。

(2)学会"借"。借什么?借体验,借资源,借场地……只要留心,身边的很多都可以借。

2001年,有一次我正好路过上海武警医院,他们正迎接领导即将来访,整齐排列在红地毯两旁,军乐队已在演奏,我当时正在做讲师步伐训练。如此机会,怎能错过,于是拎着公文包,炯炯有神地走上红地毯……再后来,数百人列队欢迎的热烈场面也能够轻松驾驭了。

只要你时刻清晰自己要成为什么样的人,就随处可以找到借假修真的机会!

(3)没有契机怎么办?创造契机!

小云,你是不是觉得我授课技巧非常娴熟,尤其是互动,达到随心所欲的地步。为何?其实,我2002年时授课技巧就已经非常棒了!

2001年第一次讲课，获得很大成就感，同时也发现要学习的很多。当时步入社会才没多久，有学习意愿无支付能力！怎么办，我没有坐等，而是和4个伙伴，在同济大学发起组建了"共进学习协会"，借用校园教室，每周六晚上举办一次沙龙，3小时。沙龙经常是我来主持，邀请一些行业高手来分享；有时自己也讲课，把在培训业学到的内容和自己的工作心得融合，做主题分享。

一年坚持下来，花费极少，我的主持能力和授课能力得到长足的进步。我们的协会直到2003年"非典"才停办。

（大伙儿听得心潮澎湃。）

现在禅修非常热，寺院里经常会举办周末2天的，3天的，7天的禅修营。禅修可以修心，而且与宗教无关，可以成为心灵氧吧。

去年9月我参加了苏州西园寺的7天禅修营，去之前由于连续讲课，很疲劳。结果到了寺院，手机上缴，全程止语，每天的生活极其简单，就是"行禅＋坐禅＋吃饭＋睡觉"，2天一次的"小参"成了难得的开口讲话机会（当然也是向法师进行成长的总结汇报）。

这7天非常难忘，前三天明显感觉身体完全修复，后四天心越来越静，而且灵感泉涌。我决定接下来写第二本书《减压禅》时，也去禅修营"点化"一下。

小云，你是否发现，身在这种远离红尘的700年清静道场，实质就是（　　）和（　　）：

A. 拆解法。

B. 请益法。

C. 跨界法。

D. 契机法。

双选题，你选哪两个？

淳子周说了一长串话，回头望了望聆听中的胡小云，说："其实非常好理解快速学习风火轮，用2个我们熟悉的词"。

A学问＝学＋问。怎么学——拆解法；怎么问——请益法！

B活学活用＝活学＋活用。

活学就是跨界法，学了方法和技巧，觉得有效就用，有效果比有道理重要！

活用就是契机法,任何用的时候就是契机,处处是道场!

培训师三大悲哀:

(1)遇圈子不入。

(2)与高手不交。

(3)遇"明师"不拜。

小云,想一想,结合快速学习风火轮,为何?

一技通,百技通! 面临新领域新学问时,拆解法帮你化繁为简,请益法帮你点石为金,跨界法助你交叉思考,契机法让你处处学习时时感悟,于是你的认知模式大大升华,对于事物规律的体验可以比普通人更快速地切入、理解和掌握!

学会"风火轮",潇洒走世界! 学得好不如用得好,如果你感受到风火轮的妙用,欢迎分享出去。

学习恒久远,美名永流传!

淳诗一首:

> 快速学习风火轮
> 学海有涯得真淳
> 霸气拆解请益准
> 多元跨界契机顺

(大家忍不住鼓起掌来。)

淳子周爽朗一笑:"你们很好学啊,留个作业,研究一下这篇文章。"

惭愧啊! 63岁的老师向33岁的学生鞠躬(弟子规版)

2009年5月初参加国学课,觉得鞠躬这个礼节真好,恭敬他人消除"我慢"! 课后,同学们组织了很多交流活动,彼此鞠躬,古风盎然,感受很好!

6月3—7日,五天的NLP简快第五期工作坊开课了,想到又可以见到恩师李中莹(华人NLP权威),真的很激动。早上八点多,我在教室外见到了恩师,打过招呼后,我恭恭敬敬地给老师鞠了个躬。("揖深圆,拜恭敬"——《弟子规》)老师笑了,用一贯的称呼问我:"淳先生,你为何向我鞠躬呢?"我说:"老师教我们的 NLP 技巧真的很好用，向您表示感谢！"

老师呵呵一笑：你来参加我的课程就是对我的支持了。老师边说边笑，进了教室……

后三天都是以做家庭系统排列的个案为主（同学们如果要做个案是要预先申请的，但是否能做个案是由李老师决定的，当时有 15 个同学申请，我也被李老师指定为个案组的召集人）。7 日是课程的最后一天，下午，我终于听到李老师在叫我的名字，心中一阵激动，从椅子上站起来，走到李老师面前，恭恭敬敬地给老师鞠了个躬，转身给一百多位同学们也鞠了个躬，接下来发生了一件我根本意想不到的事：

李老师问我："你为什么要鞠躬呢？"

我一愣，心想：鞠躬没有什么不妥呀，在国学课程中鞠躬是很常见的呀！就回答说："我在 5 月参加了国学课程，鞠躬是代表恭敬！"（"对尊长，勿见能"——《弟子规》）

李老师指着我对大家说："你们看这个人，不顾别人的感受，做自己认为应该做的事情！"（"将加人，先问己；己不欲，即速己"——《弟子规》）大家都笑了起来。

老师环顾四周，说："在现实社会中，有些人学了一些东西，就对别人讲，我学了什么什么，自己觉得很爽；但这样会不自觉地造成人与人之间的对立，你懂我不懂，你高我低，你在说我不懂的事，另外一个人可能会觉得不舒服，远离你；而你自己不自知，说得越多，隔阂越深。"（"见未真，勿轻言；知未的，勿轻传"——《弟子规》）

李老师接下来对我说："不行，这个鞠躬我一定得还你！"他站起身，很端正地向我行礼。

这样一个我非常尊敬的长辈向我鞠躬，我哪里敢受，赶紧还礼。

李老师说："这不行，这个躬我一定还你的！"我愣在那里，知道老师是很认真的，所以眼睁睁地看着 63 岁的老师向我这个 33 岁的人鞠躬……（"势服人，心不然；理服人，方无言"——《弟子规》）

　　我知道老师是在点化我，在大家的笑声中，平静地坐到李老师左手边的椅子，开始做个案。老师的功底真的很深，简单的问题让我这个口才极佳、善于应变的人吞吞吐吐，词不达意；几句问话让我不断深入心灵很深处，几分钟后个案结束，退场时我非常清楚：我已经得到答案了！（"闻誉恐，闻过欣"——《弟子规》）

　　我对老师说：谢谢！

　　没有鞠躬，转身回归原位。（"过能改，归于无"——《弟子规》）

　　（"但力行，不学文；任己见，昧理真"——《弟子规》）

　　……

　　当晚，我的同学（也做个案了，全部时间不到3分钟，她觉得收获很大）发来短信：你的个案估计是五天课程中最经典的个案之一！

　　（"能亲仁，无限好；德日进，过日少"——《弟子规》）

　　作业要求：运用快速学习风火轮作为工具；综合本书所有知识点（例如云端学习模型、55—38—7法则、问话答话技巧等）；点评必须真知灼见有理有据。

　　1. 本文的淳同学一直认为，老师鞠躬的那一刻，他学到了很多很多，why？你能否参透里面的玄机，请发表3条以上的见解。

　　2. 请拆解李中莹老师的教学理念与教学方式。（5条以上）

　　3. 如何把本文带给你的启迪洞见，很好地运用在自己的工作和生活中？（8条以上）

今夜星光灿烂

　　淳子周老师不得不离开教室了,胡小云挤过去说:"淳老师,真的很感谢您!这几天非常奇妙,谢谢!"

　　淳子周老师似乎听得懂胡小云没有说出的一些话,他微微笑道:"这是你内心力量吸引而来的。你很优秀,希望未来还可以见到你!"

　　红红的夕阳照出美丽的晚霞,柔和的光洒在教室里。外地的朋友们、上海本土的朋友们,大伙儿依依惜别。

　　带着一点离别的惆怅,胡小云离开教室,心里更多的是对于未来满满的希望。他很想和人分享这种很特别的心情。天色渐暗,天空难得的干净,长庚星在西边的天空清晰地显现着。

　　胡小云掏出手机:"小星吗?是我。下课了。我很想见你……"

后 记

　　某年春节后的第一堂课，为深圳某医药公司的销售区域经理授课，主题是我之前不常讲的课程:《DISC内化识人技巧》，经过精心准备，2天课程大获成功。作为培训师，我自己对DISC工具多了很多新认识。

　　课程结束后，客户方的培训经理张老师很激动:"周老师，我希望后续好好深入学习了解DISC，确实是一个沟通识人的好工具。"

　　我笑着回答:"是呀，对这些区域经理来说，无论是和客户打交道，还是带团队，都是非常有帮助的。他们可以借着这个工具，提高自己的人际敏感度，更好了解自己的优势和劣势，发挥性格优势，更好做销售;弥补性格弱点，更好带团队;在做区域管理时，可以让不同性格的人组成团队，发挥1+1+1>3的效果。"

　　张经理:"是呀，这样对他们来说，了解自己，悦纳客户，善待团队，功莫大也! 对了，周老师，作为培训师来说，学会DISC这个工具，是不是也帮助极大?"

　　周:"当然! 2006年，林伟贤老师训练我们讲师团时，每阶段结束都会筛选，晋级名单当场公布。第一阶段是授课技巧训练加选拔，第二阶段就是DISC测评加选拔，学会使用此工具，能解读自己的DISC报告。选拔时，他用Discuss软件预先设定一个培训师常模，根据匹配度，由高到低打印出名单，筛选就按匹配度和完成其他指定任务的综合成绩来确定，我当时很感叹，林老师的招儿真好用! "

　　……

　　张经理的话启发了我，我后来把DISC用在培训师训练上，作为自我了解和提升人际敏感度的工具，而且可以帮助学员找到未来人生更卓越的解决之道。不说别的，仅仅是增强版性格测试报告，有厚厚的21页，已经可以告诉我们好多适应职场的强大DNA。

培训师如何了解并运用DISC呢？

1. 先了解"DISC"，它其实是一种人类行为的通用语言，很容易解读！

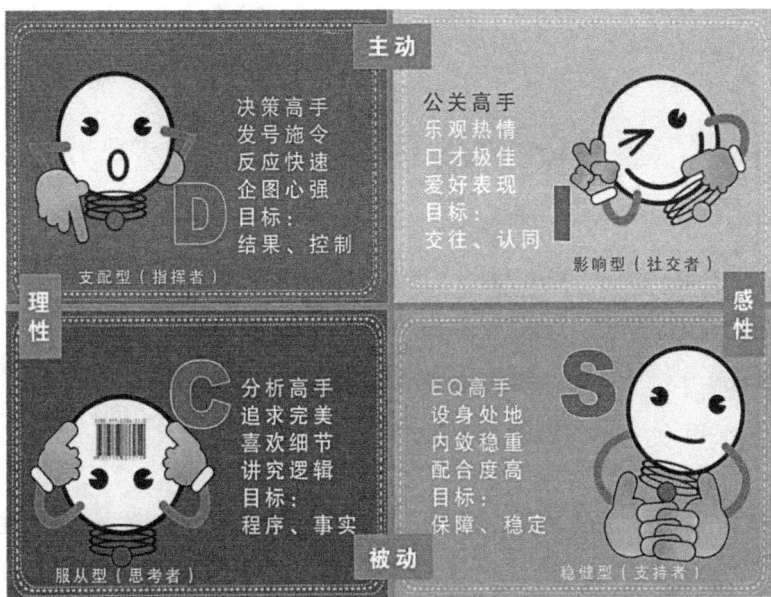

2. 拿到自己的DISC解读报告后，知道如何去扬长避短！

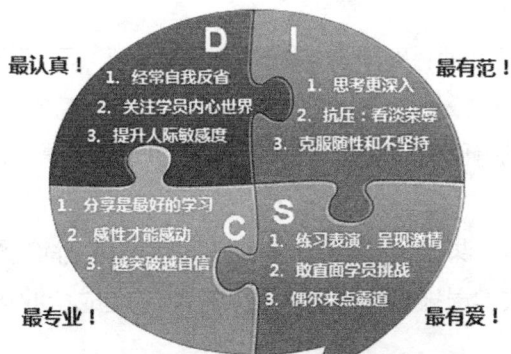

3. 不断应用 DISC 工具，熟能生巧，熟悉它，内化它！

内在
1. 随时变换授课风格
2. 自我减压
3. 乐在课堂

了解
1. DISC由来及介绍
2. DISC各型介绍及特点
3. 发挥性格特质
4. 性格调整及应用

应用
1. 有所不为
2. 与他人有效互动
3. 能解读自己的DISC报告
4. 找到自己在团队中的定位

学员
1. 洞察学员内心世界
2. 交替使用理性和感性
3. 预判学员沟通方式
4. 自如应对学员行为反应

作为培训师，不是在课堂，就是在去课堂的路上。在短短和学员互动的两三天里，如何做到"有限时间，高效训练"，对得起那一双双殷切期待的眼睛，子淳觉得，工具的运用（例如DISC），模型的导入（例如云端学习模型，而且最好是融汇自己思想的），极简好用的方法（例如淳鱼结构），会大大提升课堂效果，让学习成为乐事，幸事……

要做CEO，先做培训师！对于有志成为培训师的人，TTT课程是开启征程的第一步。然而现实中很多企业内训师有一种错觉：参加完公司组织的2天或3天TTT课程后，就觉得已经掌握了"精髓"，内力已经深厚，以后遇TTT课堂而不入。

TTT成为"一次性"课程，有着急功近利的时代背景，悄然影响很多内训师的临场发挥，引发无数学员被迫学习的心灵"暗伤"，造成企业培训投入的极大浪费！

基础不牢，地动山摇！为什么有的人讲课10年，仍然不是专家，仍然停留在"睡倒一大片"的课堂效果，仍然没有行业知名度；而有的人用两三年时间，足够表现卓越，进而更上层楼，例如本书开篇写序的严海琴老师！

从 2002 年进入培训行业起，子淳见证了无数讲师的超越、蜕变和进化，根据心理学家 Ericsson 的研究发现：决定伟大水平和一般水平的关键因素，既不是天赋，也不是经验，而是"刻意练习"的程度。是的，伟大是练出来的！珍珠是磨砺出来的！神枪手是子弹"喂"出来的！

经验并不能让你成为专家，苦劳无法让你成为功臣，盲修瞎练无法让你成为优秀的培训师。TTT 原本就是一个科学严密的体系，多年的课堂实践，子淳逐步形成了一套训练培训师的有效方法和实战体系，供真正希望卓越的您参考：

魅力培训师TTT体系

五.《形神兼备》：戏剧应用与肢体开发　　五阶段　三天两夜

四.《至尊语言》：通觉语言专项训练　　四阶段　三天两夜

三.《组织经验萃取》：课程开发技巧　　三阶段　三天两夜

二.《DISC内化》：提升人际敏感度　　二阶段　二天一夜

一.《呈现为王》：提升授课技巧　　一阶段　三天两夜

君子务本，本立而道生！愿行进在培训师大道上的你、我、大家，一起践行：真诚用心地表达，生命的感动和学习的分享。

祝你讲台魅力四射！

周子淳
vip196@139.com
2016 年 3 月于沪上

致　谢

　　2010年5月15—16日第一期《魅力培训师TTT》训练营举办，迄今37期，1 200多位学员伙伴，感谢你们成就了本书！

　　感谢2008年从事职业培训师以来，我所有的企事业客户及学员们，谢谢你们！

　　启迪：感谢江春增老师，让我听到第一堂TTT，很完美、很震撼——2002年。

　　试剑：感谢林伟贤老师。刚参加完海洋实践家讲师团第一轮集训，不到半月我就给江苏无锡最大企业海力士授课，平生第一场TTT，2006年9月15—16日。

　　成长：感谢李中莹老师，您说过，NLP是很好用的工具箱！是的，用了就知道，我所有课程，内核都是NLP！ 2008年，我在您的课堂；2016年，我仍在您的课堂……

　　美丽：感谢周平（周易之）老师，教育世家，霸气与才华，一生只为课堂被美化——2011年8月的大连，2014年春天的深圳。

　　儒雅：感谢刘子熙老师，出身书香世家，走过从不虚过，夹片记录天下，仗剑天涯他开刀，朗朗上口必高雅——2014下半年。

　　还有很多良师益友，淳诗一首以谢之：

　　　　　高人肩上望亘古，老树新枝师友夸；
　　　　　十载精进付笔墨，伏案挥汗描新芽；
　　　　　讲坛风情大写意，一招一式工笔画；
　　　　　教学相长知敬畏，桃李满园好年华！

周子淳

vip196@139.com

2016年3月于沪上

反侵权声明

本书内容，作者版权所有，若要引用，须经许可，并注明出处。

联系方式：021‑51036885

e-mail：908690882@qq.com